创新型素质教育精品教材

"互联网+教育"新形态教材

新时代高职学生劳动素养教育

主　审　武斌儒
主　编　阎惠丽　暨星球　詹　波

电子科技大学出版社
University of Electronic Science and Technology of China Press

·成都·

图书在版编目（CIP）数据

新时代高职学生劳动素养教育 / 阎惠丽，暨星球，
詹波主编. -- 成都：电子科技大学出版社，2020.9
ISBN 978-7-5647-8251-1

Ⅰ. ①新… Ⅱ. ①阎… ②暨… ③詹… Ⅲ. ①劳动教育－教学研究－高等职业教育 Ⅳ. ①G40-015

中国版本图书馆 CIP 数据核字 (2020) 第 166591 号

内 容 简 介

本书以《中共中央 国务院关于全面加强新时代大中小学劳动教育的意见》为指导，强调劳动教育的思想性，引导学生树立正确的劳动观，崇尚劳动、尊重劳动、热爱劳动；通过理论结合实践的方式开展劳动教育活动，帮助学生在劳动中接受锻炼、磨炼意志，树立正确的就业观，增强职业荣誉感，提高职业技能水平，培育精益求精的工匠精神和爱岗敬业的劳动态度，着力提升学生的劳动综合素养。

本书理论结合实际，具有时代性、实用性等特点，可作为学校开展劳动教育的参考用书。

新时代高职学生劳动素养教育
XINSHIDAI GAOZHI XUESHENG LAODONG SUYANG JIAOYU

阎惠丽　　暨星球　　詹　波　主编

策划编辑	陈松明　万晓桐
责任编辑	万晓桐
出版发行	电子科技大学出版社
	成都市一环路东一段 159 号电子信息产业大厦九楼　邮编 610051
主　　页	www.uestcp.com.cn
服务电话	028-83203399
邮购电话	028-83201495
印　　刷	北京同文印刷有限责任公司
成品尺寸	185 mm×260 mm
印　　张	15.75
字　　数	364 千字
版　　次	2020 年 9 月第 1 版
印　　次	2020 年 9 月第 1 次印刷
书　　号	ISBN 978-7-5647-8251-1
定　　价	39.00 元

版权所有，侵权必究

PREFACE 前言

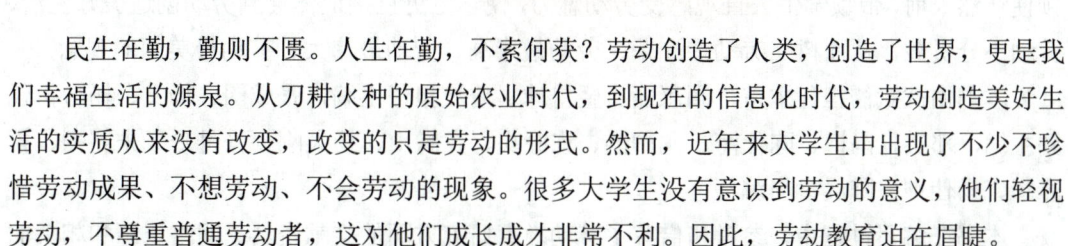

民生在勤，勤则不匮。人生在勤，不索何获？劳动创造了人类，创造了世界，更是我们幸福生活的源泉。从刀耕火种的原始农业时代，到现在的信息化时代，劳动创造美好生活的实质从来没有改变，改变的只是劳动的形式。然而，近年来大学生中出现了不少不珍惜劳动成果、不想劳动、不会劳动的现象。很多大学生没有意识到劳动的意义，他们轻视劳动，不尊重普通劳动者，这对他们成长成才非常不利。因此，劳动教育迫在眉睫。

2020年3月20日，《中共中央 国务院关于全面加强新时代大中小学劳动教育的意见》（以下简称《意见》）发布。《意见》指出，劳动教育是国民教育体系的重要内容，是学生成长的必要途径，具有树德、增智、强体、育美的综合育人价值。实施劳动教育重点是在系统的文化知识学习之外，有目的、有计划地组织学生参加日常生活劳动、生产劳动和服务性劳动，让学生动手实践、出力流汗，接受锻炼、磨炼意志，培养学生正确的劳动价值观和良好的劳动品质。

为贯彻落实新时代党对劳动教育的新要求，让劳动教育在高校落地、落实、落细，充分发挥劳动独特的育人价值，我们编写了这本《新时代高职学生劳动素养教育》。

具体来说，本书主要有以下特点。

1. 内容循序渐进，逐步提升学生的综合劳动素养

本书以《意见》为指导，强调劳动教育的思想性，从"理念篇"到"技能素养篇"，再到"行动实践篇"，层层递进，步步引导，帮助学生树立正确的劳动价值观，让其在劳动中接受锻炼、磨炼意志，懂得空谈误国、实干兴邦的道理，同时形成良好的劳动习惯。

2. 讲述榜样故事，引导学生形成劳动实践自觉

本书以培养担当民族复兴大任的时代新人，着力提升学生综合素质，促进学生全面发展、健康成长为目标，通过各种新时代的榜样故事，引导学生崇尚劳动、尊重劳动、热爱劳动，培育精益求精的工匠精神和爱岗敬业的劳动态度，增强对劳动人民的感情，报效国

家，奉献社会。

本书所选取的"榜样故事"讲述了各行各业劳动者辛勤劳动、诚实劳动和创造性劳动的故事，特别突出强调了 2020 年新冠肺炎疫情防控工作中，各行各业特别是医疗卫生行业劳动者和大学生群体表现出的无私奉献和大无畏的牺牲精神，让学生感受榜样力量，形成不畏艰难、百折不挠、敢于担当的高尚品格，树立通过劳动创造美好生活的信念。

3. 注重劳动实践，助力提升学生就业创业能力

本书设置了丰富多样的实践活动，鼓励学生结合学科和专业积极开展实习实训、专业服务、社会实践、勤工助学等，引导其创造性地解决实际问题，进而积累职业经验，提升就业创业能力。

4. "码"上学习，带学生直观感受劳动的魅力

本书配备了丰富的立体化的学习资源，学生只需拿起手机"扫一扫"，精美有趣的视频便跃然眼前，带领学生去直观感受劳动魅力，使学生更直接地体会到劳动创造美好生活、劳动不分贵贱，从而树立劳动最光荣、劳动最崇高、劳动最伟大、劳动最美丽的观念。

本书由武斌儒担任主审，阎惠丽、暨星球、詹波担任主编，张成国、杨义、杨黔担任副主编，邓桀、冯梅、陈仕涛、龙柳韵、许旺央、龙腾山、杨大刚、张丹丹、宋宪振、鲁潇怿、杨仕坤、陈晨参与编写。

本书在编写过程中，参考和借鉴了劳动教育研究方面的文献资料、网络资源和相关的研究成果，在此向相关作者一并表示真诚的感谢！由于编者水平有限，加之编写时间仓促，书中不足乃至错漏之处在所难免，敬请广大专家、同行和学生批评指正，并对本书提出宝贵意见，帮助我们在修订中不断完善。

本书编委会

主　审　武斌儒

主　编　阎惠丽　暨星球　詹　波

副主编　张成国　杨　义　杨　黔

参　编　邓　桀　冯　梅　陈仕涛
　　　　　龙柳韵　许旺央　龙腾山
　　　　　杨大刚　张丹丹　宋宪振
　　　　　鲁潇怿　杨仕坤　陈　晨

目录 CONTENTS

绪论　美好生活靠劳动 ……………………………………………………… 1
　课堂导入 ……………………………………………………………………… 2
　第一节　劳动改变世界 …………………………………………………… 3
　　一、劳动是推动人类社会进步的根本力量 …………………………… 3
　　二、空谈误国，实干兴邦 ………………………………………………… 3
　第二节　勤劳是中华民族的传统美德 …………………………………… 6
　　一、勤劳是古代人民创造生活和文明的重要力量 …………………… 6
　　二、新时代需要我们继续弘扬勤劳美德 ……………………………… 7
　第三节　幸福人生需要奋斗 ……………………………………………… 8
　　一、劳动没有高低贵贱之分 …………………………………………… 8
　　二、人人都有出彩的机会，关键是要勤奋努力 ……………………… 9
　实践活动　"致敬普通劳动者"主题活动 ……………………………… 11

理念篇

第一章　劳动观念要树立 …………………………………………………… 14
　课堂导入 ……………………………………………………………………… 15
　第一节　树立正确的劳动价值观 ………………………………………… 16
　　一、尊重劳动：常怀感恩之心 …………………………………………… 16
　　二、热爱劳动：人生幸福据点 …………………………………………… 18
　　三、践行劳动：奋斗的青春最美丽 ……………………………………… 20

I

第二节　劳动实践"三部曲" ……………………………………… 22

　　　一、辛勤劳动 ………………………………………………………… 23

　　　二、诚实劳动 ………………………………………………………… 24

　　　三、创造性劳动 ……………………………………………………… 24

　　实践活动　"幸福劳动者"采访活动 …………………………………… 27

第二章　劳模精神需弘扬 ……………………………………………… 29

　　课堂导入 …………………………………………………………………… 30

　　第一节　认识劳动模范 …………………………………………………… 30

　　　一、劳动模范是工人阶级的优秀代表 ……………………………… 30

　　　二、劳动模范是时代的引领者 ……………………………………… 31

　　第二节　理解劳模精神 …………………………………………………… 34

　　　一、劳模精神的内涵 ………………………………………………… 34

　　　二、劳模精神的核心 ………………………………………………… 39

　　第三节　践行劳模精神 …………………………………………………… 42

　　　一、在学习中践行劳模精神 ………………………………………… 42

　　　二、在工作中践行劳模精神 ………………………………………… 43

　　实践活动　讲述劳模故事，颂扬劳模精神 …………………………… 45

第三章　工匠精神共传承 ……………………………………………… 47

　　课堂导入 …………………………………………………………………… 48

　　第一节　领悟工匠精神 …………………………………………………… 48

　　　一、全身心投入的敬业精神 ………………………………………… 49

　　　二、追求卓越的精益精神 …………………………………………… 50

　　　三、持之以恒的专注精神 …………………………………………… 52

　　　四、追求突破的创新精神 …………………………………………… 54

　　第二节　理解工匠精神的价值 …………………………………………… 56

　　　一、工匠精神是中国制造前行的精神源泉 ………………………… 57

　　　二、工匠精神是企业竞争发展的品牌资本 ………………………… 57

　　　三、工匠精神是个人成长的道德指引 ……………………………… 59

　　第三节　传承工匠精神 …………………………………………………… 59

　　　一、重新审视工匠的作用与地位 …………………………………… 59

　　　二、在实践中传承工匠精神 ………………………………………… 61

　　实践活动　演话剧，颂匠心 …………………………………………… 64

目录

技能素养篇

第四章　生活技能常培养 …… 68
- 课堂导入 …… 69
- 第一节　正衣冠 …… 69
  - 一、衣物清洁常识 …… 69
  - 二、实用熨烫技巧 …… 71
  - 三、实用缝补针法 …… 73
  - 四、收纳操作指南 …… 74
- 第二节　食佳肴 …… 76
  - 一、中国饮食文化 …… 76
  - 二、饮食营养与健康 …… 79
  - 三、烹饪基础 …… 80
  - 四、烹饪安全 …… 81
- 第三节　居有常 …… 83
  - 一、作息规律 …… 83
  - 二、居家清洁 …… 84
  - 三、物品规整 …… 85
  - 四、其他常识 …… 87
- 第四节　善家政 …… 88
  - 一、家庭保健 …… 88
  - 二、家居日常维修技能 …… 90
- 实践活动1　争做家务小能手 …… 91
- 实践活动2　为家人做一顿美味营养餐 …… 92
- 实践活动3　好习惯养成记 …… 93

第五章　校园劳动来行动 …… 95
- 课堂导入 …… 96
- 第一节　做绿化环保的践行者 …… 96
  - 一、绿水青山就是金山银山 …… 96
  - 二、绿化环保行动 …… 97
  - 三、低碳校园生活 …… 99
- 第二节　做垃圾分类的倡导者 …… 101
  - 一、垃圾分类新时尚 …… 101
  - 二、垃圾分类标准 …… 102

三、垃圾分类操作 ··· 103
　第三节　做寝室美化的时尚者 ·· 106
　　一、文明寝室建设要求 ·· 106
　　二、特色寝室建设标准 ·· 107
　　三、寝室美化设计与创意 ·· 107
　第四节　做公共区域环境的维护者 ···································· 110
　　一、呵护我们的"家" ··· 110
　　二、共建无烟校园 ·· 111
　　三、维护校园环境秩序 ·· 111
　实践活动1　绿色校园，从我做起 ····································· 112
　实践活动2　互联网+垃圾分类回收 ··································· 113
　实践活动3　改善寝室面貌，提升文化格调 ···························· 114
　实践活动4　校园是我家，美化靠大家 ································ 116

第六章　工农品质不能忘 ··· 117
　课堂导入 ··· 118
　第一节　懂农业，学农民，识农村 ···································· 118
　　一、中国农耕文化 ·· 118
　　二、农民的优秀品质 ·· 122
　　三、农村的地理样貌 ·· 124
　　四、农村民俗 ·· 127
　第二节　知工业，学工人，通技艺 ···································· 133
　　一、中国工业文明 ·· 133
　　二、工人的优秀品质 ·· 136
　　三、传统工艺 ·· 138
　实践活动1　学农活动——体验劳动之乐 ······························ 142
　实践活动2　技艺学堂——感受技能之美 ······························ 143

第七章　职业技能多提升 ··· 145
　课堂导入 ··· 146
　第一节　学护理，守家人 ·· 146
　　一、养老护理 ·· 147
　　二、心理护理 ·· 151
　　三、急救常识 ·· 153
　第二节　进社区，促和谐 ·· 156
　　一、了解社区居民服务需求 ·· 156

二、策划社区服务活动 ………………………………………………………… 158
　第三节　爱生活，懂分享 …………………………………………………………… 159
　　一、养护绿植，美化生活空间 ……………………………………………… 159
　　二、制作短视频，分享精彩生活 …………………………………………… 164
　实践活动1　记录精彩生活 ………………………………………………………… 169
　实践活动2　进社区，送温暖 ……………………………………………………… 170

行动实践篇

第八章　志愿服务我来做 ……………………………………………………… 174
　课堂导入 ……………………………………………………………………………… 175
　第一节　志愿服务基础知识 ………………………………………………………… 175
　　一、志愿服务的内涵 ………………………………………………………… 176
　　二、志愿服务的特征 ………………………………………………………… 177
　　三、志愿服务的原则 ………………………………………………………… 179
　　四、志愿服务的类型 ………………………………………………………… 180
　第二节　志愿者自我修养 …………………………………………………………… 180
　　一、服务心态——志愿者的三种动机 ……………………………………… 180
　　二、自我期待——志愿者的五层境界 ……………………………………… 181
　　三、自我提高——志愿者应有的素质 ……………………………………… 182
　第三节　积极参与志愿服务 ………………………………………………………… 182
　　一、志愿者的基本条件 ……………………………………………………… 182
　　二、志愿者的权利与义务 …………………………………………………… 183
　　三、志愿者精神 ……………………………………………………………… 183
　　四、志愿者标识与志愿者日 ………………………………………………… 184
　　五、激励和表彰 ……………………………………………………………… 184
　　六、参与志愿服务须知 ……………………………………………………… 185
　实践活动1　"12·5国际志愿者日"志愿服务活动策划 ………………………… 186
　实践活动2　奉献、友爱、互助、进步——志愿服务之行 ……………………… 187

第九章　社会实践勤参与 ……………………………………………………… 189
　课堂导入 ……………………………………………………………………………… 190
　第一节　假期实习 …………………………………………………………………… 190
　　一、假期实习指南 …………………………………………………………… 190
　　二、假期实习实务 …………………………………………………………… 193

第二节 假期兼职 ………………………………………………… 195
　一、假期兼职陷阱 ……………………………………………… 195
　二、兼职劳动关系 ……………………………………………… 197
第三节 "三下乡"社会实践 …………………………………… 198
　一、"三下乡"社会实践概述 ………………………………… 198
　二、"三下乡"社会实践方案策划 …………………………… 199
　三、"三下乡"社会实践安全须知 …………………………… 200
实践活动 1 "小我融入大我，青春献给祖国；决战脱贫攻坚，投身强国伟业"暑期社会实践活动 ……………………… 203
实践活动 2 "大学生兼职，体验还是浪费？"主题写作 ………… 204

第十章 勤工助学助成长 …………………………………………… 206
课堂导入 ………………………………………………………… 207
第一节 了解高校学生资助政策体系 …………………………… 207
　一、新生入学资助项目 ………………………………………… 208
　二、国家助学贷款 ……………………………………………… 208
　三、国家助学金 ………………………………………………… 208
　四、国家奖学金 ………………………………………………… 209
　五、国家励志奖学金 …………………………………………… 210
　六、勤工助学 …………………………………………………… 210
　七、师范生公费教育 …………………………………………… 211
　八、退役士兵教育资助 ………………………………………… 211
　九、基层就业学费补偿贷款代偿 ……………………………… 211
　十、应征入伍服义务兵役国家资助 …………………………… 212
　十一、直招士官国家资助 ……………………………………… 212
　十二、其他资助政策与措施 …………………………………… 212
第二节 感恩参与勤工助学 ……………………………………… 213
　一、勤工助学概述 ……………………………………………… 213
　二、勤工助学岗位选择 ………………………………………… 216
　三、勤工助学面试准备 ………………………………………… 217
实践活动 "勤者自助，达者自强"主题演讲 ………………… 217

第十一章 红色基因永相传 ………………………………………… 219
课堂导入 ………………………………………………………… 220
第一节 体悟革命精神 …………………………………………… 221
　一、革命精神的内涵 …………………………………………… 221

二、革命精神的时代价值 …………………………………………… 222
第二节　接受红色教育 ………………………………………………… 223
　　一、回顾伟大历史，重拾红色记忆 ………………………………… 224
　　二、参观红色基地，接受精神洗礼 ………………………………… 225
　　三、开展红色活动，领会红色精神 ………………………………… 226
　　四、传承红色基因，汇聚复兴伟力 ………………………………… 227
第三节　立足现实，艰苦奋斗 ………………………………………… 229
　　一、培养艰苦奋斗精神 ……………………………………………… 230
　　二、投身社会主义建设 ……………………………………………… 232
实践活动　"讲好红色故事，传承红色基因"大赛 …………………… 233

附录 ……………………………………………………………………… 235

参考文献 ………………………………………………………………… 236

绪论

美好生活靠劳动

劳动是人类的本质活动，劳动光荣、创造伟大是对人类文明进步规律的重要诠释。人世间的美好梦想，只有通过劳动才能实现；发展中的各种难题，只有通过劳动才能破解；生命里的一切辉煌，只有通过劳动才能铸就。作为新时代的大学生，我们只有不断地拼搏努力、诚实劳动，才能绽放不一样的精彩，彰显人生的价值，创造美好的生活。

学习目标

知识目标

- 了解"劳动创造美好生活""空谈误国，实干兴邦"背后的道理。
- 知道勤劳是中华民族的传统美德。
- 体悟幸福人生需要奋斗的道理。

素质目标

- 在生活中体会劳动创造美好生活。
- 体认劳动不分贵贱，热爱劳动，尊重普通劳动者。
- 在日常生活中，培养自己的实干精神。

课堂导入

真付出才会有回报

2018年9月，中国银联上线广告《付出必有回报》。中国银联洞察到的是：每一位日常消费的支付者，也是一个生活里的付出者——在荒野大山中修信号塔的工人，在偏远地区送包裹的快递小哥，在现代机器的辅助下干农活的农民，在惠农服务站卖货的果农（见图0-1）……

我们看到，每个付出者因劳动过上了幸福生活，脸上也因体验到的成就感和满足感而洋溢着自信的笑容；我们看到，正是这些默默付出的劳动者，才造就了我们的幸福生活；我们还看到，正是有了每个付出者的努力，点滴汇聚起来才换得了我们国家现在的强大。

《付出必有回报》

图0-1 在惠农服务站卖货的果农

这是一个属于付出者的时代。你在付出的同时，也享受着别人的付出。因为付出，劳动、财富和对美好生活的向往，在付出者之间流转传递，时代因此变得更好。而一个更好的时代，必将回报每个付出者。

【想一想】

（1）你在中国银联的广告片《付出必有回报》中看到了什么？对你有何启发？

（2）为什么说劳动创造美好生活？结合你的见闻谈谈你对"劳动创造美好生活"的看法。

绪　论　美好生活靠劳动

第一节　劳动改变世界

马克思说："劳动是人的第一需要。"恩格斯说："劳动是整个人类生活的第一个基本条件。"劳动，作为人类的一种生活方式，是人有意识地、自觉地改变环境和改变世界的活动，也是人类社会赖以生存和发展的前提。不劳动，人类就不能生存、繁衍和发展；不劳动，社会就不能进步、繁荣和昌盛。劳动不仅创造了世界，创造了历史，创造了人本身，还是改变世界的根本力量。

一、劳动是推动人类社会进步的根本力量

劳动创造了一切。不管是绚丽多彩的服饰、风味各异的美食、雄伟壮丽的建筑、便捷发达的交通交流工具等物质产品，还是思想深邃的图书、婉转动听的音乐、震撼人心的影视等精神文化产品，一切都来源于劳动。人类靠劳动养育着自己、完善着自己、成就着自己，同时在劳动中体会到了快乐和成就感，体验到了存在的价值。

随着社会的发展，劳动也不断被赋予新的内涵。但无论社会如何发展变迁，劳动始终是推动人类社会进步的根本力量。

探究与分享

你如何理解"劳动是推动人类社会进步的根本力量"？

二、空谈误国，实干兴邦

古往今来，凡事成于真、兴于实，败于虚、毁于假。盛唐时期的姚崇，历任武则天、睿宗、玄宗三朝宰相。他临死前，有人问他有什么为政经验，他只讲了"崇实充实"四个字，意思是说，为政只有崇实，国库才能充实。战国时期的赵括，只会"纸上谈兵"，以致40万赵军全军覆没，赵国从此一蹶不振直至灭亡。此类正反的例子不胜枚举，发人深省。

回望改革开放40多年历程，中国经济持续发展，人民生活水平显著提高。创造今天美好生活的，正是亿万人民勤劳智慧的双手，是上上下下苦干实干的精神。没有亿万人民的胼手胝足、日耕夜作，就不会有今日中国的巨变。

从造出第一颗卫星到实现第一次载人航天，从"解锁"深层页岩气田到科学开发城市地下空间，从开通第一条高速公路到港珠澳大桥（见图 0-2）飞架三地……正是千千万万在平凡岗位上默默无闻、无私奉献的劳动者，用勤劳的双手、晶莹的汗水在中华大地上创造出了举世瞩目的人间奇迹。

3

图 0-2　港珠澳大桥

我们沐浴着改革开放的春风，伴随着祖国强盛的步伐成长起来，在和平的环境下，接受了优良教育，享受着幸福的生活。我们不能忘记这样的美好生活是如何得来的，要明白社会主义是干出来的，新时代也是干出来的，明白"空谈误国，实干兴邦"的道理，更要自觉培养自己的实干精神，学习榜样，躬身行动，传承劳动精神。

榜样故事

石家庄小伙：我送"胖五"上青天

2020年5月8日13时49分，长征五号B运载火箭（见图0-3）搭载的新一代载人飞船试验船返回舱成功返回。长征五号B运载火箭首次飞行任务的圆满成功，标志着空间站阶段飞行任务首战告捷，为全面实现我国载人航天工程第三步发展战略奠定了坚实基础，意义非常重大。按下长征五号B运载火箭点火按钮的操作员是石家庄小伙尹景波。

图 0-3　长征五号B运载火箭

绪　论　美好生活靠劳动

轻轻一按　准备了8年

2020年5月5日18时，中国文昌航天发射场指挥控制大厅内，当01指挥员下达"点火"口令时，控制系统发控台操作手尹景波沉着坚定地按下了"点火"按钮，几秒钟后，只见长征五号B运载火箭从发射塔架上腾空而起，直冲云霄。当听到"船箭分离"时，大厅中在岗人员欢呼雀跃，激动地相互拥抱庆祝，尹景波也激动不已，他等待这一刻已有8年之久，为了这"轻轻一按"，之前所有的付出都是值得的。

长征五号B运载火箭任务自春节前就开始执行，同时并行开展长征七号火箭任务，身兼多岗的尹景波十分忙碌。

新冠肺炎疫情发生后，几乎每一天，尹景波都要在两个岗位之间来回切换，"本来是定岗在发控台，可是回家过年的人员，或不能回来上班，或被隔离观察，我就又多承担了一个岗位的工作。"繁忙的工作没有让尹景波感觉到沉重，反而让他每天都处在充实与幸福中。

成为发射场第三位"金手指"

能够充分在岗位发光发热，实现自我价值，的确是件很幸福的事情。尹景波还清晰记得，一年前，系统指挥员找到他，让他负责长征五号B运载火箭任务的发控台岗位，他虽然表现得很淡定，内心却兴奋异常。发射场每一名科技人员都有一个"金手指"梦，他也不例外。

尹景波很清楚，发控台是地面测试系统的核心设备，需要对整个控制系统测试的流程和设备原理很熟悉，需要熟练掌握每一个按钮的作用和每一个参数所代表的含义。钻研图纸、背记发控台上几十个按钮及数百个参数、请教前辈、撰写笔记，成了尹景波那段时间工作生活的全部。

付出终有回报，经过精心准备，尹景波顺利通过了严格的上岗考核，以优异的成绩拿到了"金手指"的资格证，他也是2016年文昌航天发射场投入使用以来第三任控制系统发控台操作手。

多年来的付出在此刻感觉很值

"工作再多也不嫌多，再苦也不怕苦，就是对家人有些愧疚！"家就在二十几公里外，因疫情的原因，尹景波已经近两个月没有回家，想到独自带着小孩在家自我隔离的爱人，这个航天小伙的眼神中流露出一丝忧伤。

在长征五号B运载火箭任务成功后，尹景波说："紧张的心情刚刚平复，我这一辈子都不会忘记此刻，多年来的付出在此刻感觉很值，家人在此刻应该更能认识、理解我们航天人。"

中国航天：
我们都是奋斗者
我们都是追梦人

5

第二节 勤劳是中华民族的传统美德

勤劳是中华民族千百年来的行为倡导和传统美德。对劳动的肯定和赞美是中国传统文化的重要内容。

一、勤劳是古代人民创造生活和文明的重要力量

中华儿女自强不息，用劳动创造了美好生活、创造了灿烂文化，在劳动中培养了互助和团结精神。劳动人民在勤劳创造生活的同时，发挥聪明才智，创造了举世瞩目的灿烂文明，在建筑、科技、手工业、天文地理等诸多领域都取得了无可比拟的成就。万里长城、天文仪、龙门石窟、都江堰（见图0-4）、大运河以及素纱禅衣（薄如蝉翼、重量不足50克，见图0-5）、榫卯结构、记里鼓车（中国古代用来记录车辆行过距离的马车，见图0-6）等，无一不是凝聚劳动人民勤劳智慧的伟大成果。

都江堰的设计原理

图0-4　都江堰

图0-5　素纱禅衣　　　　图0-6　记里鼓车（模型）

绪 论 美好生活靠劳动

> **知识链接**

古人的智慧——榫卯

俗话说"榫卯万年牢",不用一颗铁钉,仅靠榫卯工艺,便可做到扣合严密、间不容发、天衣无缝,使用百年而依旧坚固美丽,榫卯结构在我国建筑史上起到了至关重要的作用。

榫卯(见图0-7),是古代中国建筑、家具及其他器械的主要结构方式,是在两个构件上采用凹凸部位相结合的一种连接方式。凸出部分叫榫(或叫榫头);凹进部分叫卯(或叫榫眼、榫槽)。

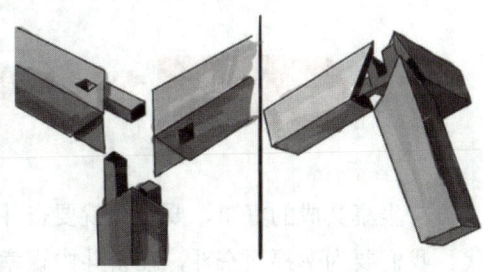

图 0-7 榫卯

榫卯工艺是堪称媲美京剧的中国国粹,不仅外形精致唯美,而且遵循力学原理,实用性极强,不易锈蚀又方便拆卸。如今再来看这些经典榫卯结构的工艺,仿佛重温了惊艳世界的中国之美。

榫卯结构历经数千年发展,其中明清家具的制作几乎用到了所有的榫卯种类,展现了榫卯结构进化的最终样式。作为一种巅峰技艺,榫卯结构组合的家具比用铁钉连接的家具更加结实耐用。首先,榫卯结构是木件之间多与少、高与低、长与短的巧妙组合,可限制木件向各个方向的扭动,而铁钉连接的家具就做不到;其次,金属容易锈蚀或氧化,我们经常会发现许多明式家具虽已距今百年但木质仍坚硬如初,如果用铁钉组合这样的家具,很可能木质完好,但因连接金属的锈蚀、老化等因素,也会使家具散架。除耐用外,榫卯结构的制品还有利于运输和维修等优势。

榫卯是我国劳动人民智慧的结晶,含而不露,透露着儒家思想的平和中庸;内蕴阴阳,相生相克,以制为衡,又闪耀着道家思想的光辉。

榫卯的结构

二、新时代需要我们继续弘扬勤劳美德

中国特色社会主义进入新时代,中华民族迎来了从站起来、富起来到强起来的伟大飞跃。有人将中国的发展奇迹称为"勤劳革命"。的确,正是中国人的勤劳与奋斗将不可能变成了可能,用几十年时间走完了发达国家几百年走过的工业化历程,使中国从一穷二白

7

成为世界第二大经济体。

世间没有一种美好生活，可以不经过辛勤劳动获得。不管经济怎样发展，社会怎样进步，观念怎样转变，劳动创造美好生活的实质不会变。进入新时代，我们应继续弘扬勤劳美德，为创造幸福生活而不懈奋斗。

探究与分享

有些人毕业后不想工作，一心想当"网红"。你如何理解这种想法？请站在"弘扬劳动美德"的角度跟有这种想法的同学"谈谈心"。

第三节 幸福人生需要奋斗

世界上没有坐享其成的好事，要幸福就要奋斗；奋斗本身就是一种幸福；新时代是奋斗者的时代。我们要为幸福而奋斗，在奋斗中谋幸福。

一、劳动没有高低贵贱之分

《致敬每一个伟大的劳动背影》

古有士农工商，今有农民、工人、教师、科学家、外卖员、程序员、电子竞技员、人工智能工程技术人员、农业经理人等。随着社会分工的不断细化，不同形态的劳动层出不穷。但无论是传统劳动还是新型劳动，简单劳动还是复杂劳动，生产性劳动还是消费性劳动，每一种劳动都有其独特的价值与意义，都是促使社会正常运转、不断发展的不竭动力。劳动没有高低贵贱之分，只有社会分工的不同。

有人说，当农民太辛苦，当工人太不体面，而且挣钱少……实际上，真正决定一份工作贵贱的，是我们对它的看法和态度。每个行业出色的人都有一些共同的特点，他们坚持把本职工作做好、做精，他们追求自身成长，他们追求工作的成就感、价值感，他们是这个时代躬身入局的人，是这个时代的创造者，值得我们所有人学习和尊敬。

榜样故事

我从来就不只是"卖房子的"

晚上11点，客户发来一连串购房疑问——张永刚熬夜做了一份20页的PPT发给了对方。报告里包含客户需求、选房范围、房屋基本信息、商圈情况、小区均价、房源税费明细、首付月供等信息，最后还有安心服务承诺、交易流程图、税费计算资料、首套或二套等政策交易资料。

当张永刚把报告呈现在客户面前时，对方很震惊——大多数客户不认为经纪人有给他做一份置业报告的能力。客户的反馈是："专业、靠谱、用心，买房就找你了。"

学金属材料的北京航空航天大学硕士张永刚，大学时做出过国家发明专利，按照大多数人的职业路径，他应该是做科研或进国企，然而他最终进入了房产服务行业。

在传统认知里，房产经纪人只是掌握信息差，撮合交易。但张永刚的自我定位是高水平、职业化的价值提供者。

2018年，张永刚的人生第一个买卖单就卖出了一套价值1 450万元的房子。那天晚上11点半，他在店里看书，进来一对夫妻，说这个小伙子挺拼。

"我当时做新房的工作做得特别充分，就等客户来咨询了。我跟他们讲了北京市场、局部市场、开发商最新的楼盘，讲区域、讲小区、讲卖点、讲产品。"

建立信任后，张永刚带他们看了很多新房，到最后有两个盘拿不定主意，客户每天晚上下班后11点多打电话叫他去家里聊天，经常聊到凌晨12点多，考虑到底选择哪个房，现在买房合适不合适，担心订了新房但旧房还没卖掉怎么办。

"这个时候我就像朋友一样帮他们做疏导。后来，这个客户还遭遇P2P爆雷，损失了上百万元，内心特别挣扎，这时我就跟他一起推心置腹地商量解决方案。"

"我们的服务是有温度的，我对自己的定义是一个能提供多线价值的服务者。"张永刚说。除了温度，更重要的是尊严，而尊严必须通过专业和真诚获得。

二、人人都有出彩的机会，关键是要勤奋努力

有些人总是抱怨社会不公平，抱怨自己占有的资源少，没有出彩的机会。事实真的如此吗？

首先，这个世界上没有绝对的公平。与其抱怨社会的不公平，不如把时间花在精进技能、提高自身上。那些通过努力"鲤鱼跃龙门"的人便是很好的榜样，如马云、俞敏洪，前者是阿里巴巴帝国的传奇，后者是中国最大教育机构的创始人，他们的成功所依仗的正是自身的努力和奋斗。

其次，弱者等待机会，强者把握机会，智者创造机会。这个时代，从来不缺乏机会，关键看你在面对机会时是否做好了充足的准备，是否能辨认机会、抓住机会。这个时代也从来不缺乏创新的土壤，关键是你能否看准趋势、创造机会、趁势而起。

最后，幸福人生需要奋斗。我们无法改变出身，但我们有改变命运的机会。人生需要有一份恬淡自守的心境，少一些患得患失和心浮气躁，多一些脚踏实地和奋发向上。我们要始终相信：有耕耘才有收获，有奋斗才有成功，有付出才有回报。

榜样故事

"95后""快递小哥"成高层次人才

在许多人眼中,"快递小哥"与"高层次人才"风马牛不相及。连"快递小哥"李庆恒自己也没想到,自己会因为送快递成为杭州市的高层次人才。

李庆恒(见图0-8),安徽阜阳人,"95后",于2015年开始在杭州从事快递业。李庆恒能评上杭州市高层次人才是因为他参加浙江省第三届快递职业技能竞赛获得了快递员项目的第一名。根据相关规定,除在杭州购买首套房可获得100万元的补贴外,他还能在医疗保健、子女就学、车辆上牌等方面享受照顾。

图0-8 工作中的李庆恒

李庆恒高中辍学,此前在一家咖啡厅工作,因为喜欢快递小哥们风风火火的工作状态,最终离职咖啡厅选择了快递业。从入职第一天起,他就兢兢业业、刻苦钻研提升自己的业务技能。他每天早起背诵邮政编码、电话区号、航空代码,下班后继续练习实际操作。经过长期的积累,李庆恒终于在快递职业技能竞赛中荣获第一名,为入选高层次人才打下了基础。

而"高层次人才"从此也有了新的解读——不是只有海归、高学历才称得上"高",每一个技能过硬、爱岗敬业的人才通过自身努力创造了价值,都可以获得尊重和殊荣。

不断涌现的新职业正在为更多的人提供人生出彩的机会。时代提供了舞台,"起舞者"更要靠自己的努力来发光发热。保持不断学习的好习惯,保持与时俱进的好奇心,深耕自己的专业,不断提高职业技能,就能搭上新时代的列车,抵达更加美好的未来。这个时代不会辜负每一个奋斗者。

实践活动

"致敬普通劳动者"主题活动

没有环卫工,哪有干净整洁的大街?没有保安员,哪有小区的祥和平安?没有快递员,哪能方便、快捷地买到心爱之物?……每一座城市的美丽,都离不开基层劳动者辛勤的汗水和无私的付出,只要为社会创造价值,服务于人民,就是光荣的,只要是劳动者就该得到承认和尊重。

请以小组(8~10人)为单位组织一次"致敬普通劳动者"的主题活动,选择一个普通劳动者群体,向他们致敬。致敬的形式不限,既可以是发动社会力量为普通劳动者谋求福利,也可以是向普通劳动者献花,等等。要求活动过程用短视频的形式记录。

过程记录

活动计划:

活动关键点:

活动难点及解决方案:

心得体会:

结果评价

教师可参考表 0-1 对各小组"致敬普通劳动者"主题活动进行评价。

表 0-1 "致敬普通劳动者"主题活动评价表

评价标准	分值	分数小计	教师评价
提前做好活动方案的策划	20 分		
给劳动者们带来了感动	20 分		
分工合理,各成员均积极参与	20 分		
活动形式有新意	20 分		
短视频剪辑精美	20 分		

理念篇

第一章 劳动观念要树立

劳动是中华民族的优良传统美德，更是新时代追求卓越、奋勇前进的精神力量。践行劳动、尊重劳动，方可自在；热爱劳动、享受劳动，方可自为。面包与牛奶由劳动创造，诗与远方也由劳动去实现，而我们不断追求的美好未来生活的目标更是由劳动所兑现。

学习目标

知识目标
- 知道正确的劳动价值观是什么。
- 知道劳动实践的三种形式。

素质目标
- 树立正确的劳动价值观。
- 将劳动内化为自己的行为习惯，自觉进行劳动实践。

第一章 劳动观念要树立

课堂导入

部分青少年劳动价值观异化五大怪象

现象一：好逸恶劳、嫌贫爱富，不尊重劳动和普通劳动者。

受社会不良风气以及家庭教育不当影响，一些孩子从小形成了"劳动分贵贱"的错误价值观。"爸爸妈妈教育我，如果不好好学习，以后就要去扫大街，当清洁工，进工厂，回家种田……"在他们幼小的心灵里，劳动已然分了贵贱。

现象二：小皇帝、小公主层出不穷，"老儿童""巨婴"越来越常见。

由于当前青少年的教育环境和成长氛围，本来应该由家庭承担的劳动教育被大量的课外补习替代，小皇帝、小公主层出不穷。如今，甚至出现了"老儿童"现象。天津某高校的一名女大学生，一上大学就带妈妈过来陪读，妈妈白天在外面打工，早、中、晚过来送饭，给孩子洗衣服，还承包了宿舍的卫生。除了这种陪读的，还有大学生定期寄脏衣服回家洗的，或者花钱雇钟点工去宿舍打扫卫生的，大学生生活自理能力堪忧。

现象三：在青少年中存在不劳而获、坐享其成的倾向。

当前，大中小学生超前消费的苗头已经显现，中小学生使用奢侈品、高档化妆品的新闻频现报端，大学校园贷、裸贷案例层出不穷。据了解，陷入裸贷的女大学生中，有部分人是因追求奢侈品而无法自拔的，还有的不顾学习痴迷于炒期货、黄金和互联网金融P2P，追求"一夜暴富""嫁个富二代，少奋斗10年"……

现象四：不思进取，青年"啃老"现象日益凸显。

随着城乡经济条件的改善，一些大中专毕业生不就业或慢就业的情况比较常见。如果找不到"不苦不累，冬暖夏凉，坐办公室"的工作，有些青年宁可回家"啃老"，每天在家上网打游戏，或者拿着父母的钱周游世界，吃喝挥霍。

现象五："年轻人宁送外卖不进工厂"，职业教育没有吸引力。

据一些企业透露，现在职业学校的毕业生不愿意去工厂，这其中还包括职业技能大赛上的佼佼者。目前，大量产业工人从制造业流向快递行业，工匠流失现象严重，而这些工匠恰恰又是中国制造业转型升级最缺的人才。

【想一想】

（1）你如何看待上述异化的劳动价值观？为什么？

（2）新时代正确的劳动价值观应该是什么？

第一节 树立正确的劳动价值观

培育深厚的劳动情怀、树立正确的劳动价值观对当代大学生培育践行社会主义核心价值观、实现青春梦想、形成正确的就业创业观、提升抗挫折能力、培养社会责任感具有重要意义。

一、尊重劳动：常怀感恩之心

凡劳动者，都在靠自己的本领"吃饭"，他们付出了或体力，或脑力，或脑体结合，都耗费了一定的精力，而且对社会的发展进步起到了积极推动作用。

你的奋斗 终将伟大

我国每一次重大任务的完成和重大斗争的胜利，无不凝聚着劳动者的心血与汗水。举世瞩目的"红旗渠"工程，是当年 30 万林州人民在极其险恶的环境下，通过 10 年苦战，在悬崖峭壁上，用双手一锤一铲开凿出来的（见图 1-1）；在抗击新冠肺炎疫情斗争中，是无数医务工作者、疫情防控人员用一往无前、舍生忘死的拼搏，才遏制了蔓延的疫情，挽救了成千上万人的生命。图 1-2 为画家郭建国先生创作的《抗疫印象——憩》；图 1-3 为新冠肺炎疫情期间的最美逆行者。

图 1-1 "红旗渠"修建时的情景

图 1-2 《抗疫印象——憩》（郭建国作）　　图 1-3 新冠肺炎疫情期间的最美逆行者

第一章　劳动观念要树立

正是每一个劳动者在各行各业的岗位上尽心尽责、辛勤劳动，才能让整个社会物质充裕、运转有序、共享幸福。劳动者，创造幸福的同时，也在带给他人以幸福。我们应常怀感恩之心，尊重我们身边的每一个劳动者，尊重每一份平凡普通的劳动。

拓展阅读

致敬普通劳动者　19位职业人在快手直播"一日人生"

2020年5月1日，快手联合人民视频推出《一日人生》劳动节接力直播，从早上5点至24点，"水果医生"、武铁武汉所铁警、外卖小哥和演员矢野浩二等19位不同职业人轮番上阵，记录真实生活（见图1-4）。当天，《一日人生》系列直播观看人次达3 121万，点赞数2 522万，其中人民视频直播间吸引了超过1 000万人次观看。

图1-4　《一日人生》19位职业人

新的一天，从升旗仪式开始。主播"尘客将军"为网友直播北京天安门广场的升旗全程。清晨5时许，仪仗队员迈着整齐划一的步伐踏过金水桥，穿过长安街。一切准备就绪后，5点15分，在国歌伴奏下五星红旗冉冉升起。"尘客将军"是快手平台短视频红人，坚持每天为观众直播升降旗，宣扬正能量。

17

网红"水果医生"王野虓接力直播,他是黑龙江省鹤岗市人民医院重症医学科(ICU)的主治医师,擅长以浅显易懂的语言科普医学知识。在直播中,他用水果模拟人体器官,为网友讲解妇科疾病原理和治疗方式。此外,他还通过情景模拟的方式教授常见的基础急救技巧。王野虓从 2018 年开始尝试给猕猴桃做龙凤胎剖官产,用苹果演示心脏缝合手术,给杧果切阑尾……生动有趣的手术示范令他一举爆红。

"90 后"无臂女孩杨莉用脚做了一盘西红柿炒鸡蛋和一碗清汤面,在直播间边吃边与网友聊天。她因童年时期的一场意外失去双臂,此后学习用脚生活,不少人在直播间中祝福她早日找到心仪的对象。杨莉于 2018 年开设快手账号,化名"芯瘀"在平台分享她的日常生活,展示用脚化妆、洗脸、写字、织毛衣、包饺子、切西瓜等各种细节。她的励志人生以及乐观积极的生活态度感动了无数网友。

在中国生活了 20 年的日本演员矢野浩二在直播中讲述了自己的工作、学习经历,并分享了饮食和身材管理方法。作为"中国人的女婿"和"中国人最熟悉的日本面孔",矢野浩二直言非常喜欢中国。中国新冠肺炎疫情暴发初期,他第一时间筹集了 13 万只口罩,从日本寄往中国。

除此之外,维持市容的环卫工人,唤醒味蕾的早餐铺老板,武铁武汉所最帅铁警,登上时代杂志的外卖小哥高治晓,快手主播"娃娃",以及消防员、婚礼主持人、交警、农民工、北漂青年、妇产科医生等各行各业的劳动者均出现在直播中,为网友呈现日常工作,体现了平凡人的不平凡人生。

二、热爱劳动:人生幸福据点

和你在一起:
上海地铁人

"人生两件宝,双手和大脑,一切靠劳动,生活才美好。"这是我国著名教育家陶行知对劳动的生动解说。劳动不仅是人类文明进步的源泉,还是打开幸福之门的钥匙,通过劳动,人类从森林走向陆地,从远古走向现代文明,从食不果腹走向"吃好穿美"。

幸福不是免费午餐,幸福不会从天而降。劳动的意义在于帮助我们满足生存的物质需要,更重要的是,劳动能帮助我们完善内心、完成自我实现。劳动,不仅为我们幸福的实现提供了物质条件,而且劳动的过程本身就是一种幸福体验。

同时,我们也要认识到:对于劳动,如果乐而为之,心中的直接体验是愉快的;如果是强迫自己干的,直接体验就是不愉快的。什么样的劳动能产生积极的愉快的体验呢?"仁者乐山,智者乐水",你乐什么呢?什么样的劳动能让你产生愉悦呢?这需要我们结合自己的情感和需要去探索、去发现,如果你找到这样的事情让你感到愉快,那就坚持下去。

此外,劳动不仅能为个人创造美好生活,也能给社会创造更多价值。身处新时代,我们应该热爱劳动,让劳动成为我们的人生幸福据点,同时实现自己的时代担当。

第一章 劳动观念要树立

拓展阅读

2020年的劳动节，你幸福吗？

新型冠状病毒疫情就像一个突如其来的暂停、重复键，大多数人的生活仿佛都停留在同一天，起床、吃饭、百无聊赖、睡觉、起床、吃饭……不用挤公交、地铁，不用在格子间忙乱，从没想到过乖乖蹲在家里就是对国家最大的贡献——这样的生活是不是很爽？

然而，一天，两天，三天……当复工的通知一再延迟，居家的日子似乎没有尽头时，很多人却蹲不住了，除了生计的窘迫，更多却是内心的躁动不安。为什么梦幻中的闲散没有产生美满的效果呢？是什么在内心里蠢蠢欲动，身体想动起来，收拾屋子、钻研美食、学习新知识新技能，甚至想冲破重重障碍复工复产——这，就是劳动的魅力！

中国劳动者是这样抗"疫"的

人，生而平凡琐碎，是劳动赋予生活不同的意义，是人的日常劳作、所作所为一点点积累，成就了波澜壮阔抑或风轻云淡的一生。按部就班的劳作生活的日子，并没有让我们觉得劳动可贵，失而复得后反而让劳动显得弥足珍贵。

很多人感慨，如果没有这场疫情，从来就不会知道那些平凡而忙忙碌碌岁月的可贵，疫情最紧张的时候，无数人的心愿是平静地上好每一天班，然后重新体味过去忙碌的每一天，人生最宝贵的是"阳光底下最细碎的幸福"。

疫情教会了我们，生活的意义不是想出来的，不是说出来的，而是在一天天质朴的日子里过出来的。正如儿时就会哼唱的歌曲《劳动最光荣》，"幸福的生活哪里来，要靠劳动来创造"，年少时只知道朗朗上口的旋律，过尽千帆，方领会此中竟是人生颠扑不破的大道至言。

劳动，在日复一日的忙碌中——耕耘在土地上的春种秋收，工作岗位上的兢兢业业，为家人张罗的一桌好饭……一切的辛勤、用心，让生活变得丰富而美满。劳动，会产生客观效应和主观效应，客观效应是创造出效益及财富，获取生活需要的物质手段，这是安身立命的根本。

我们每个人每一天都享受着别人辛勤劳动的结果，清晨起床有干净整洁的城市环境，出门有丰富的早餐，中午能随心叫各种外卖，随时能买到称心的衣服，有房子可以遮风挡雨，想看书可以买到书，想关注新闻有及时的推送，别人的劳动保障了我们的衣食住行和精神文明的需求；我们作为社会的一分子，也在提供自己的劳动，在自己的岗位上创造价值，在为家人提供服务，或者为自己提供舒适。整个群体的劳动促进了社会进步、科技发展，让人类的明天更加美好。

当然，生活中除了劳动，还有娱乐和休息，一张一弛、劳逸结合是非常重要的，娱乐带来的乐趣在充实的劳动后会显得更有意义。如果只娱乐，那么我们只能从娱乐

19

中获取短暂的愉快感。

《月亮与六便士》里有这样一段话："我们的生活很单纯，很简朴，我们并不野心勃勃，如果说我们也有骄傲的话，那就是因为在想到通过双手获得劳动成果时的骄傲。我们对别人既不嫉妒，更不怀恨。有人认为劳动的幸福是句空话，对我来说可不是这样的，我深深感到这句话的重要意义，我是个幸福的人。"

尽管世事多变，勤恳的劳动始终不变。这是我们平平凡凡的人平平凡凡地过日子的真实写照。默默劳作，日复一日。不管你是在土地上耕耘农作物，在大街小巷驰骋送快递，在护卫城市的清洁，在办公楼做着文案，还是置身科技国防前沿，只要我们是勤勤恳恳、兢兢业业的劳动者，都应该心安理得地享受劳动带来的幸福和尊严。

三、践行劳动：奋斗的青春最美丽

青春是什么？有人说，青春就像是一场情窦初开时的初恋，青涩短暂却又刻骨铭心；有人说，青春可以用"三次冲动"来形容，一次是奋不顾身的爱情、一次是说走就走的旅行、一次是全力以赴的梦想；还有人说青春就像是去淋雨，明知道会感冒，却还想再来一次。对于青春，"一千个读者，就有一千个哈姆雷特"，而梦想与奋斗无疑是青春的最美注解。

奋斗是青春的底色。没有哪一代人的青春是容易的。生活的压力、工作的焦虑、成功的渴望，让我们同样有着"成长的烦恼"。怨天尤人、消极颓废、得过且过不是解决问题的办法，踏实肯干、敢于付出、艰苦奋斗才是。中山大学博士生韦慧晓（见图1-5）投身军旅，成长为我国海军首位女副舰长，在万里海疆书写着无悔青春；常州技师学院学生宋彪（见图1-6）顶着40℃的高温在车间日复一日苦练，斩获世界技能大赛最高奖……无数这样的年轻人，以奋斗成就着出彩的人生。

有人说："世界上有两种光芒最耀眼，一个是太阳，另一个就是你努力的模样。"青年时代，只要有那么一股子中流击水的劲头，有那么一股子以梦为马的激情，奋斗就将成为实现梦想的阶梯、走向未来的桥梁。

图1-5 我国海军首位女副舰长韦慧晓　　图1-6 世界技能大赛最高奖获得者宋彪

榜样故事

首批迈入"30 岁"的"90 后"：三十而立　我们是新时代的奋斗者

2020 年，进入 21 世纪 20 年代，一大批"90 后"迈入"30 岁"大关。"非主流""不靠谱"的标签已是昨日注脚，如今 30 岁的他们正逐渐成为社会的中流砥柱，行业里的中坚力量。

老师、医生、一线技术工人……三十而立的他们在不同岗位上绽放着不同的光彩。

高校教师刘莉莉：工作"拨云见日"　生活兴趣丰富多样

1990 年出生的刘莉莉已在合肥学院英语系工作两年。2020 年她的工作计划是"工作满三年，准备申报讲师职称"。

2017 年，从英国学成归国后，刘莉莉入职合肥学院。目前，身为助教的她工作性质"半行政半教学"："入职后先考了高校教师资格证，现在在带'商务英语''翻译'两门课。"

刚工作两年多，刘莉莉的工作状态正处于"从学生到老师"的转变期。"虽然都是在校园中，但身份有所不同。我从一开始的不熟悉摸索到如今的拨云见日。"刘莉莉这样说。

本职工作外，刘莉莉平时也协助学校进行外事翻译活动。"2019 年的世界制造业大会上，我给副省长做了翻译工作。"她表示会在翻译路上继续进行探索。

刘莉莉还有一个长期目标，成为多语种者。她说，"我一直对语言感兴趣，以后准备继续学习法语，争取精通法语。"

在生活上，刘莉莉也有很多计划："新一年准备定期健身，每周末爬山，让自己健康起来。"之前有健康管理的意识，但她并未完全付出行动。工作后，刘莉莉深感身体健康的重要性。

即将满 30 周岁，刘莉莉也有个愿望："目前，情感状态一片空白，新一年我会更加积极，希望能尽快寻找到另一半。"

"每一代人都有每一代人的标签。"刘莉莉说起"90 后"的时代标签，"我身边有很多优秀能干的'90 后'。大家都在为自己的生活而奋斗。"

汽车调试工韩宏圆：从汽车调试工到"劳模"

1990 年出生的韩宏圆是合肥长安汽车的一名一线技术工人。2018 年，对他而言是收获的一年：获得合肥市"五一劳动奖章"、以他名字命名的劳模创新工作室成立。

韩宏圆的日常工作是进行整车电器故障诊断与维修。工作室成立，他利用双休时间进行技修人才培养培训。"以前只需要做好自己手上的工作，现在还要进行人才培养和疑难攻关，考虑问题的方式方法不同了。"韩宏圆介绍，"工作室成立以来开展培训 25 次，培训 300 多人次，124 个课时。"这也是韩宏圆近两年来的工作收获。"工作室培养出一批电器维修工。公司生产现场的'五大员',安全员、现场员、异常员等很多都是从我们这出来的。"他骄傲地说。

忙于一线生产,韩宏圆的工作以外的私人时间并不多,"现在主要忙着提产上量,周末休息时间要开展培训。"

韩宏圆新一年的工作目标简单明了:"在提升自身能力的同时,培养更多技能人才,为公司解决更多疑难问题。"

医学博士张蒙:将更多的科研成果应用于临床,造福于患者

作为访问学者,从美国罗切斯特大学医学中心病理系毕业回国后,张蒙就投入安医大一附院泌尿外科新的科研项目中。这位1991年出生的医学博士,一直从事着前列腺疾病的基础与临床研究。如今,张蒙在研究团队工作,每周至少工作70个小时。

在导师安医大一附院梁朝朝教授的建议下,张蒙将重心放在科研发展方面,目前主要负责前列腺疾病的课题设计与组织实施。

张蒙对科学研究充满热情。谈起学医的初衷,张蒙说:"我有一位亲人不幸罹患乳腺癌(晚期)。我因此深受触动,意识到健康才是最重要的,所以毅然选择了临床医学。"

30岁,正是一名医生进入职业生涯的起步阶段,张蒙除了掌握更多的临床技能外,还对正在开展的课题,不断地寻找关键和突破点,以推动转化医学的研究,将更多的科研成果应用于临床,造福于患者。

"医生是一个光辉的职业,应该以解除病人病痛,救死扶伤,不断地去研究和发展新的、有效和安全的治疗方法为目标,在每个阶段都充分的发挥自己的价值。"张蒙说。

在张蒙进入泌尿外科团队学习和工作之后,他才知道导师梁朝朝从医三十年来,几十年如一日,每天7点就到达工作岗位,经常工作到凌晨才能休息。"他用行动鞭策着我们不断进步,超越自我,向更高的目标奋进。"

三十而立,10年的医学求学之路,让张蒙找准了未来奋斗的方向,"希望下一个三十年,能够去探索更多有意义的事情,为自己的生命增加厚度和色彩。"

第二节 劳动实践"三部曲"

"辛勤劳动、诚实劳动、创造性劳动",既是满足人民日益增长的美好生活需要的客观要求、实现人的自由全面发展的现实路径,也是实现全面建成小康社会进而建成富强民主文明和谐美丽的社会主义现代化强国、实现中华民族伟大复兴的必然选择,更是参与激烈竞争的必由之路。

一、辛勤劳动

人生在勤，勤则不匮。辛勤劳动是诚实劳动、创造性劳动的基本前提。辛勤劳动，既有"辛"也有"勤"。新时代，辛勤劳动有勤学和勤劳两方面的内容。

勤学，强调的是锐意进取、勤勉为人。一名劳动者要想有所作为，就应当树立终身学习的理念，立足岗位，向师傅、向同事、向书本、向实践学文化、学科学、学技能、学各方面的知识，增强自身综合素质、增长新本领，不断更新自我，积极应变，主动求变，与时俱进。

勤劳，强调的是脚踏实地、奋发干事。回溯历史，任何一点进步、任何一次成功都是由人民的艰苦奋斗、辛勤劳动创造出来的。越是美好的未来，越需要我们不畏艰辛、不辞辛苦。新时代面对各种新挑战，我们需要苦干笃行，愈挫愈奋。

拓展阅读

古诗中的劳动之美

翻开我国古代诗歌作品，我们会发现，历代文人墨客写下了许多关于古人辛勤劳动的诗篇，歌颂了劳动之美，展现了劳动之乐的美好情怀。图1-7为古人辛勤劳动的场景。

图1-7 古人辛勤劳动的场景

《诗经》是我国最早的一部诗歌总集，里面就有大量描绘劳动生产的农事诗。著名的《伐檀》一开头就讲"坎坎伐檀兮，置之河之干兮"，是一首描写伐木工人劳作的民歌。

《芣苢》诗曰："采采芣苢，薄言采之。采采芣苢，薄言有之。采采芣苢，薄言掇之。"则是农妇们采摘车前子草的乐歌，既生动又欢快，热情歌颂了劳动人民热爱劳动的高贵品质。

"锄禾日当午，汗滴禾下土。谁知盘中餐，粒粒皆辛苦。"唐代诗人李绅的《悯农》妇孺皆知，寥寥数句，就把劳动者的辛勤和辛劳写到了极致。

陶渊明不为五斗米折腰，甘愿归田务农，他把农活写进诗里，充满诗情画意。譬如他的《归田园居》:"种豆南山下,草盛豆苗稀。晨兴理荒秽,带月荷锄归。道狭草木长,夕露沾我衣。衣沾不足惜,但使愿无违。"全诗平淡自然,清新质朴,言简意长,真挚感人,抒写了对田园生活的热爱以及享受田园劳作之乐的惬意、闲适。

他还在《庚戌岁九月中于西田获早稻》一诗中写道:"人生归有道,衣食固其端,孰是却不营,而以求自安?"告诫了人们要自食其力,勤奋劳动,如果什么事都不做,又怎么能解决自己的温饱问题呢?

白居易在《观刈麦》里把劳动的艰辛描绘得细致入微,生动感人。"田家少闲月,五月人倍忙。夜来南风起,小麦覆陇黄。妇姑荷箪食,童稚携壶浆。相随饷田去,丁壮在南冈。足蒸暑土气,背灼炎天光。力尽不知热,但惜夏日长。"

五月,是麦收时节。妇女领着小孩往田野去,给正在割麦劳作的男子送饭、送水,这些农民在麦田埋头割麦,脚下暑气熏蒸,背上烈日烘烤,累得筋疲力尽也不觉得炎热,为的是珍惜夏天昼长能够多干点活。读着这样的诗句,我们不能不为诗人对农家的同情与怜惜所感动。

"富贵本无根,尽从勤里得。"劳动最光荣,劳动最崇高,劳动最伟大,劳动最美丽。热爱劳动、尊重劳动永远是中华民族的传统美德。

二、诚实劳动

诚实劳动是辛勤劳动的延伸和表现,是创造性劳动的重要前提。诚实劳动,是指劳动者以积极、实干、诚信的态度为他人和社会提供产品、服务,要求我们合法合理劳动,要求我们在不违背法律法规的前提下从事道德的劳作。

要做到诚实劳动,需要我们从以下方面入手:一方面,我们应对所从事劳动必备的知识、技能、技巧有正确认识、对自我劳动素质理性判断并做出合理的自我定位;另一方面,立足岗位踏实劳动,求真学问,练真本领。同时,实事求是地对待劳动成果,摒弃虚假之风,反对一切不劳而获和投机取巧的思想,积极弘扬劳动精神、劳模精神和诚信文化,依靠诚实劳动实现人生梦想。

于个人而言,唯有诚实劳动,才能最好地保障和实现人的自由本质,创造体面劳动和全面发展的"资本"。于国家而言,诚实劳动是提升国力的基石和坚守国格的精神基因。

探究与分享

你知道哪些关于诚实劳动的故事?跟大家分享一下吧!

三、创造性劳动

创造性劳动是理解未来社会发展的关键。所谓创造性劳动,是指人充分利用其劳动技能、科学知识，通过技术、知识、思维的创新，创造新的生产条件、方式、劳动成果和社会需求的劳动。它建立在开放性思维和挑战性实践的基础上，是不断探索创新的过程。

要想完成创造性劳动，我们首先必须以自身的专业知识技能为基础、以科学知识为依托，同时在这个基础上找准专业优势和社会发展的结合点，找准先进知识和我国实际的结合点，促使创新创造落地生根、开花结果。

创造性劳动，是新时代建设创新型国家的发展战略需要，也是培养自由全面发展的人的内在要求。可以说，创造性劳动的本质是进取创新，创新关乎国家前途命运、关乎人民福祉，体现了中国人民的伟大创造精神。

拓展阅读

新时代新行业　"另类"劳动者揭开神秘面纱

如今，一些冉冉升起的新兴行业越来越引人注目，VR 安全培训员、无人驾驶技术研发工程师……这些新行业正是新时代劳动者创造性劳动的成果。

VR 安全培训员

说到 VR，可能大家首先想到的是游戏娱乐，可实际上，VR 的用途远不止于此。如今，VR 已被搬到建筑工地，为施工现场插上了智慧的翅膀，如图 1-8 所示。

VR 安全培训员的主要工作是给建筑工人做安全培训。工地上的 VR 安全体验馆的 VR 设备可视屏幕上显示着 14 项体验内容，包括基坑防护桩坍塌、塔吊坍塌、宿舍火灾伤害、脚手架坍塌、挖掘机伤害等，覆盖了建筑施工的方方面面。

VR 安全培训：
施工超重伤害

在 VR 虚拟世界中，不仅能够还原事故发生现场，而且在每一个工地伤害结束前还会进行现实案例讲述、事件还原，让人真正意识到这些伤害都是现实高发的。体验者可以选择"再体验"或"返回"，来决定继续留在虚拟世界还是回到现实世界。

图 1-8　VR 安全培训现场

VR 安全培训员王琦说:"大部分的施工人员都非常喜欢体验 VR,这不仅让他们提高了安全意识,也让他们有种在'玩游戏'的快感,一般体验完 VR 后,会感到非常放松、解压。"

谈到未来的发展方向,王琦希望能为"智慧工地"做更多事情。之前建筑工地跟互联网结合并不紧密,一些安全问题时有发生。接下来,他希望把所学与建筑工地做更紧密联系,让建筑工地也插上科技的翅膀。

无人驾驶农机研发工程师

从"面朝黄土背朝天"到农业生产机械化,再到以"无人驾驶农机(见图 1-9)作业"为代表的农业黑科技登场,"无人"模式逐渐颠覆了大众对传统农业的印象。"无人"的背后自然离不开科研人员的付出和努力。王辉便是其中之一。

图 1-9 无人驾驶农机

王辉是一名无人驾驶农机研发工程师,他将学校所学、工厂生产和农户需求相结合,通过几百次改良,研发出稳定的农机自动导航系统,让无人驾驶农机稳定性和适应性更高,更能为农户提供高质高效的农业生产服务。

1988 年出生在河北省一个普通家庭的王辉,父亲早逝,家里的农活全靠母亲张罗,农忙时,他跟着母亲干农活。从小见惯了大人们在农田里干活的不易,也亲身体验过耕地、播种、浇地、施肥、打药、收割等的辛苦,大学选专业时,在亲戚的介绍下,他选择了几个与农业相关的专业,最终被河北农业大学农业电气与自动化专业录取。

"选专业的时候除了想以后能帮助种田之人减轻劳动强度外,那时我也看中了这个专业以后可能会有比较好的前景。"王辉坦言,当年 20 岁的他压根没想过,几年后会一头扎进无人驾驶农机的研发中。

大学期间,他跟着老师学习专业知识,到果园、农田实践,最后一年,王辉选择继续读研,并考入华南农业大学硕博连读。研究生阶段,他们团队研究的几款不同类型的果园自动化喷雾设

无人驾驶助力新疆沙湾
180 万亩棉花播种

备，在应用中获得果农们的好评。读博后，他选择了自动控制类作为研究方向。

"我本硕博的专业都是农业电气化与自动化，无人驾驶农机技术最早是国外先有的，2000年前后从国外购买这样一套设备至少需要20万元，这对国内很多农场主来说是一笔非常高额的开支。而我们的研究，一个最大目标就是运用国内技术将成本降下来，让更多农场主能用得起。"王辉说，现在他们研发的农机自动化驾驶系统，在经过国家和地方的财政补贴后，农户自己只需要拿两三万元就可以买得起、用得上。

作为科研人员，王辉表示，他很有幸能为国内的无人驾驶农机技术贡献一份自己的力量。他还有很多研究可以做，也愿意将自己的热爱和激情投入研发中。

实践活动

"幸福劳动者"采访活动

农民、工人、快递员、外卖员、房产中介、程序员、美工、设计师、工程师、作家、科学家、图书管理员……在我们身边，有很多这样的劳动者，他们既普通也不普通，他们凭着一份坚持，靠着不懈的奋斗，过上了属于自己的幸福生活。

请以小组（4~6人）为单位寻找身边或网络上至少3个行业（应至少包括一个新兴行业）的"幸福劳动者"，采访他们的劳动故事，了解他们是如何通过劳动收获幸福的。要求采访过程和结果以PPT或短视频的形式呈现。

过程记录

活动计划：

活动关键点：

活动难点及解决方案：

心得体会：

结果评价

教师可参考表 1-1 对各小组"幸福劳动者"采访活动进行评价。

表 1-1 "幸福劳动者"采访活动评价表

评价标准	分值	分数小计	教师评价
提前做好活动方案的策划	20 分		
达到采访目的	20 分		
分工合理，各成员均积极参与	20 分		
故事讲述精彩	20 分		
PPT 制作精美/短视频剪辑精美	20 分		

第二章 劳模精神需弘扬

时代需要劳模，劳模引领时代。"幸福都是奋斗出来的"，"成就都是劳动创造出来的"，美好的蓝图要靠劳动者用汗水绘就，华丽的篇章要靠奋斗者用双手书写。新的时代和使命呼唤新的担当，作为大学生，我们要争当"劳模"，大力弘扬劳模精神，让劳模精神在新时代熠熠生辉。

学习目标

知识目标

◇ 认知劳模的本质。
◇ 知道劳模精神是什么。

素质目标

◇ 认真体会劳模精神，并在日常生活中自觉践行劳模精神。
◇ 在日常生活中，自觉弘扬劳模精神，争当"劳模"。

新时代 XINSHIDAI 高职学生劳动素养教育

> **课堂导入**

干什么工作,能成为全国劳模?

新中国成立之初,我们国家就开始表彰先进劳模了。新中国第一代劳模,知名度很高,你绝对听过他们的名字,大庆铁人王进喜、淘粪工人时传祥、杂交水稻之父袁隆平、纺织工人赵梦桃、农业劳模申纪兰……

在 20 世纪五六十年代,如果你是工人、农民,你会惊喜地发现,这些全国劳模绝大多数都跟你是同行。

改革开放以来,更多行业的能人走上劳模奖台。科教文卫体,各行各业辛勤工作的朋友都可以有个当劳模的梦想。如果你是搞科研的知识分子,你能看到跟你同行的前辈当上了劳模,比如陈景润、蒋筑英……

2005 年起,如果你是私营企业家或者农民工,你也有机会当劳模。那年,全国劳模评选名单上第一次出现了 30 多位私营企业家和 23 位农民工。

到了 2015 年,你要是个"码农",或者"美妆带货达人",也有机会评全国劳模。比如网络语音架构师贾磊,在商场销售化妆品的龚定玲……

几十年来,全国劳模的结构越来越多元化,有基层劳动者,也有高学历技术人才;有理科生、工科生,也有文科生。劳模结构变化,是因为中国在变。中国靠着劳动发展起来,劳动又在发展中有越来越丰富的内涵。

【想一想】
(1)你知道哪些劳模?他们是做什么工作的?你最佩服他们的哪些品格?
(2)你认为劳模应该具备哪些特质?谈谈你心目中的劳模是怎样的。

第一节 认识劳动模范

劳动模范是优秀劳动者的典型代表,从时传祥、王进喜,到李素丽、袁隆平,再到许振超、郭明义、徐立平等,每个时期的劳模,都是时代的精神符号和力量化身。

一、劳动模范是工人阶级的优秀代表

在中国革命、建设、改革、发展的各个历史时期,我国工人阶级都走在时代前列,勇挑社会发展重担。新中国 70 多年的实践证明,以劳模为代表的亿万看似平凡的工人劳动者,在全世界挺起了中国的脊梁,在中国史乃至世界史上书写下了辉煌篇章。

劳动模范作为工人阶级的优秀代表，在工作生活中，发挥了先锋和排头兵作用，以辛勤劳动、诚实劳动和创造性劳动在平凡的岗位上创造了不平凡的业绩，用强烈的主人翁责任感和艰苦创业的精神激励和鼓舞着一代又一代劳动者为祖国繁荣昌盛顽强拼搏，持续推动着社会进步、国家富强、民族振兴。

二、劳动模范是时代的引领者

劳模作为工人阶级的优秀代表，是民族的脊梁，是时代的引领者。从一开始的钢铁工人孟泰、纺织工人赵梦桃（见图2-1）；到后来的"杂交水稻之父"袁隆平、中国载人航天奠基人钱学森、"两弹一星"元勋邓稼先（见图2-2）；到著名数学家华罗庚、科学家竺可桢；再到后来的产业工人尉凤英、国家级运动员刘翔；到今天的电气设备调试的领路人莫文华、研究生物科技的潘峰、阿里巴巴集团创始人马云、网络语音架构师贾磊（见图2-3）……也许你并不太了解他们，但他们在各自岗位上做出的骄人成绩，正在深刻地改变着你我的生活。

图 2-1　钢铁工人孟泰和纺织工人赵梦桃

图 2-2　"杂交水稻之父"袁隆平、中国载人航天奠基人钱学森、"两弹一星"元勋邓稼先

图 2-3　网络语音架构师贾磊和阿里巴巴集团创始人马云

贾磊：让技术改变中国社会

平凡成就伟大，劳动创造辉煌。不同时期，国家发展建设的侧重点有所差异，劳模们的使命不尽相同，但在他们的创造性实践和不断探索中激发出的蕴含着自主性、首创性、先进性元素的劳模精神，始终激励着广大职工建功立业，呈现着社会进步的发展方向。

拓展阅读

有一种工作境界叫作全国劳模

在中国，有一群从工作精神到工作本领都非常厉害的人——全国劳动模范。

看劳模的故事，你会觉得非常神奇——明明都是些那么普通的人，干着那么普通的工作，却能干到极致，让人叹为观止。同样一个工作，有两种段位：一种是普通人的段位，一种是劳模的段位。

2015 年的全国劳模冯冰，是大同市公共交通总公司三分公司 4 路 970 号驾驶员。你说开个公交车，怎么才能开成全国劳模段位？

每天，冯冰都坚持早来晚走，对车辆认真细致地检查保养和擦拭，交车从不交有毛病的故障车和卫生不合格的脏乱车。在车辆拐弯时，他提醒乘客们站稳、扶好；在遇到复杂情况时，他提前减速、慢慢行进，避免急刹车；在车辆进站时，他平稳进站、规范停靠；在雨雪天气，他把车停在没有积水和冰冻的地方，为的是不让乘客涉水履冰。冬天，他自费为乘客做了"暖心坐垫"；夏天，为了不让乘客被晒，给车厢内挂上了窗帘；他还在车厢右前方的车壁上悬挂"百宝袋"，内有针线包、旅游地图、创可贴和日常药品为乘客排忧解难。对一些高龄老人和肢体残障人士，他主动搀扶，背他们上下车，帮忙找座位。

乘客能坐上这样一个驾驶员开的公交车，得多舒服啊！

这就是全国劳模的本事。你觉着人家干的工作特别普通，一点儿也不华丽，但人家能把每个细节都干得精致完美，每个环节都干出故事，"刷新"你的三观，让你惊叹一声："这活儿居然还能这么干啊，牛！"

第二章　劳模精神需弘扬

对人家来说，工作追求的就是一种境界。你听他们讲的话，就特别刚。

2005年全国劳模谭旭光："不争第一就是在混。"

1959年、1979年全国劳模王学礼："干点事就争报酬，不配当共产党员。"

1985年全国劳模杨怀远："天下万物何所求？只求为人民服务到白头。"

1995年全国劳模滕增寿："三五年内办不出一流企业将以生命相许。"

所以劳模为什么厉害？除了突出贡献、勤奋努力，他们还把卓越、忘我、献身作为一种"道"来追求。

今天，我们要继续向全国劳模学习——不但学他们的精神，也学他们的工作方法，学他们看待工作的视角。

想当上全国劳模，可不是光吃苦就行的。他们都把自己修炼成了行业里绝顶聪明的人，特别会解决问题，抗压能力极强，对工作很有掌控感。

我们可以跟他们学习怎么专注于细节，怎么在枯燥重复的任务里开个与众不同的"脑洞"，怎么在困境中杀出重围，并乐在其中。例如，2015年全国劳模马山成这么说："每解决一个难题，我就多一分快乐。我喜欢那种不断超越自我、挑战自我的感觉。"这个只有初中学历的电器维修工人，不是"修修电器"就完了，他琢磨出的发明创造，"一不小心"就帮公司每年省一百万度电、挽回每天至少几万元的损失。你说这样工作不快乐吗？

遇到瓶颈的时候，你可以去看看同专业的全国劳模是怎么干的，没准他们的方法能给你一点启发。现在很多人都想挣快钱，如运作一下资本，炒作一下流量和资源，努力3分，加个杠杆，回报12分，含泡沫10分。当这种浮躁风气蔓延的时候，我们就更需要劳模来镇场子。劳模告诉我们什么？

别浮，要有静气，不要嫌自己的工作没劲，你还没把它做到最好呢。也不要嫌付出没得到回报，等你做得够好，鲜花自来，掌声自来，无私奉献、艰苦奋斗得到的才是10分回报，不添加任何泡沫。

劳模还告诉我们，劳动，真的可以帮你逆袭。包起帆当上码头公司总经理、集团副总裁之前，曾是个机修工。渔民王书茂，一辈子是渔民，但人家是参与南沙华阳礁建设、拦截非法越境船只的英雄渔民。能当上全国劳模，拼爹拼娘是没用的，拼的是谁干得好，大家有目共睹。

全国劳模身后，是数以亿计的中国劳动者。中国因何强大，因为他们。一个崇敬劳模的时代，一定充满活力，因为不劳而获的懒人少；一个把劳模当宝贝的国家，一定很有希望，因为人人可以通过劳动找到人生上升的途径；一个把广大劳动群众当主人的社会制度，一定很有优势，因为大家都自带使命感和责任感，劳动不光为了糊口，也为了实现自我、报答社会；一个能从劳模身上学到"干货"的劳动者，一定大有可为。

对了，"80后""90后"都开始当劳模了，你还不加油啊？

33

第二节 理解劳模精神

劳动模范是时代的先锋、民族的楷模,他们身上承载和诠释的劳模精神一直发挥着引领作用,彰显了不同时期的时代精神,赋予了中国精神更加丰富的内涵,推动着中国完成从站起来到富起来,再到强起来的历史性飞跃。

一、劳模精神的内涵

劳模精神是劳模在平凡的岗位上创造出不平凡业绩所坚持、坚守、坚定的基本信念、价值追求、人生境界及其展现出的整体精神风貌。

(一)劳模精神是工人阶级先进性的集中体现

劳模精神是劳动模范的思想内核、行动指南和精神指引,是推动时代进步发展的强大精神动力,集中体现了工人阶级的先进性,凸显了工人阶级的优秀品质,推动了工人阶级成长进步。

(二)劳模精神是劳动群众主人翁意识的集中凸显

主人翁意识是劳模精神的内在本质,是正确认识和理解劳模精神的"关键词"。

正是因为自觉的、强烈的主人翁意识,劳模才以车间为家、以厂为家、以企为家、以国为家,才具有积极主动的岗位意识、职业意识、进取精神和创新精神,才在本职工作中充分发挥积极性、主动性和创造性,才能够艰苦奋斗、淡泊名利、甘于奉献,自觉把人生理想、家庭幸福融入国家富强、民族复兴的伟业之中,最终建构起个人与集体、个人梦与中国梦、小家与国家民族融合统一的发展共同体和命运共同体。

> **探究与分享**
>
> 你如何理解劳模们的主人翁意识?你认为主人翁意识重要吗?为什么?

(三)劳模精神是社会主义核心价值观的生动阐述

劳模精神的重要元素,如岗位意识、职业精神、进取精神、拼搏精神、创新精神、家国情怀和奉献精神等,是对社会主义核心价值观的生动诠释和现实呈现。可以说,劳模精神是社会主义核心价值观的具象化、人格化和现实化。

一方面,劳模是遵循社会主义核心价值观的典范,是社会主义核心价值观的模范实践者、生动传播者和最有说服力的检验者;另一方面,劳模之所以能够生成劳模精神,能够成为全社会学习的典范，一个重要原因就在于其主动自觉地遵循并践行了社会主义核心价值观。

（四）劳模精神是伟大时代精神的生动呈现

劳模精神是引领时代风尚的精神高地，生动呈现了时代精神的精神实质、主要特征和重要内容。一方面，劳模精神具有鲜明的时代特征，是时代精神的生动体现。作为一种文化精神，劳模精神不是一成不变的，而是实践的、创新的、鲜活的、生动的存在，随着国家意识形态、经济社会形势和时代变迁而不断演变发展。另一方面，劳模精神推动了时代精神的发展，丰富了时代精神的内涵。在劳模的创造性实践和不断探索中，激发出蕴含着自主性、首创性、先进性元素的劳模精神，呈现着社会进步的发展方向。劳模精神不断为时代精神注入新能量，凸显并丰富时代精神的内涵。

（五）劳模精神是民族精神的重要组成部分

一方面，劳模精神是民族精神核心要素的集中体现。劳模精神既体现了以爱国主义为核心的团结统一、爱好和平、勤劳勇敢、崇德尚礼、公而忘私的民族情怀，又体现了知行合一、自立自强的人生追求。另一方面，劳模精神是民族精神创新发展的重要推动力量。劳模精神始终与时俱进，创新丰富了民族精神。一代又一代劳模，用自己的辛勤劳动、诚实劳动和创造性劳动，为民族精神注入新能量，不断丰富着民族精神的博大内涵。

（六）劳模精神是劳动精神的积极呈现

劳模是广大劳动者群体中的佼佼者和杰出代表，也是广大劳动者学习的榜样和楷模。劳模具有投入忘我的劳动热情、锐意拼搏的精神状态、无私奉献与淡泊名利的工作作风，他们身上闪耀着的优秀品质正是劳动精神的积极呈现。

劳模不仅继承和发展了中华民族传统的优秀劳动观念，树立和彰显了辛勤劳动、诚实劳动、创造性劳动的新理念，还营造了劳动光荣、崇尚劳动、技能宝贵、创造伟大的时代新风。在劳动实践和不断探索中形成并宣扬了劳动者至上、劳动者平等、劳动者可爱、劳动最光荣、劳动最崇高、劳动最伟大、劳动最美丽的劳动观，深刻地影响着一代又一代中国人奋进前行。

探究与分享

任正非说："天道酬勤，幸福的生活要靠劳动来创造。"

李嘉诚说："勤奋是个人成功的要素，所谓'一分耕耘，一分收获'，一个人所获得的报酬和成果，与他所付出的努力有极大的关系。运气只是一个小因素，个人的努力才是创造事业的最基本条件。"

李嘉诚直到90岁才退休，每天工作十六七个小时。

> 处于社会中坚阶层的企业家们从不缺少时尚光鲜的头衔，对他们来说重要的不是获得"劳模"的荣誉，而是保持如同"劳模"般的信念和奋斗劲头。
> （1）这些企业家们为什么愿意十年如一日地努力奋斗？他们的动力是什么？
> （2）你体验过劳动、付出的快乐吗？你愿意为了什么而努力？

（七）劳模精神是文化自信的重要支撑

一方面，劳模精神是中国特色社会主义文化的重要组成部分，始终贯穿于建设中国特色社会主义文化的全过程。劳模精神植根于中华民族劳动过程特别是中国特色社会主义伟大实践，充分继承并发展了中华优秀传统文化和社会主义先进文化。

另一方面，弘扬和践行劳模精神，有助于坚定文化自信，推动社会主义文化繁荣兴盛。弘扬和践行劳模精神，有助于培育和践行社会主义核心价值观，有助于加强思想道德建设，有助于促进中国特色社会主义文化繁荣发展。

（八）劳模精神是实现中华民族伟大复兴中国梦的重要精神财富

一方面，劳模精神是实现伟大复兴中国梦的宝贵精神财富。在全社会弘扬和践行劳模精神，营造尊重劳动、尊重知识、尊重人才、尊重创造的社会氛围，涵养以辛勤劳动为荣、以好逸恶劳为耻的社会风气，培育积极健康、开放包容的社会心态，才能够让"劳动光荣、创造伟大"成为时代强音，让"辛勤劳动、诚实劳动、创造性劳动"成为普遍认同的价值遵循。

另一方面，劳模精神是实现伟大复兴中国梦的强大精神力量。要实现伟大复兴中国梦，实现从制造大国向制造强国的华丽转身，建设知识型、技能型、创新型劳动者大军，必须大力弘扬和践行劳模精神。如此，才能够真正为中国经济社会发展汇聚强大正能量，才能真正为实现中华民族伟大复兴中国梦增砖添瓦。

（九）劳模精神的核心要素是工匠精神

现今，我国各行各业涌现出来的劳动模范所展示的劳模精神，其行为实质和精神特质本身都是工匠精神的价值升华，既体现了劳动者的勤劳创造之美，展现了劳动者追求卓越之美，也凸显了劳动者的爱岗敬业之美。可以说，工匠的职业操守精神是劳模精神的基础，工匠的求精创新精神是劳模精神的源泉，工匠的敬业奉献精神是劳模精神的内核。

榜样故事

李万君：大国工匠为中国梦提速

李万君（见图2-4），1968年出生，中共党员，中国中车长春轨道客车股份有限公司（前身为长春客车厂，以下简称"长客公司"）高级技师，1987年7月毕业于长春客车厂职业高中，而后进入客车厂焊接车间工作至今。

图 2-4 李万君

近 30 年来，他凭着一身绝活儿和敬业精神，为我国高铁事业发展做出了重要贡献，先后获得全国五一劳动奖章、中华技能大奖、全国技能手等荣誉。

"技能报国"是他终生夙愿，"大国工匠"是他至尊荣光。他从一名普通焊工成长为我国高铁焊接专家，是"中国第一代高铁工人"中的杰出代表，是高铁战线的"杰出工匠"，被誉为"工人院士""高铁焊接大师"。

工人劳模怀抱热爱与执着

1987 年 8 月，19 岁的李万君职高毕业，被分配到长春客车厂电焊车间水箱工段。

披挂着厚重的帆布工作服，扣着封闭的焊帽，李万君和工友们在烟熏火燎中淬炼意志。一年后，当初和他一起入厂的 28 个伙伴，25 个离了职。李万君留了下来。师傅们都说这孩子黏人，问问题问得太细。厂里要求每人每月焊 100 个水箱，他总会多焊 20 个；厂里两年发一套工作服，可他一年得磨破四五套。

入厂第二年，李万君在车间技能比赛中夺冠。1997 年，他首次代表长客公司参加长春市焊工大赛，虽然是最年轻的选手，三种焊法、三个焊件、三个第一轻松收入囊中。此后，经常与不同单位焊接高手切磋的李万君技艺越来越高，并顺利考取了碳钢、不锈钢焊接等 6 项国际焊工（技师）资格证书，成为全能型焊工。20 米外，只要听到焊接声，李万君就能判断出电流电压的大小、焊缝的宽窄、焊接质量如何，绝无差错。

很快，李万君小有名气了，厂里的尖端活、关键活都找他。有一年，工厂水管冻裂了，水一直哗哗地流，生产无法正常进行。可修理的时候，带压焊接一焊就噗噗冒气儿，经验丰富的老师傅也没了主意。车间主任找来了李万君。他仔细观察，反复琢磨，在裂口处焊上了一个带螺纹的管座，让气体从中排出，解决了难题。

直到今天，李万君还常常提起当年厂里流行的一句顺口溜："远看像逃难的，近看像要饭的，仔细一看是水箱工段的。"李万君说，焊工是非常苦、非常累的工作，只有感兴趣才能热爱，热爱才能敬业，才能豁出去，让技术在手中升华。

首席技师传承技能与精神

在短短 6 年时间里，中国高铁完成了时速 250 公里、350 公里、380 公里的"三级跳"。高速度需要高技能人才队伍支撑，李万君主动请缨，传技能，教绝活。2013 年，长春市焊工比赛的前三名都出自李万君门下。多名徒弟岗位成才，成为技师、高级技师和操作师，在高铁生产中挑起大梁。图 2-5 为李万君与其徒弟。

图 2-5 李万君与其徒弟

"我的技能传给企业和社会才更有价值。"李万君说，大国工匠就应该把本事总结出来，把技能传承下去，把创新开展起来，为中国梦提速。

大国工匠追求极致与创新

2007 年，作为全国铁路第六次大提速的主力车型，时速 250 公里动车组在长客公司试制生产。列车转向架横梁与侧梁间的接触环口，是承载整车约 50 吨重量的关键受力点，按常规焊法焊接段数多，接头易出现不熔合的缺陷，质量无法保证，一时间成为阻碍生产的拦路虎。

"能否一枪把这个环口焊下来呢？"李万君提出这个想法，来自阿尔斯通的法国专家认为不可能。经过 1 个月的反复钻研摸索，李万君总结出"构架环口焊接七步操作法"，一枪焊完整个环口。这连最先进的焊接机械手也无法完成的操作，让倨傲的法国专家也对中国工人竖起了大拇指。

中国高铁搭载着中国梦提速，而高速度更要有高质量做保证，李万君在质量管理创新上大显身手。"原来我们生产的列车时速 80 公里，只要焊结实就行，外面的焊碴都不用清理。"李万君说，现在时速 300 公里的高铁，掉一个焊渣都可能造成重大事故，所有焊件必须表里如一、没有瑕疵，每一个焊件都得是艺术品。

为了做到这一点，李万君编辑了图文并茂的《焊接典型质量问题汇编》，制定了《转向架铆焊工标准操作手册》，提炼出《焊接艺术化标准》，让严谨的制造态度成为焊工标准规范的操作习惯。他随时发现生产上的问题，创新工艺填补了我国氩弧焊焊接转向架环口等方面的空白，以高超技能和实践经验完善大国制造。

2011年以来,李万君带头完成国家发明专利21项,革新70多项,重大技术创新10多项,取得"五小"成果150多项,获奖104项。在打造中国高铁金名片的路上,大国工匠李万君们坚定前行。

二、劳模精神的核心

劳动模范身上体现的"爱岗敬业、争创一流,艰苦奋斗、勇于创新,淡泊名利、甘于奉献"的劳模精神,是伟大时代精神的生动体现,也是劳模之所以能在各行各业中脱颖而出的根本原因。

劳动者的一天

(一)爱岗敬业

爱岗敬业是忠于职守的事业精神,是劳模精神的基础。所谓"爱岗",就是要干一行,爱一行;所谓"敬业",就是要钻一行,精一行。热爱本职工作,对待工作勤勤恳恳、兢兢业业、一丝不苟、认真负责是对爱岗敬业精神的完美诠释。

(二)争创一流

争创一流是一种积极进取的精神,是劳模精神的精华。争创一流即追求一流的技术水平,干出一流的工作业绩,达到一流的工作效率。正因为劳模们在自己所从事的行业领域内争创一流,才在广大劳动者中脱颖而出,获得了光荣的"劳模"称号。

(三)艰苦奋斗

艰苦奋斗是劳模精神的本质。艰苦奋斗是中华民族的优良传统,也是劳模精神的根本内涵。劳模之所以能够成为劳模,最根本的是依靠艰苦奋斗创造了不平凡的业绩。奋斗是艰辛的,没有艰辛就不是真正的奋斗,我们要把艰苦奋斗精神一代一代传承下去。

探究与分享

谈谈你对"争创一流"和"艰苦奋斗"的认识。

(四)勇于创新

勇于创新是劳模精神的核心。勇于创新的精神即运用已有的知识、信息、技能和方法进行发明创造、改革、革新的意志、勇气和智慧。创新精神是一个国家和民族发展的不竭动力,也是推动人类文明不断向前发展的重要力量。

(五)淡泊名利

淡泊名利是劳模精神的灵魂。淡泊名利是一种境界,追逐名利是一种贪欲。新时代的劳模不会计较个人得失和眼前利益，而是心怀大志、心无杂念，用纯粹的心投入所从事的事业中。

（六）甘于奉献

甘于奉献是劳模精神的底色。奉献是一种态度，是一种行动，也是一种信念。一代代劳模在自己的岗位上用劳动为祖国和人民奉献一切，在奉献中实现自己的人生价值，体现出无私奉献的优秀品质，体现出报效祖国、服务人民的崇高追求。

榜样故事

张琨：用技术挺起中国建造的"脊梁"

也许你并不认识中国建筑集团有限公司（以下简称"中建集团"）旗下中国建筑第三工程局有限公司（以下简称"中建三局"）的副总经理、总工程师张琨，但说起上海环球金融中心（见图2-6）、中央电视台新台址、北京第一高楼"中国尊"（见图2-7）等，或许你并不陌生，这些耳熟能详、享誉国内的摩天大厦，凝聚着中国建筑业科技尖兵——张琨（见图2-8）——的辛勤汗水和无穷智慧。

图2-6　上海环球金融中心　图2-7　北京第一高楼"中国尊"　图2-8　张琨

从业以来，张琨专注科技，4摘国家科技进步奖，85次获国家发明专利，从一名基层技术员成长为敢与国际顶尖对手抗衡的科技专家，挺起了中国建造的"脊梁"。

填补国内空白

1982年，20岁的张琨从重庆建筑工程学院毕业，入职中建三局。酷爱钻研的张琨，一边参与各类新型建筑实践，一边不断用新知识装备自己。早在1996年，当手工绘图还是施工企业主力时，张琨就开始自学三维动画技术。

2000年，日本设计师为深圳文化中心项目设计的"黄金树"造型——67个铸钢节点无一相同，最复杂处接头多达10个。当时树枝钢结构非常新颖，铸钢节点更是一个尖端课题，对尚处于起步发展阶段的中国建筑，被认为与这单"瓷器活"无缘。当时投标时，一家日本公司认为绝不会有其他公司能与其抗衡，便给业主报了一个天价,还流露出非他们莫属的意思。

面对这个集设计计算、铸造工艺、安装工艺于一体的综合课题,时任中建三局钢结构公司总工程师的张琨迎难而上,多方查找信息,一遍遍设计,一遍遍修改,一次次试验,终于摸索出一整套关于多支点管结构铸钢节点的设计、验算、铸造,以及树枝结构安装、测控、焊接技术……仅用一年,就把图纸上错综复杂的"树枝状"线条变成了"铁"的事实,使中国企业以低于外方十分之一的报价,成功拿下"黄金树"。更重要的是填补了国内技术空白,从此中国钢结构施工水平跨入国际先进水平行列。如图2-9所示为深圳文化中心。

图2-9 深圳文化中心

挑战全球"最强悍工程"

两栋高234米的塔楼,双向倾斜6度,在160米高空由钢结构大悬臂连为一体,形成巨大而不规则的"门"字形"立体城市"。悬臂14层、宽39.1米、高56米,用钢量1.4万吨。

2004年,中央电视台新大楼被英国《泰晤士报》评选为全球十大"最强悍工程"之一;2013年,被世界高层建筑学会授予全球最佳高层建筑奖。

倾斜与大悬臂的造型特点,使其从设计之初就受到建筑界和公众的高度关注,能否顺利合龙一时成为悬念。"倾斜塔楼与悬臂自重产生的荷载会使两栋塔楼在施工过程中不断变形。"2004年,兼任中央电视台新址项目总工程师的张琨,经反复审阅设计图,谨慎地提出自己的观点,如简单按设计位形制作与安装构件,楼身倾斜便会超过设定角度,悬臂结构无法合龙。

在无先例可循的情况下,他会同项目技术人员和有关专家反复论证,精心计算构件的精确偏移量,大胆提出"两塔悬臂分离、逐步阶梯延伸、空中阶段合龙"的安装方式,即采用预先把塔楼倾斜设计角度向反方向扳一定角度的"反变形"方法进行施工,以确保结构最后施工完成后,通过自身变形落回设计位置。

历时4载,2008年12月26日,随着最后一根合龙杆件拧上螺栓,中央电视台新台址主楼悬臂钢结构在合龙点上精确安装就位。在新闻发布会上,张琨自豪地宣布：我们严格按照国际一流的标准，完成了不可能完成的任务，达到了国际钢结构的最高水准。

自主研发"撒手锏造楼机"

300米、400米、500米、600米……进入21世纪，超高层建筑越来越高、结构越来越复杂，承受的垂直和水平荷载日益增大。如何在保证质量与安全的情况下提高施工速度，降低企业成本，成为业界亟待破解的难题。

历经数个项目实践，张琨于2005年大胆提出了"造楼机"的设想。"这好比'蜘蛛侠'，在上边紧紧夹住楼的四周，把能想到的施工方式全部集中在一个平台上，完成在空中造楼。"张琨解释说。

经多个项目实践，"造楼机"功能越来越强大，以节省30%～40%成本的骄人业绩，成为超高建筑市场制胜的"撒手锏"。这一想法成功运用于广州西塔核心筒施工中，速度最快达到两天一个结构层，总工期缩短280天，创造了令人瞩目的"世界速度"。

贡献"中国智慧"

2015年，中建集团中标"中巴经济走廊"最大交通基建项目——巴基斯坦PKM项目（苏库尔—木尔坦段），全长392公里，全线按照双向6车道、时速120公里标准设计，合同额28.9亿美元，是中建集团海外史上最大的项目，工期36个月。

张琨带领项目技术团队聘请巴基斯坦高速公路专家作为我方顾问，多次与业主沟通解释中国规范的合理性，说服业主接受中国设计测量、施工材料、质量管控、智能交通等标准，并积极开展技术创新引领施工生产。施工中，采用的多项创新科技成果成为"一带一路"高速公路项目的建设典范。

2018年5月26日，项目33公里路段提前15个月通车，业主称赞项目是巴基斯坦迄今规范最高、标准最严的高速公路。

第三节 践行劳模精神

劳模精神中，爱岗敬业是本分，争创一流是追求，艰苦奋斗是作风，勇于创新是使命，淡泊名利是境界，甘于奉献是修为。做一个守本分、有追求、讲作风、担使命、有境界、有修为的劳动者，是每一位劳模的精神风范，更是每一位劳动者应该追求的目标。

一、在学习中践行劳模精神

劳模精神体现在学习中，就是刻苦钻研、不畏艰苦，孜孜不倦地学习科学文化知识，勇于探索和创造，不断提高政治理论和科学文化水平，不断完善自己的人格。

作为学生，我们应时刻牢记：在学习上没有捷径可走，正确的学习方法可以提高学习效率，但科学的方法不等于捷径，有好的方法，如果不付出艰苦的学习劳动，任何人都无法取得成功。

探究与分享

结合你的现状谈谈你将如何在学习中践行劳模精神。

二、在工作中践行劳模精神

劳模精神体现在工作中，就是要在平凡岗位上践行劳动理念，在本职工作中培育劳动情怀，自力更生、奋发图强、不怕困难、不畏艰险地去完成各项任务。

在工作中践行劳模精神，还要求我们学习践行劳动模范的工作态度、工作作风、工作方式，学习他们看待工作的视角，推动工作的贯彻落实、创新发展。

从山西矿工到全国劳模
越努力越幸运

榜样故事

陈行行：无数次向技艺极限冲击

青涩年华化为多彩绽放，精益求精铸就青春信仰。大国重器的加工平台上，他用极致书写精密人生。胸有凌云志，浓浓报国情，他就是——中国工程物理研究院机械制造工艺研究所工人陈行行（见图2-10）。

——2018年"大国工匠年度人物"颁奖词

图2-10 陈行行

国防军工，代表着一个国家制造业的最高水平。身处其中的工匠们，都要无数次向技艺极限冲击。2018年3月1日晚，2018年"大国工匠年度人物"颁奖典礼在央视综合频道播出。中国工程物理研究院（以下简称"中物院"）机械制造工艺研究所高级技师陈行行入选2018年"大国工匠年度人物"。

在 2018 年"大国工匠年度人物"颁奖典礼上，中国科学院地质与地球物理研究所研究员、曾参加我国首次核试验的王广福感叹："我非常敬佩小陈师傅，我看到小陈师傅以后，感觉看到了我们国家的希望。"这样的评价和感叹，源自陈行行在我国国防尖端武器精密加工领域的突出成绩。

来看几个小故事：用在某尖端武器装备上的薄薄壳体，通过陈行行的手，产品合格率从我国以前难以逾越的 50% 提升到 100%；用比头发丝还细 0.02 毫米的刀头，在直径不到 2 厘米的圆盘上打出 36 个小孔，难度超过用绣花针给老鼠种睫毛，而陈行行做到了。他推翻以前工艺，优化设备、程序、加工方法后，成功将某分子泵动叶轮 144 片薄壁叶片实现整体加工，加工时间由原来的 9 小时缩减到 2 小时，效率提高 4 倍多，加工质量也大幅提升……

"陈行行的优秀，并不是出自熟能生巧。"中物院机械制造工艺研究所人事教育处副处长李正荣介绍，陈行行是复合型技能人才，在数控加工中心，他精通多轴联动加工技术、高速高精度加工技术和参数化自动编程技术等，尤其擅长薄壁类、弱刚性类零件的加工工艺与技术窍门。早在上学时，陈行行就考了 12 个操作证书，涉及电工、焊工、钳工、模具设计等共 8 个工种。毕业后仅 3 年，就成长为山东省技术能手，从而被中物院机械制造工艺研究所发现并看中。

扎实的知识功底，多领域的操作实践，让陈行行在遇到困难时，习惯从多个维度考虑解决方案："有的人一条道走不通便作罢，但我会想这样走行不行，那样走行不行。"正因为这样的灵活思维，有很多操作上的难题在陈行行这里，基本可以一次解决。

优秀人才成长离不开优秀平台。中物院是我国尖端武器研制生产基地，只有最优秀的人才有机会来到这里。但即使是经过重重选拔进来的精英，也同样要不断学习、不断进步才能留下。

在中物院机械制造工艺研究所，每名技能人员都要经过 1 年、3 年、5 年的周期考核。"两张黄牌换一张红牌，不行就走人。"李正荣说，不管是谁，只要两次考核不合格，就不能留下。

在这样充满竞争的环境下，陈行行付出了比常人更多的努力："当我看到别人在学习的时候，我会更加努力学习。别人学一个小时，我就要学两个小时。"除了工作和睡觉，其余时间都在学习，陈行行很快成长为单位骨干。

建军 90 周年阅兵式上，当最后出场的核导弹方队出现在电视屏幕上时，千里之外的陈行行和同事特别激动。"想到我做出的某个零件在这里边可能发挥了什么作用，感觉特别过瘾。"一个人最大的自豪是，这个世界不必知道我是谁，但我参与的事业却惊艳了世界。陈行行说："像一颗小螺丝钉一样，虽然在其中只能发挥一点点的作用，但心里感觉到很自豪——我们是有我们的拳头的！"

实践活动

讲述劳模故事，颂扬劳模精神

2020年春，一场突如其来的新冠肺炎疫情肆虐全国，举国上下万众一心，众志成城抗击疫情。在这场疫情防控阻击战中，医护人员等"战士"冲锋在前，在人民与病毒之间砌起高墙，在没有硝烟的战场上冲锋陷阵；纺织、保障供应等行业的劳模"战斗"在后，他们立足岗位，以行动支援前线……

请以班级或院系为单位，围绕新冠肺炎疫情中涌现出的各行各业的劳模事迹举办一场"记新冠肺炎疫情之劳模故事会"，讲述他们的故事，感受并颂扬他们所传递的劳模精神。讲述的形式可以是单个故事讲述或串讲故事，也可以是配乐诗朗诵、小品等。

过程记录

确定参与故事会的形式：

准备要点及完成情况：

心得体会：

结果评价

教师可参考表 2-1 对学生讲述的劳模故事进行评价。

表 2-1 "讲述劳模故事，颂扬劳模精神"活动评价表

评价标准	评价细则	分值	分数小计	教师评价
故事选取	故事真实、典型	20		
	体现自身的感悟	10		
	抗疫故事体现时代精神	10		
语言表达	语速适当，表达有节奏感	10		
	吐字清晰，声音洪亮	15		
形象风度	举止自然得体，精神饱满	10		
	适当运用手势、表情等辅助表达	10		
综合表现	讲述效果好，富有较强的感染力	15		

第三章 工匠精神共传承

"只要拥有一种纯粹为了把事情做到极致而忘我工作的欲望，我们每个人都会成为匠人。"真正的工匠精神，既不会在无聊反复的工作程序中自然天成，也非仅具天才之人才能攀此高峰，唯有"干一行爱一行"的职业追求，方得始终。

学习目标

知识目标
◆ 认知工匠精神的基本内涵。
◆ 了解工匠精神的当代价值。

素质目标
◆ 向大国工匠和高技能人才看齐，学习他们身上的工匠精神。
◆ 认真体会工匠精神，自觉传承、践行工匠精神。

课堂导入

杨金龙代表：建议设立"中国工匠日"

2020年两会上，全国人大代表、杭州技师学院特级教师杨金龙建议设立"中国工匠日"。"设立'工匠日'，倡导'工匠精神'，可以推动树立起对职业的敬畏、对工作的执着、对产品的责任，带动中国制造业走向中高端，从'制造大国'变为'制造强国'。"

2015年，在巴西圣保罗举行的第43届世界技能大赛上，他一举拿下汽车喷漆项目的金牌，实现了在该项大赛中中国金牌"零"的突破。

杨金龙说，如果将人才结构比作金字塔，支撑起高塔的最坚实的塔基是数量规模最大、行业覆盖最广的技能人才。"设立'工匠日'有助于形成社会共识，弘扬工匠精神，打造领先世界的中国速度和中国精度，擦亮中国制造品牌。"

2019年，杭州将每年9月26日定为"工匠日"，杨金龙认为，这是对工匠精神的肯定，也表达了对为杭州建设发展做出贡献的广大劳动者的激励和敬意。

【想一想】
（1）你如何看待杨金龙代表建议设立"中国工匠日"的提议？
（2）什么是工匠精神？结合你的经历或见闻谈谈你对工匠精神的认识。

第一节 领悟工匠精神

在我国几千年文明史中，工匠精神源远流长，"巧夺天工""匠心独运""技近乎道"等典故都是对这种精神的高度概括。新中国成立以来，大庆精神、"两弹一星"精神、载人航天精神……新中国工人阶级不断为工匠精神注入新的内涵。也正是在工匠精神的激励下，中国路、中国桥、中国港口、中国核电等，成为一张张让国人引以为傲的"中国名片"。

工匠精神属于职业精神的范畴，是从业者的一种职业价值取向和行为表现。具体而言，它是从业者，尤其是工匠们，对产品精雕细琢、精益求精的理念，是不断地雕琢产品、改善工艺、享受产品升华的精神追求。工匠精神的核心是对品质的追求，工匠精神的目标是打造本行业的精品，其基本内涵包括以下四个方面。

第三章　工匠精神共传承

一、全身心投入的敬业精神

敬业精神是人们基于对一件事情、一种职业的热爱而产生的一种全身心投入的认认真真、尽职尽责的职业精神状态，其本质是奉献的精神。

具体地说，敬业精神就是在自己的领域树立主人翁意识，把职业当作事业来对待，在工作中秉承认真踏实、恪尽职守、精益求精的工作态度，培养积极向上的劳动态度和艰苦奋斗的精神，力争为企业、行业乃至国家做出自己的贡献。

榜样故事

周家荣：干技术就是要踏踏实实

获得全国五一劳动奖章、中华技能大奖，享受国务院特殊津贴……他就是贵州钢绳股份有限公司"国家级周家荣技能大师工作室"的负责人、二分厂二钢绳车间股绳工段段长周家荣（见图3-1）。

图3-1　周家荣

"科学技术无止境，必须精益求精，唯有不忘初心，一步一个脚印，才能不断攻坚克难。"从业30多年，周家荣早已从一名稚嫩的学徒变成国内一流的钢丝绳制造技能大师，但面对自己的工作，他始终不改本色，时刻想着车间里的钢丝绳生产，时刻关注着钢丝绳的质量。

周家荣技术过硬、业务精湛，长期负责生产高附加值产品，能娴熟操作、维护、修理各种机器设备并提供技术指导，被称为"首席司机"。参与了15个批次累计36件特殊产品、重点产品、重要用途产品的生产，经技术质量部门检验全部合格，交付用户后未发生一起质量异议。这些产品广泛运用于虎门大桥、航天军用、高层建筑、英国布莱敦大桥等建设领域。这些产品的生产，不但在国内、国际都具有较强的影响力，

49

而且也提高了贵州钢绳在同行业和用户中的知名度、美誉度，为贵州钢绳股份有限公司重新定位市场、加快产品结构调整、储备技术实力起到了很好的引导作用和铺垫作用。

2007年9月，"解决6×26SW股绳内层钢丝'骑马'问题"这一QC课题，在周家荣的带领下启动，经过近1个月的摸索和实践，成功解决了6×26SW股绳内层钢丝"骑马"的技术难题，拓展了贵州钢绳股份有限公司的产品市场空间，从2007年以来已累计为贵州钢绳股份有限公司创造了300余万元的经济效益。

在周家荣的带领下，"国家级周家荣技能大师工作室"成立，培养了一大批知识型员工。周家荣提出"实用与实践相结合"的教学原则，独创出一套"股绳工培训课堂+实践"综合教学法（即运用"课堂理论→操作实践→课堂理论"的教学方法），坚持理论联系实际，在搞好理论培训的同时，结合生产实践，对平时生产过程中容易遇到的技术疑难、技术要领进行演练、讲解，使授课变得生动、具体。员工们亦亲切地称周家荣为车间技术人才培养的"多产教师"。

作为一名国家级技能大师、党的十九大代表，周家荣在记者采访时对广大年轻职工和年轻党员说："干技术工作就是要踏踏实实。希望广大年轻职工和党员同志不要好高骛远，要珍惜自己的岗位和工作机会，爱岗敬业，做对国家和社会有用的人才。只有这样，自己的人生价值才能得到更好实现。"

二、追求卓越的精益精神

精益即精益求精，精益精神是指对精品的执着坚持和追求，是从业者对每件产品、每道工序都凝神聚力、追求极致的职业品质。精益求精的过程是反复改进、不断完善、将品质从99%提高到99.99%的过程。正如老子所说，"天下大事，必作于细。"每个大国工匠无不是凭着精益求精的精神才获得了成功。

榜样故事

邢忠东：0.5毫米较劲3个月　精益求精助力新产业之路

从技术工人到高级技师，勤于学

1985年，邢忠东（见图3-2）作为学徒工，进入中国中车石家庄车辆有限公司。身为劳模之家的后代，自打第一天入职，母亲就嘱托他"既然当了工人，好干也是一辈子，坏干也是一辈子，为什么不能好好干，我觉得你没问题！"带着父母的期望，邢忠东下定决心，要干就要把工作干到最好。

第三章 工匠精神共传承

图 3-2 邢忠东

邢忠东很幸运，刚一入职就被分到了一个叫"零担班"的创新班组。在师傅的带领和教导下，他从零开始学习。白天跟着师傅打榔头、练打锤，晚上下了班就去上夜校、学知识，夜里十一二点睡觉，早晨四五点起床温习，邢忠东进步很快。

除了学习理论知识，邢忠东还利用业余时间动手实践。展开、放样、下料、校正、成型，一个环节一个环节练习；代数、几何、机械制图、材料学、力学、焊接，一门知识一门知识钻研；工作中的废纸和下脚料不知道积了多少……

辛勤的付出很快便有了效果，邢忠东首次参加公司青工技能比武，一举拿下了青年组第二名。从那以后，他不断在各种比赛中拔得头筹，开始参与公司的科技攻坚项目。20岁，邢忠东成了车间里年龄最小的高级工。之后，还获得过"中国中车技能专家""全国五一劳动奖章""河北省突出贡献技师"等诸多荣誉称号。

从手工打磨到智能工装，善于思

"邢忠东创新能力强，小发明、小创造不断，平时只要发现问题，吃饭、睡觉、走路，都会思考着如何解决。"同事这样评价他。大到360度立体旋转焊接工艺，小到休息区桌上的水杯固定铁架，都出自邢忠东的奇思妙想。

在制备车间，工件大多数都在上百公斤，通常需要几个人搬抬才能完成焊接。"能不能制作一套工装，让工人在舒服的姿势下完成工作？"功夫不负有心人，"C70E横梁组成360度翻转焊接台"在他手中诞生，这是整个车辆制造行业里的第一台360度无死角全方位立体旋转焊接设备。"其实非常简单，没有什么技术含量，但是行业里当时还真没有，得好好琢磨才能制造出来。"说起这套工装设备，邢忠东至今还抑制不住内心的自豪和喜悦。这套设备适用于五六种车型，投入生产后大大提高了生产力，原来7人日产5辆车，使用后5人日产7辆车。

为进一步节约劳动力，邢忠东又制作了枕梁翻转传送运输车。从此，工件翻转不再用天车吊、人工搬运，工人只需按一下按钮就可以完成，生产效率大大提高。2010年，以上两项创新获得了国家发明专利。

51

从单打独斗到精益道场，敏于行

"铁路铺轨车"五轴转向架及小底架的研发试制，是邢忠东从业过程中极具挑战的一项任务。整个框架长6.8米、宽3米多，每个轮轴导框间距的公差只有±1毫米，这对焊接来说，是个巨大的挑战。"这项工作难就难在焊接上，因为焊接容易变形"，面对这一前所未有的难题，邢忠东毫不退缩，为了确保焊接变形最小化，在实际操作中，邢忠东按照±0.5毫米的公差标准去做。

为了克服技术难题，他带领团队一起学习工艺、图纸，仔细分析组焊过程中的关键工序。通宵达旦，在公司打地铺，历经无数次失败和重来……3个月后，邢忠东带领团队向公司交了一份满意的答卷，此次试制成功为公司创造利益80余万元。

邢忠东为人热忱、健谈，他把自己总结出的工作方法、经验编辑成册，交给同事们传看。在公司、车间的助力下，邢忠东创建了一个"精益道场"，这里不仅有理论学习、实践操作、现场答疑，还能回炉再造、提升技能、备赛练"兵"……一站式服务、精益化生产，让班组95%的员工具备了第二技能，48%的员工具备了第三技能。

说起自己的小目标，邢忠东依然不离团队、不离公司。"党和国家，各级工会组织多年来培养自己，为我搭建平台助我成长，我非常感谢！我要把我的技术知识传授给更多的员工。"邢忠东工作室还将吸纳更多有实力的后备力量，让团队成为"精英中的精英"。他还想把精益生产经验与理念推广到更大的范围，助力新产业跑出加速度。

三、持之以恒的专注精神

择一事 终一生

专注就是内心笃定、着眼于细节的耐心、执着、坚持的精神。它要求从业者做到抱元守一、忠于职守。专注是所有"大国工匠"必须具备的精神特质。从中外实践经验来看，工匠精神意味着一种执着，即一种几十年如一日的坚持与韧性。

成功的人大多"术业有专攻"。他们一旦选定行业，就一门心思扎根下去，心无旁骛，在各自领域中积累优势、追求卓越。中国早就有"艺痴者技必良"的说法。古代工匠大多穷其一生只专注于做一件事，或几件内容相近的事情。《庄子》中记载的游刃有余的厨师庖丁、《核舟记》中记载的奇巧人王叔远等大抵如此。

榜样故事

黄旭华：我一生都属于核潜艇

中等身高，花白头发，和蔼可亲的笑容，温和朴素的话语，看上去只是一位普通的老人。然而，89岁的他，背后却有着惊涛骇浪的故事。

黄旭华（见图3-3），我国第一代核潜艇总设计师，中国工程院院士、中国船舶重工集团公司第719研究所名誉所长，"中国核潜艇之父"。他这一生，就像他一辈子的作品——深海中的核潜艇，无声，但有无穷的力量。

图 3-3 黄旭华

黄旭华从1958年进入核潜艇研制团队，到1987年以我国第一代核潜艇总设计师的身份解密，30年隐姓埋名，黄旭华终于实现了儿时造船强国的梦想。他为保守国家最高机密，在研制核潜艇期间，淡化了和家人之间的关系。若干年之后他的工作可以公开了，家里人才知道，他是在从事一项伟大的事业。

中国的核动力潜艇完全白手起家。核潜艇技术复杂，配套系统和设备成千上万。其中，核动力装置、艇体结构及艇型等7项难题号称"七朵金花"。为攻克难关，黄旭华和同事们别无选择，只能一步一步地摸索向前。

研制初期的最大困难不是物质匮乏，而是根本没有知识和人才。"当时我们只搞过几年苏式仿制潜艇，核潜艇和潜艇有着根本区别，核潜艇什么模样，大家都没见过。"黄旭华回忆。

谁都想不到我国的核潜艇是从玩玩具开始的。当时，他们弄来一个核潜艇玩具模型，拆了装，装了又拆，计算推理核潜艇的形状、布局。最终黄旭华选择了难度很大却最科学的水滴线型为艇体形状。当时，世界上最先进的核动力潜艇艇型是"水滴形"，拥有最完美的流线，摩擦阻力小，水下机动性和稳定性好。

确定了核潜艇的艇形，仅仅是万里长征第一步。从核潜艇的艇型方案到弹道方案、从模型制造到模拟试验……"当时还没有计算机，我们初期只能依靠算盘计算数据。每一组数字由两组人计算，获得相同答案才能通过。为了一个数据，我们常常争分夺秒、日夜不停地计算"。

由于设备和技术的落后，黄旭华曾经和其他科研人员一道用最"土"的办法来解决最尖端的技术问题。在进行核潜艇的试潜和定重测试时，他们用的是"秤"的土办法。黄旭华要求所有上艇设备都要过秤，安装中的边角余料也要一一过秤。几年的建造过程，天天如此。最终，核潜艇下水后的数值和设计值几乎完全吻合！1970年12月26日，当凝结了成千上万研制人员心血的庞然大物稳稳浮上水面时，黄旭华难掩眼泪长流。

1988年年初，核潜艇按设计极限在南海做深潜试验。黄旭华亲自下潜水下300米指挥试验人员记录各项有关数据，并获得成功，成为世界上核潜艇总设计师亲自下水做深潜试验的第一人。

黄旭华默默耕耘，攻坚克难，从无到有，为我国国防事业尽心尽力，可亲可敬。"当祖国需要我冲锋陷阵的时候，我就一次流光自己的血；当祖国需要我一滴一滴地流血的时候，我就一滴一滴地流！"黄旭华简短的话语字字铿锵。他说："我今天的梦还是核潜艇！我愿为国家的核潜艇事业贡献到最后一刻。"

四、追求突破的创新精神

中国创新能力的逆袭

工匠精神意味着执着、坚持、专注甚至是陶醉、痴迷，但它绝不等同于因循守旧、拘泥于一格的"匠气"，因为它包括追求突破、追求革新的创新内蕴。这意味着工匠必须把"匠心"融入生产的每个环节，既要有对职业的敬畏、对质量严苛的职业精神，又要富有追求突破、追求革新的创新活力。

事实上，古往今来，热衷于创新和发明的工匠们一直是世界科技进步的重要推动力量。改革开放以来，"汉字激光照排系统之父"王选（见图3-4）、"中国第一、全球第二的充电电池制造商"王传福（见图3-5）、从事高铁研制生产的铁路工人和从事特高压、智能电网研究运行的电力工人等都是"工匠精神"的优秀传承者，他们让中国创新重新影响了世界。

图3-4 王选　　　　　　　　　　　图3-5 王传福

榜样故事

高铁工匠打造中国"金名片"

从"中国制造"到"中国创造",飞驰在神州大地的高速铁路列车实现了由"追赶者"到"领跑者"的伟大跨越。而在这场跨越中,技术工人是当仁不让的创新主角。铁路车辆装调工罗昭强(见图3-6),对工作和产品精雕细琢、精益求精,这是一种情怀,一种执着,一份坚守,一份责任,他身体力行地践行了敬业、专注、创新的工匠精神。

图3-6 铁路车辆装调工罗昭强

"国家科技进步奖""全国五一劳动奖章""中华技能大奖""高铁工匠""全国技术能手"……对于中车长春轨道客车股份有限公司铁路车辆装调工、高级技师罗昭强来说,眼前的种种荣誉只是对不同人生阶段的短暂肯定。过去数十年,他在高铁生产一线精耕细作,不断攀越高峰,从未止步。

传承工匠精神 从高铁工人到创新先锋

"调试工作就是给动车组、给高铁赋予生命的人,你会发现,车进到我们调试车间以后,灯亮了,'眼睛'会眨了,雨刷动了,'嘴'会动了,有种变活的感觉。"罗昭强,这位长年奋战在高铁生产一线的高技能领军人才,对列车调试工作倾注了无数心血,在相关领域颇有造诣。

复兴号——具有完全自主知识产权、达到世界先进水平的动车组列车,调试是它在厂内的最后一道生产工序,罗昭强和他的工友,要保证每一列复兴号安全出厂。在首批"复兴号"中国标准动车组的出厂调试中,他率领团队完成了数十项调试方法的创新,实现了从"消化、吸收"到"再创新"的跨越。其中,他研发的高铁模拟装置,开创了利用模拟手段对从事高铁车辆调试工作的操作员工进行培训的先河。

不仅如此，其研制的具有自主知识产权的"CRH5 型车端部模拟器""CRH5 型车网络 INDI 与 USDR 模拟器"等动车组关键调试装备，打破了国外市场垄断，将制造成本缩减为原来的 1/10。

这些年来，罗昭强先后完成 17 项实用新型专利，540 件创新成果已在动车组调试中得到广泛应用，是唯一一位获得中国中车科技成果奖的蓝领工人。

走出国门　打造中国高铁"金名片"

从绿皮车到"子弹头"，从和谐号到复兴号，罗昭强护送着一代又一代列车开跑。工作上的不断创新，使他在国家技能大师工作室平台上，率领团队完成技术攻关 170 余项，于 2014 年荣获"全国工人先锋号"。而且，众多的技术攻关真正转化成了较大的经济效益——罗昭强通过实现专利成果知识产权转让，创造了模拟实训装置近 10 亿元的广阔市场，其发明的"高速动车组调试技能训练装置"，每年为公司节省培训经费 590 万元，提高了公司产品的附加值。同时，他也作为培训师受邀参加国际化培训，打响了中国高铁的"金名片"。

2015 年，美国波士顿地铁春田工厂总经理考察"城铁客车智能调试实训装置"时，高度赞扬了这一设备，还邀请罗昭强率领海外培训团队利用该装置培训了首批 33 名美国车辆电气工程师。目前，该成果作为一项竞争要素为公司顺利中标增添了重要砝码。

2018 年，他最新的创新成果"美国波士顿地铁模拟实训装置"成功登陆美国，签约金额 100 万美元，实现了工人创新成果销售到海外市场的新突破，并率领团队开始国际化培训，助力中国高铁"走出去"战略的实施。

"授人以鱼不如授人以渔"，罗昭强还将多年的工作经验无私地传授给他人，累计为公司内部、铁路系统和地铁业主方 2 万余人开展技能培训。目前，已培养出 6 名全国技术能手、8 名中央企业技术能手、10 名吉林省首席技师、3 名长春市技能竞赛状元及 100 余名高级技师。其所带徒弟，已有 1 人成为中国中车首席技能专家、4 人成为中国中车资深技能专家，为高铁事业发展输送了大量的优秀人才。

第二节　理解工匠精神的价值

实现中华民族伟大复兴的中国梦，不仅需要大批科学技术专家，同时也需要千千万万的能工巧匠。更为重要的是，"工匠精神"作为一种优秀的职业道德文化，它的传承和发展契合了时代发展的需要，具有重要的时代价值与广泛的社会意义。

一、工匠精神是中国制造前行的精神源泉

经过改革开放 40 多年的发展，我国早已成为世界第一制造业大国。尽管我们成了"世界工厂"，贴着"MADE IN CHINA"标签的产品在世界上随处可见，大到汽车、电器制造，小到制笔、制鞋，国内许多产业的规模居于世界前列，但这里面却依然缺少真正中国创造的东西，甚至一些外国人将其等同于"山寨"产品。

这严重损害了中国企业和中国品牌的形象。在许多业内人士看来，我国制造业大而不强，产品质量整体不高，背后的重要根源之一就是缺乏具备"工匠精神"的高技能人才。

为实现中国从制造大国到制造强国的跨越，2015 年 5 月 8 日国务院正式印发《中国制造 2025》，提出了中国政府实施制造强国战略第一个十年的行动纲领。中国要迎头赶上世界制造强国，成功实现中国制造 2025 战略目标，就必须在全社会大力弘扬以"工匠精神"为核心的职业精神。只有当敬业、精益、专注、创新的"工匠精神"融入生产、设计、经营的每一个环节，实现由"重量"到"重质"的突围，中国制造才能赢得未来。

二、工匠精神是企业竞争发展的品牌资本

塑造良好的品牌形象，有效开发、经营品牌资本，是企业参与市场竞争、占领市场制高点的重要手段。而工匠精神对企业品牌形象塑造和品牌资本创造具有很大的促进作用。

此外，工匠精神也是企业品牌内涵的重要体现，也是企业品牌知名度、美誉度及顾客忠诚度培育的有效途径，更是企业品牌资本价值增值的重要来源。中华老字号"全聚德"烤鸭能够驰名世界，正是得益于其"食不厌精、脍不厌细"的"工匠精神"。

拓展阅读

德国制造：执着背后的"匠心精神"

德国很晚才开始工业革命，英国、法国完成工业革命时，德国还是个农业国。但是如今，这个只有 8 000 万人口的国家，竟有 2 300 多个世界名牌。是什么原因造就了享誉世界的"德国制造"（图 3-7 为"德国制造"的部分产品）？

图 3-7 "德国制造"的部分产品

一个人身上只做一次生意

有人曾在柏林与一家菲仕乐锅具店的经理聊天:"你们德国人造的锅可以用上100年,因此每卖出一口,实际上也就丢失了一位顾客,以后人家不用找你了。仔细想一想,你们划得来吗?你们为什么要把东西搞得那么结实呢?把它的使用期搞短一点儿,不是可以赚更多的钱吗?"

那位经理这样回答道:"我并不认同你的说法。我认为,所有买了我们锅的人都不用再买第二次,这就会建立口碑,就会招来更多的人。我们这家厨具厂,是第二次世界大战后从过去的兵工厂转产过来的,前后也不过几十年时间,已经卖出1亿多口锅了,你知道这个世界有多少人口吗?快80亿了,还有70多亿人口的大市场在等着我们呢!"

德国人的想法不一样,他们的营销战略也与众不同。一笔生意,在一个人身上一辈子就做一次,让人说他的东西好,这就会感染到另外一个人,第二个人成为他的顾客后,再去感染第三个人。

不相信物美价廉

"德国制造"的优势并不在价格上,连德国人自己都承认"德国货就是物美价不廉"。

在一次记者招待会上,一位外国记者问厄恩斯特·冯·西门子:"为什么一个8 000万人口的德国,竟然会有2 300多个世界名牌呢?"

这位西门子公司的总裁是这样回答的:"这靠的是我们德国人的工作态度,靠的是我们对每个生产技术细节的重视。我们德国的企业员工承担着生产一流产品的义务和提供良好售后服务的义务。"

当时那位记者反问他:"企业的最终目标不就是利润的最大化吗?管什么义务呢?"

西门子总裁回答道:"不,那是英美的经济学,我们德国人有自己的经济学。我们德国人的经济学追求两点:一是生产过程的和谐与安全,二是高科技产品的实用性。这才是企业生产的灵魂,而不是利润的最大化。企业运作不仅仅是为了经济利益,事实上,遵守企业道德、制造精益求精的产品,更是我们德国企业与生俱来的天职和义务!"

在德国,没有哪家企业是一夜暴富,并迅速成为全球焦点的。他们往往是专注于某个领域、某项产品的"小公司""慢公司",但极少有"差公司",绝没有"假公司"。它们大多是拥有百年以上经历、高度注重产品质量和价值的世界著名公司,也被称为"隐形冠军"。图3-8为德国知名品牌一览图。

图 3-8　德国知名品牌一览图

三、工匠精神是个人成长的道德指引

工匠精神作为一种职业精神，是我们提升个人精神追求、完善个人职业素养、实现个人成长进步的重要道德指引。事实上，我们所具有的高尚职业操守和强烈工匠精神，同拥有的较高专业知识技能一样，是我们自身立足职场的重要条件和在未来职业生涯中脱颖而出的制胜法宝。

第三节　传承工匠精神

匠心筑梦，大国崛起。随着时代进步和社会发展，曾经的一些老手艺因与现代生活不相适应而逐渐消失，但是工匠精神却传承下来，永不过时。作为新时代的先锋力量，我们应接力传承工匠精神，为实现中华民族伟大复兴的中国梦而奋斗。

一、重新审视工匠的作用与地位

我国古代鲁班、李春等工匠大师以其独特的工匠技艺奠定了古代建筑文明的基础，影响并发展了几千年的建筑行业与建筑文化，改善和丰富了人们的物质文化生活；我国现代涌现出的高凤林、胡双钱、宁允展等国家级工匠，对航空工业、高铁行业的发展起到了较好的推动作用；美国近代的本杰明·富兰克林、怀特兄弟等一大批人，以其勇于创新、敢于试错的工匠精神，做出了改变世界的创新成果。可以说，能工巧匠的巨大作用伴随着人类文明发展的整个进程。

很多学生认为工匠只是技术工人，没有认识到工匠在人类文明发展史上的重要作用，更没有认识到工匠精神的广泛性。我们应重新审视工匠的作用和地位，在工艺知识和技能方面下功夫，通过专题讲座、实践实习、观看纪录片等方式，了解工匠对工艺精益求精的钻研精神，以及工匠、工匠精神对经济建设和社会发展的重要意义。

拓展阅读

大国工匠，挺起中国制造的脊梁

国以才兴，业以才立。从制造大国向制造强国转变，离不开庞大的高技能人才队伍。针对大国工匠与中国制造的关系，5 位高技能人才队伍建设工作者——人力资源和社会保障部职业能力建设司司长张立新，中铝集团云南冶金昆明重工车工、高级技师耿家盛，德州恒丰纺织集团细纱挡车工、高级技师王晓菲，中国商用飞机有限责任公司党委委员、人力资源部部长沈大立，中国石油辽河油田欢喜岭采油厂采油作业工、高级技师赵奇峰，分享了他们的故事和观点。

筑就"工匠魂"：高技能人才队伍快速集聚成长

"伴随改革开放的春风，我国高技能人才队伍建设有了很大进步。特别是党的十八大以来，高技能人才的数量大幅增长、地位不断提升，为制造业强国建设发挥了重要作用。"张立新说。

政策引领，让匠心回归。党的十八大以来，党中央、国务院对高技能人才队伍建设做出一系列重大决策部署。截至目前，全国技能劳动者总量已超过 1.65 亿人，高技能人才达到 4 791 万，分别较 2012 年增长了 23%和 39.3%。

"这几年，我感到国家越来越重视我们技术工人，切实提高技术工人待遇的政策层出不穷，让身处基层一线的技工感到有希望、有价值。"赵奇峰说，"我所在的中国石油建立了九级技能人才晋级通道，在以往初级、中级、高级工、技师、高级技师的基础上增加了首席技师、油田公司专家和集团公司专家的级别，还相应配套了津贴。高技能人才、技术工人有了创新、创效、传承、交流的平台，施展才华、奉献才智的空间也越来越大。"

2017 年 5 月，中国 C919 大型客机首架机在上海浦东国际机场成功首飞。闪光灯下，"80 后""90 后"技能人才与 C919 一起，成为人们关注的焦点。"作为企业的人力资源管理者，我感到高技能人才的主人翁意识在不断增强，他们都为能够亲手制造国产大飞机而感到骄傲和自豪。"沈大立说。

练就"工匠术"：开展职业培训解决人才结构性矛盾

当前，创新型高技能人才已经成为引领经济社会转型发展的新动能。我国对此类人才的需求比以往任何时候都迫切。职业培训铺就幸福路。培养高技能人才，解决人才结构性矛盾最有效的举措是广泛开展职业培训。

让梦想延续 赢无限未来

从高校毕业生技能就业行动，到农民工职业技能提升"春潮行动"；从高技能人才培训基地，到技能大师工作室……在人社部门的努力下，6年间，国家层面共建设591个高技能人才培训基地、743个国家级技能大师工作室，实施了多批次技师培训项目，带动地方同步推进省市级项目建设，高技能人才培养能力得到大幅提升。

"在职业培训政策方面，一个重大突破是实现了职业培训补贴政策普惠化和全覆盖。"张立新介绍，国家对贫困家庭子女、未就业高校毕业生、农民工、失业人员都提供了免费培训补贴。对企业学徒，从初级工、中级工、高级工到技师、高级技师，也都给予不同程度的职业培训补贴。

提升"工匠力"：让高技能人才得到丰厚回报

从2016年到2018年，"工匠精神"三度写入政府工作报告。但在现实中，企业职工和青年学生学习技能的积极性不高，技能岗位的吸引力不强，社会认同度不高的现象依然存在。

王晓菲认为，工匠精神和敬业精神是非常值得弘扬和传承的，现在企业的青年职工，要有时不我待的紧迫感，技不压身，趁现在打好基础，吃苦耐劳，为以后的职业发展奠定基础。

没有高技能人才，很难撑起高质量发展。"商用飞机的产业人才在全球范围内都具有竞争性，高端人才更加稀缺。"沈大立建议，通过跨界培养技术、技能"双师型"人才，让专注于创新的技能人才能够得到丰厚回报，提升他们的"工匠力"。

张立新呼吁，全社会要转变观念，营造"劳动光荣、技能宝贵、创造伟大"的社会氛围，使技能人才成为人人尊敬的对象。

二、在实践中传承工匠精神

我们身边总有一些人，他们执着、坚守，对自己的工作和产品精雕细琢，他们拥有精益求精的匠心。例如，一生只守一架琴，甘守清贫的巫漪丽；潜心21年苦心钻研成"土专家"的铁轨工匠信恒均；在故宫里思考十年，修复两年，让古钟出尘现光华的王津……他们都是工匠精神的传人。

今天，我们要向他们看齐，学习他们"追求卓越"的精神，学习他们"执念细节"的态度,学习他们"坚持不懈"的毅力……我们要通过毕业设计、社会实践活动、社会兼职等,在劳动过程中不断探索、创新,在实践中培养吃苦耐劳精神和奉献精神,树立正确的职业观念,切实传承、践行工匠精神;我们还要弘扬理论联系实际的作风,深入工厂,到企业中接触一线工人,感触工匠精神。

榜样故事

20多个春节没回家的秦岭深山巡线工:周红亮

"远看像要饭的,近看像逃难的,仔细一看原来是巡线的。"曾有人用这样的话来形容巡线工的辛苦。

周红亮(见图3-9)就是这样一位巡线工。他日复一日,奔走于秦岭深山无人区,及时掌控着输电线路的每一处变化。20多年来,他奔走了6万多公里,发现处理线路缺陷上万处,确保了维管线路20余年无人员责任故障,保证了辖区铁路、工农业安全用电,以自己的行为诠释着新时代工匠精神。

图3-9 周红亮

守护两个"第一"

周红亮巡视维护的设备里有两个"第一":一是新中国第一条电气化铁路——宝成铁路,二是新中国第一座带负荷融冰变电站——110千伏融冰变电站。

秦岭山脉是我国南北气候分界岭,高山险峻、环境复杂。班组维管的线路跨越两省两区三县,维护半径260余公里,巡视一遍要徒步2 000多公里。

秦岭"重冰区"线路共有6.2公里,涉及27基铁塔。平时天气好的时候两天巡检一次,每次需要步行6个多小时,还要跨越3处铁路线,翻过大小10多个山头,天天往山里跑。遇到气温持续偏低的时候,他们巡检的重点区域增加到每天一次。安全教育、工作分工、时间控制,班组成员各司其职,迅速进入工作状态。

宝成铁路穿越秦岭山区,巡线路上他不知有多少次和狼、熊、野猪等野兽不期而遇,险象环生。110千伏融冰站都是在冬季最冷的时候开始融冰工作的,站内条件艰苦,从他第一次开始融冰值班喝的就是山沟里的冰水，在最艰苦的时间，在最寒冷的冬夜，放弃和家人团聚的时间，深入深山，带负荷融冰。

2016年2月12日，隔夜的一场大雪让秦岭南北披上了银装，周红亮已经度过了他在山梁上的第20个春节，当千家万户都还沉浸在团聚的喜悦当中时，他已经开始了像平日一样的工作，"融冰、巡视、再融冰、再巡视"，这就是周红亮和工友在融冰巡线中度过的一天。

饿了，就吃几口随身带的干馍；累了，就在雪地里休息一会儿，"闲的时候想想也有些心酸，但毕竟干了这个工作，就必须担起这个责任。只要过节期间能够守得'万家灯火明'也就值了。"

周红亮说，有一次春节期间，他把妻子和儿子带到了工作现场，"在这里啥都没有，连个电视都看不上。"大过年的在城市里面多热闹，但这个工作得有人去做，"慢慢地，家人也就理解了。"

"我爱发明"

这几年，大家对巡线工的印象越来越好，已经从过去那种普通工人的形象，转变为高质量的产业技术工人形象。而在这个过程中，周红亮的秘诀是创新。在长年艰苦枯燥的工作中，周红亮找到了乐趣，就是思考、解决工作中遇到的问题。

为了避免在巡线过程中遭到动物伤害，周红亮带领班组职工研发了"防蜂帽"。当线路工走在山里的小道时，如果不小心，触碰了"地窝蜂"，立即将头上"防蜂帽"的丝网放下，可以完全制止马蜂袭击，达到保护头部、颈部的作用。

在解决导线接点发热带电处理的问题上，他潜心研究始终没有突破，一次偶然的机会，他在被升起的车窗玻璃夹到手后突发灵感，提出应用电动遥控压接方法，研制出了"遥控式电动分流器"，实现了带电遥控导线分流，消除了线路运行隐患。

面对导线悬挂异物人工难以清除，他创造性提出采用遥控机械清除，经过不断改进，研制出"线路除障精灵"，保障了线路除障作业安全。为了方便线路工工作，他依据多年巡线经验研制出多功能巡线背包，背包的每一处设计都独具匠心，工具、仪器、药品、水壶、饭盒等都有了专用的空间，既方便携带、又适于现场工作，再不用担心仪器损坏和物品遗漏了。在山区线路遭遇蛇害比较普遍，他研制出的"防蛇金具"有效避免了蛇害导致的线路故障。

"夏顶烈日，春秋披霜露，冬踏冰雪。"曾有人用这样的话来形容巡线保电工作的辛苦。在周红亮看来，"这些年，我们工作的精神和状态一直是没有变的，从我上班起，我师父把接力棒交到我手里以后，再到我的徒弟来这里工作，一代一代坚守、坚持，保证了线路的畅通。"

高高铁塔巍然屹立在群峰之间，一个电力工人背依渭北台塬，凝望天空，目光炯炯有神。这种昂然的姿态，是对信仰的追求。

实践活动

演话剧，颂匠心

学习、弘扬、践行工匠精神，是对每个肩负中华民族伟大复兴任务的职业从业者的要求。作为国家未来的高素质技能人才，我们更应为营造劳动光荣的社会风尚和精益求精的敬业风气而努力，为成为知识型、技能型、创新型劳动者大军中的一员而奋斗，自觉传承、践行工匠精神。

6~10人为一组，围绕大国工匠或你喜欢的匠心故事排一场话剧，讲述匠人奋斗故事，感受匠心力量，传承工匠精神。

过程记录

选定人物：

故事脉络：

排演要点及完成情况：

心得体会：

结果评价

教师可参考表 3-1 对小组的话剧表演进行评价。

表 3-1 "演话剧，颂匠心"活动评价表

评价标准	评价细则	分值	分数小计	教师评价
剧本构思	剧本主题符合要求	10		
	剧情编排合理	15		
	构思巧妙，很好地展现了工匠精神	15		
表演水平	舞台表现感染力强	10		
	语言流利	10		
	小组成员配合默契	10		
	表情及眼神到位	10		
舞台效果	服装、道具使用恰当	10		
	表演完整，反响热烈	10		

技能素养篇

第四章 生活技能常培养

"一屋不扫，何以扫天下？"只有从一根线、一粒米的小事做起，由近及远，由小及大，成长的基石才能一层层夯实，人生的扣子才能一粒粒扣紧。

学习目标

知识目标

- ◇ 掌握衣物清洁的基本常识、熨烫的技巧、常用的针法，学会自己整理衣物。
- ◇ 了解中国饮食文化，掌握烹饪的相关知识和技能。
- ◇ 知晓合理作息的好处，掌握居家清洁、物品规整的方法。
- ◇ 掌握家庭保健、日常维修的基本常识。

素质目标

- ◇ 在日常生活中，主动为父母分担家务，做好家务劳动的践行者。
- ◇ 从小事做起，养成良好的个人习惯。

第四章 生活技能常培养

课堂导入

一屋不扫，何以扫天下？

东汉时期，有一少年名为陈蕃，此人自命不凡，一心只想干大事业。一天，陈蕃父亲的好友薛勤来访，见其独居的院内龌龊不堪，便问他："孺子何不洒扫以待宾客？"他答道："大丈夫处世，当扫天下，安事一屋？"薛勤当即反问道："一屋不扫，何以扫天下？"陈蕃无言以对。

【想一想】
(1) 你赞同陈蕃的做法吗？为什么？
(2) 你喜欢做家务吗？为什么？

第一节 正衣冠

"千里之行，始于足下"。"不会""我有更重要的事情做"……不该是我们拒绝家务劳动的借口，而应是我们学习、践行家务劳动的动力。我们应该从衣物整理、物品收纳等方面做起，在日常生活中，养成良好的劳动习惯，做到衣冠整齐、干净清洁——"正衣冠"。

一、衣物清洁常识

（一）清洗应分类

洗衣服时，不仅要按颜色分类，还要按衣服的材质、种类分类。衣物按颜色可分为纯白色、浅色（包括带白色条纹的衣物）、深色（黑色、蓝色、褐色等）、艳色（红色、黄色、橙色等）四类进行清洗；材质方面，一定要将毛绒多的衣物（毛巾、毛衣、灯芯绒衣物等）和容易起球的衣服分开洗，避免把衣服洗坏；贴身衣物，如内裤、秋衣裤等，要单独洗涤。

Get小技能

贴身衣物清洗小贴士

手洗更健康

首先，洗衣机的内壁和滚筒里藏有许多污垢和细菌，贴身衣物在机洗过程中容易受到污染；其次，贴身衣物一般相对较小，手洗会洗得更加干净、彻底。

69

肥皂更安全

肥皂具有良好的杀菌去污效果，且不伤皮肤，是手洗贴身衣物的首选。如果有条件，我们还可以选购超市中专门用于清洗贴身衣物的内衣皂，这种肥皂的抑菌效果更好，性质更温和。

禁用消毒液

消毒液虽然具有很强的杀菌消毒能力，但对皮肤的损害很大，在清洗贴身衣物时，应尽量避免使用消毒液。

羽绒服清洗技巧

（二）水温应适宜

通常来说，水的温度越高，去油渍效果越好。但要注意，并不是所有材质服都适合用热水洗，我们洗东西的时候要先看下洗涤说明后再洗。一般情况下，贴身衣物、床单等要用60℃以上的热水洗，丝质、羊毛织物等物品应用冷水洗。

（三）衣物应后放

洗衣服时，应先放水和洗衣液，并进行搅动，待洗衣液充分溶解后再放入衣物。这样洗衣服，不仅能让洗衣液更好地发挥作用，还能避免衣物上留下洗衣液的印记。

（四）洗衣液用量应适度

在使用洗衣液前，应先阅读洗衣液的使用说明，明确洗衣液与水的比例。洗衣液的用量过少，将无法达到去污效果；洗衣液的用量过多，不但会浪费资源，还会产生残留。一般来说，洗衣液的用量稍低于说明书的推荐值即可。

（五）洗衣机切忌塞太满

有的人喜欢积攒脏衣服，洗衣服时把洗衣机填得满满的，以为这样既省事又省水、省电。殊不知，这样不但容易洗不干净，还会缩短洗衣机的使用寿命。衣物体积最多不能超过洗衣机滚筒体积的2/3。

拓展阅读

让孩子做家务，就像小鸟要学习展翅一样

2020年1月，湖北襄阳一位刘女士在朋友圈招聘保姆照顾自己上大一的女儿，引发网友热议。刘女士称自己平时很忙，没有时间照顾女儿，而女儿虽然上大学了，但是从小没有做过家务，所以想找一个保姆照顾她。

其实，一般钟点工的小时工资在2~50元不等，算不上奢侈。假设刘女士是给自己

家里请保姆，绝不会有人说三道四。那么，刘女士的做法到底哪里不对，才会惹来争议？其实，比较容易引发反感的关键词是"大学生"和"从小没做过家务"。

大学生过的是集体生活，属于自己的"一亩三分地"也就是宿舍里的书桌和床，所谓家务活无非就是生活自理罢了。如果这些事都不会做、不愿做，称为"低能"也不为过。而"从小没做过家务"的说法，更说明这个家庭对何为教育完全不懂。

家务劳动和各种学校课程一样，都应当属于从小就得学习的必修课。哈佛大学曾进行过一项历时 70 多年的"格兰特研究"，探讨一个人的成功因素究竟是什么。结论是，如果我们关心孩子们的职业成功，那么就要为孩子们提供两个基础：爱和家务活。刘女士可能觉得，她的女儿不需要"成功"，一辈子躺在父母的羽翼下无忧无虑即可。

如果你不想成为"废柴"，就应该学做家务，就像小鸟学习飞翔一样自然。

二、实用熨烫技巧

（一）熨烫步骤

（1）注水。往熨烫机内注水时，应灌注冷开水，以减少水垢的产生，避免喷气孔堵塞。

（2）选择温度。熨烫机上一般会有调节温度的旋钮，使用时可根据衣物的材质选用不同的温度，也可根据衣物上的熨烫标识选用合适的温度。常见的熨烫标识及其代表的含义如图 4-1 所示。

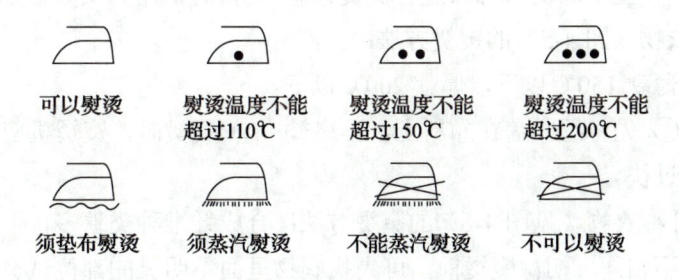

图 4-1　常见的熨烫标识及其代表的含义

（3）熨烫。在熨烫过程中，应保持衣物平整，以免熨烫过后衣物再次留下褶皱。同时，应在水温达到调适温度后，再开始熨烫，否则会因温度条件不够，无法形成水蒸气完成熨烫。

（4）护理。熨烫完的衣服切忌马上挂入衣柜，而应先挂在通风处，待衣服完全干透之后再挂进衣柜，以免衣物生菌发霉。

（二）不同布料衣物的熨烫方法

（1）棉麻衣物（见图 4-2）的熨烫方法：
适宜温度：160～200℃。

熨烫手法：① 动作敏捷，但不能过快；② 往返不宜过多；③ 用力不宜过猛；④ 熨烫淡色棉麻织品时应保持匀速，以免衣料发黄。

（2）丝质衣物（见图4-3）的熨烫方法：

适宜温度：110～120℃。丝质衣物需低温熨烫，过高的温度容易导致衣物褪色、收缩、软化、变形，严重时还会损坏衣物。

熨烫手法：① 垫布熨烫，或熨烫衣物反面；② 熨烫时，熨烫机要不断移动位置，不能在一个地方停留时间过久，以免产生烙印水渍，影响衣物的美观。

图 4-2　棉麻衣物 　　　　图 4-3　丝质衣物

（3）皮衣（见图4-4）的熨烫方法：

适宜温度：80℃以下。

熨烫手法：① 垫干燥的薄棉布进行熨烫；② 熨烫时，用力要轻，以防烫损皮革。

（4）毛织衣物（图4-5）的熨烫方法：

适宜温度：薄款150℃以下，厚款200℃以下。

熨烫手法：① 先将湿布盖在布料上，再熨烫；② 熨烫时，熨烫机应平稳地在衣服上移动，不宜移动过快。

（5）合成纤维衣物（见图4-6）的熨烫方法：合成纤维种类繁多，不同的合成纤维衣物的耐热程度各不相同。初次熨烫前，可先找衣物里面不明显的部位试熨，在掌握了适合的熨烫温度后，再进行大面积熨烫。

图 4-4　皮衣 　　　　图 4-5　毛织衣物 　　　　图 4-6　合成纤维衣物

三、实用缝补针法

做好针线活的前提是要学会常用的针法。缝制衣物常用的针法有平针法、藏针法、锁边缝、包边缝、扣眼缝、缩缝法等。

（1）平针法（见图4-7）是最基础的针法，也是最常用的针法。这种针法主要用于拼接布料和缝制布料的轮廓。缝制时，要注意针脚间隔均匀，间隔一般为3毫米左右（也可根据实际情况调整）。

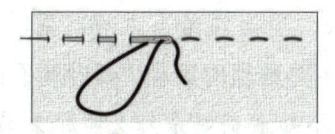

图4-7 平针法

（2）藏针法（见图4-8）一般用于两块布料的缝合。这是一种很实用的针法，能够有效隐匿线迹，常用于衣服上不易在反面缝合的区域。

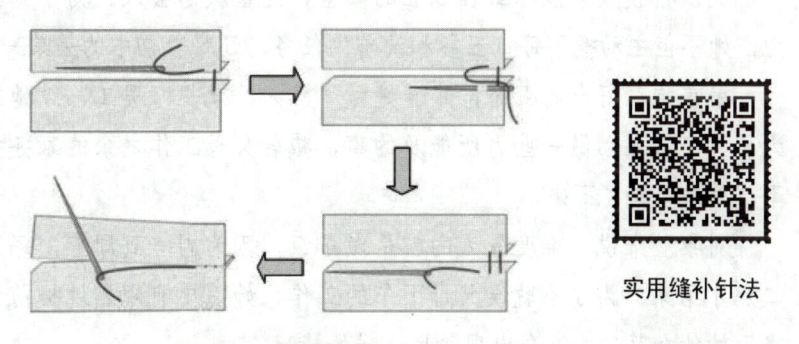

图4-8 藏针法

实用缝补针法

（3）锁边缝（见图4-9）一般用于缝制织物的毛边，以防织物的毛边散开。

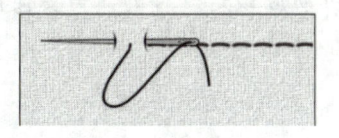

图4-9 锁边缝

（4）包边缝（见图4-10）、扣眼缝（见图4-11）与锁边缝的用途相同，但前两者的装饰性和实用性更强。

（5）缩缝法（见图4-12）可以在缝制过程中拉出松紧度，一般用于缝制缩口。

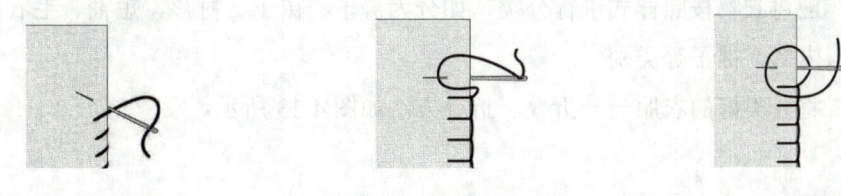

图4-10 包边缝　　图4-11 扣眼缝　　图4-12 缩缝法

> **拓展阅读**

疫情期间做家务，在劳动中成长

　　来自武汉科技大学文法学院的秦天慧，在新冠肺炎疫情期间，为父母分担家务，帮妈妈做饭，给弟弟辅导作业。

　　秦天慧的爸爸妈妈因工作忙经常很晚回家，她就承担了做饭的任务。有时候煮一锅浓浓的小米粥，做几个小菜；有时候给家人煎鸡蛋，蒸几个馒头。秦天慧的妈妈说："每次回家能吃上闺女做的热腾腾的饭菜，顿时就不觉得累了。"

　　"之前远在学校读书，并不知道爸妈是怎么照顾弟弟的。现在知道他们白天要上班，晚上回来要照顾弟弟，还要做饭、打扫卫生。在家的几个月，我深切感受到了父母养儿育女的辛苦。"秦天慧说。

　　武汉科技大学能源工程专业的黎莹，是重庆忠县人。为了分担父母家务劳动的压力，她不但主动揽下每日三餐和洗碗的任务，还带着初中的弟弟一起参与家庭劳动。

　　弟弟抱着好奇的心态，跟着她做了几天，就想"罢工"。她对弟弟说："我们长大了，应该主动做一些力所能及的事，减轻父母工作之余的家务负担。"在她的带动下，弟弟坚持了下来。

　　对黎莹来说，难度最大的就是做午饭。因为周一到周五，每天上午的网课接近十二点才结束。为了不耽误父母下午的工作，她需要有规划地提前做饭，还要预先想好当天炒什么菜，才不会出现手足无措的情况。

　　"做家务是最基本的劳动，即使是做饭洗碗，我觉得自己在其中也有很多收获。"她说，"我想学习和劳动应该是一样的，需要提前做好规划，再进行多次的实践和练习，才能有进步。"

四、收纳操作指南

　　将衣物随意堆放在衣柜或者箱子里，既不美观也不便于拿取。那么，应如何合理使用衣柜空间收纳衣服呢？

　　首先，应将衣物按照样式进行分类，如分为裤子、裙子、衬衫、短袖、毛衣、外套、贴身衣物、内裤、袜子等类别。

　　其次，将分类好的衣服一一折叠，折叠方法如图 4-13 所示。

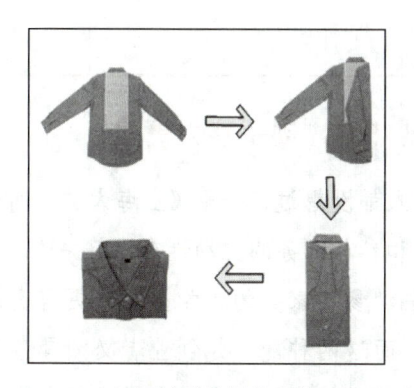

(a) 衬衫的折叠方法 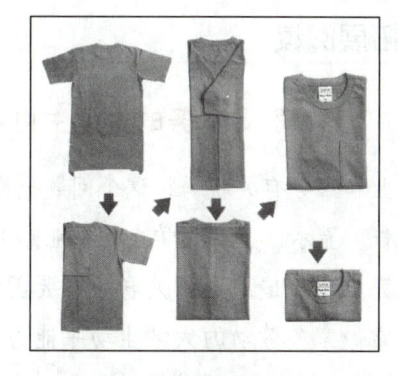　　　　　　(b) 短袖的折叠方法

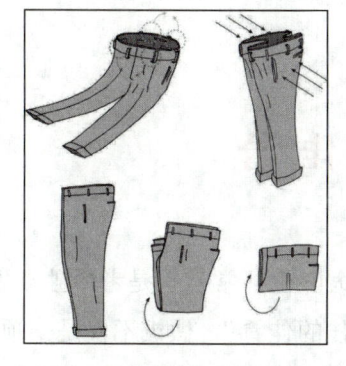

(c) 裤子的折叠方法 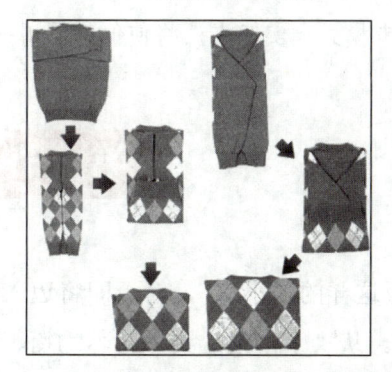　　　　　　(d) 毛衣的折叠方法

图 4-13　各种类型衣服的折叠方法

最后，将折叠好的衣服按季节进行分类。属于当季的衣服，可放于衣柜中易于拿取的位置；属于其他季节的衣服，可放于衣柜顶层或收纳盒、收纳袋中。此外，袜子、贴身衣物等小衣物可放于衣柜、抽屉或箱子中，其具体折叠及收纳方法可参照图 4-14。

衣服收纳小妙招

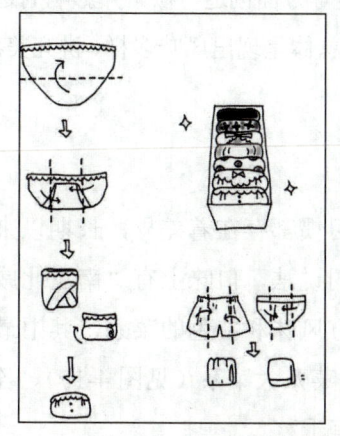

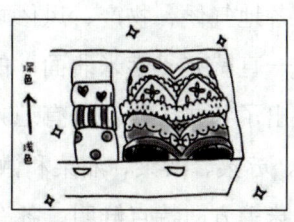

(a) 贴身衣物的折叠及收纳方法 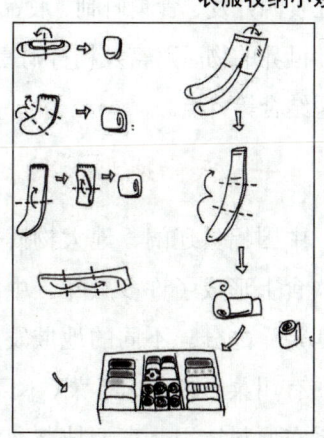　　　　　(b) 袜子的折叠及收纳方法

图 4-14　贴身衣物和袜子的折叠及收纳方法

> **拓展阅读**
>
> **爱做家务的大学生更有创业热情，动手能力更强**
>
> 创业和家务有关联吗？这个问题也许很多人都没想过。一则《上海大学生创业现状调研报告》显示，上海大学生的创业热衷程度和参与家务的主动性有显著关联。
>
> 研究发现，造成这种关联的主要因素是主动参与家务的大学生往往更有责任感，并且经常做家务劳动的大学生动手能力更强，而这两种能力是创业者必须具备的关键能力。同时，在家务劳动的过程中，大学生获得了解决问题的思考模式和实践方法，这种思考模式和实践方法将使他们受用一生。

第二节 食佳肴

做饭这样的"小事"，对于即将迈入社会的大学生，常常也是考验独立生活能力的"大事"。从"家常菜"到"营养均衡、色味俱佳的佳肴"，做饭不仅是一项生活技能，更能让我们享受烹饪的乐趣，用美食调剂生活。学做饭，首先要了解我国源远流长的饮食文化。

一、中国饮食文化

中国饮食文化是一种广视野、深层次、多角度、高品位的悠久区域文化，是中华各族人民在食源开发、食具研制、食品调理、营养保健和饮食审美等方面创造、积累并影响周边国家和世界的物质财富及精神财富。我国地大物博，在饮食上总体呈现出风味多样、讲究美感、食医结合等特点。

（一）天南地北，风味多样

中国幅员辽阔、地大物博，各地气候、物产、风俗习惯都存在着差异，长期以来，在饮食上形成了许多风味。中国一直就有"南米北面"的说法，口味上有"南甜北咸东酸西辣"之分。不同的地域发展出了各式各样、具有地方风味和特色的菜系，其中最著名的有川菜、鲁菜、粤菜、闽菜、苏菜、浙菜、湘菜和徽菜八大菜系（见图4-15）。各个菜系在原料选用、烹调技艺和口味等方面特点鲜明、各有千秋。

图 4-15　中国八大菜系

（二）五味俱全，讲究美感

中国的烹饪，不仅技术精湛，五味俱全，而且有讲究菜肴美感的传统，注意食物的色、香、味、形、器的协调一致。无论哪种菜系，都特别注重菜肴的搭配、菜肴的造型和器具的选用，以达到色、香、味、形、器的和谐统一，给人以精神和物质高度统一的特殊享受，如图4-16所示。

图 4-16　讲究美感的中国菜

（三）医食同源，药膳同功

我国烹饪讲究食医结合，认为食物与医疗保健有着密切的联系，在几千年前就有"医食同源""药膳同功"的说法。许多食物原料都具有药用价值，利用这些原料做成的美味佳肴，不仅美味，还能达到防治疾病的目的。例如，绿豆具有清热解暑、止渴利尿的功效，苦瓜具有清热解暑、明目解毒的功效，胡萝卜具有补肝明目、清热解毒的功效，梨具有清热镇静、化痰止咳的功效，等等。

拓展阅读

留学生锻炼独立生活能力 就从做饭这件小事入手

出国后才发现自己还是"中国胃"！许多留学生念念不忘的，是家乡菜的味道。

独立生活的起点——学会每天记录开销

"在澳大利亚最难的，就是'吃'的问题。"就读于澳大利亚西悉尼大学的周筱雅如是说。"澳大利亚是一个'进口国家'，当地市场上的许多产品都是进口的，食品的物价较高。另外，我所在的学校没有学生餐厅，而外面的餐厅一顿普通的饭菜都要15澳元左右，折合人民币大约73元，这样的价格对于我们这些留学生来说有点高。"

依靠父母的资助在澳大利亚生活，周筱雅在很短的时间内就学会了精打细算。"澳大利亚当地的餐厅，点餐分量很大，吃不完浪费掉可不是一个好习惯。"

"出国后才发现，自己是'中国胃'。"周筱雅调侃道，"澳大利亚当地人的饮食习惯就是'三明治拯救一切，两片面包夹起一个宇宙'。"在经历过起初的新奇后，周筱雅开始琢磨如何维持自己的健康饮食习惯。

"国外的饮食比较油腻，即使找到亚洲餐厅，能吃到的大部分也是热量很高的咖喱之类的菜品；而中餐的烹饪方法非常丰富，炒、烤、烩、蒸、煮，选择余地更大。"比较以后，她作出决定：要关注学业，也要兼顾好自己的生活品质。

必须学会独立生活的一个重要技能——做饭

烹饪使我快乐

陈梦晓（化名）刚到韩国留学一年，她说："我以前从不记账。来到韩国之后，发现餐厅的菜品价格非常高，街边普通小店里，一份水煮肉片的价格都能高出国内餐厅的两倍。来韩国前，我不会做饭，即使父母催促我学习，我也会找各种借口推脱掉。"陈梦晓回忆道："以前的我从来不进厨房，在家连天然气炉都不敢开。但是来到韩国之后，我发现必须学做饭，因为它的确是生活的必备技能。"

"当然，我得到了朋友的帮助。在与朋友们一起做出一顿饭的过程中，我发现做饭原来是一件很快乐的事情。"陈梦晓说。

从"十指不沾阳春水"到"越来越喜欢探索做饭的技巧"，陈梦晓有许多难忘的经历："刚开始学做饭的时候，鸡蛋被炒成黑色。但我想，如果学会几道拿手菜，就可以请认识的韩国朋友和同学到家里来聚餐，于是就有动力坚持下来了。"回想起刚学做饭时的场景，陈梦晓笑道："我特别害怕青菜在锅里'噼噼啪啪'地油汁四溅，所以每次把菜放进锅后都赶紧跑出厨房，等锅'冷静下来'我再赶紧跑回去。"

独立能力的关键——懂得照顾他人的感受

更重要的收获是，许多学生通过做饭，学到了如何在不同的文化环境中遵守公共规则，照顾他人的感受。

谈到中澳生活中的差别，周筱雅分享道："在澳大利亚，每家每户都要求安装烟雾报警器。中餐制作时的烹饪方法，比如说翻炒，会产生大量油烟。这时候如果处理不及时，报警器就会启动。在家里做饭一定要注意油烟问题，因为报警器响3次后，消防队就会赶来，而且消防队出动一次需要1 700澳元，大约8 000元人民币。所以对于我们留学生来讲，要特别注意家里的排烟系统。"

展现独立能力——以美味促进交往

"大家聚在一起做饭聊天，也是让合租舍友迅速'破冰'的最好方法。"周筱雅说，"我的舍友分别来自英国、印度、西班牙等5个国家。中国饮食花样众多，第一次聚餐的时候，我给舍友演示包饺子和包子。她们都非常惊奇，直夸我的手法专业，还加入进来跟我一起做。"

吃火锅也是增进友谊的一个不错形式，在外国人眼中既热闹又新鲜，还好吃。

陈梦晓分享道："我喜欢召集很多小伙伴一起做饭。因为韩国物价较高，多一些人可以多一些选择，而且花费平摊下来也更划算。有时候通过这种方式还能认识新朋友。来聚餐时，很多同学都会叫上自己的朋友一起来，既吃饭，又能通过一起做饭、一起打扫的过程相互熟悉，从而扩大了交际圈。"

对于张可欣而言，饮食文化也是一个加强同学间联系的方法。"周末的时候，常常会有许多同学一起聚到家里，来自同一个地方的老乡可能之前并不认识，但是通过一起做饭吃饭，能聊起很多共同的回忆和话题，可以迅速拉近彼此间的关系。"张可欣甜蜜地回忆道，"我的男朋友就是我在留学期间认识的。我们都是武汉人，有一次他过生日，那时我们还不是特别熟悉，我就送了他一包速食的热干面，两个人一下子就因为故乡的特色饮食而有了共同话题。"

二、饮食营养与健康

烹饪不仅应关注美味，更应该做到营养均衡。均衡的膳食、合理的营养搭配不仅可以保证人体正常生理功能的需要，还可以提高机体的抵抗力和免疫力，有利于预防和控制某些疾病的发生与发展。

根据中国营养学会编制的《中国居民膳食指南（2016）》，一般人群的膳食可遵循以下六个原则：① 食物多样，谷类为主；② 吃动平衡，健康体重；③ 多吃蔬果、奶类、大豆；④ 适量吃鱼、禽、蛋、瘦肉；⑤ 少盐少油，控糖限酒；⑥ 杜绝浪费，兴新食尚。

图4-17为中国居民平衡膳食宝塔（2016）。

图 4-17　中国居民平衡膳食宝塔（2016）

三、烹饪基础

（一）原料有哪些

烹饪的原材料可分为蔬菜、水产品、畜禽、粮食作物和果品五类。

（1）蔬菜是人体维生素、矿物质和膳食纤维的主要来源。

（2）水产品富含蛋白质、脂肪、矿物质和维生素。

（3）畜禽是人体优质蛋白、脂类、脂溶性维生素和B族维生素的主要来源。

（4）粮食作物是对谷类作物、薯类作物和豆类作物的总称。谷类作物主要为人体提供淀粉、植物蛋白、维生素等；薯类作物主要为人体提供淀粉、维生素等；豆类作物主要为人体提供蛋白质、脂肪等。

（5）果品主要为人体提供维生素、矿物质和人体所需的微量元素。

（二）调料如何选

没有调味料，就无法做出色、香、味俱全的食物。烹饪常用的调料主要包括以下五种。

1. 咸味调料

烹饪应用中，咸味是主味，也是绝大多数复合味的基础味，有"百味之主"之说，不仅一般菜品离不开咸味，就是糖醋味、酸辣味等也要加入适量的咸味，才能使其滋味浓郁、适口。咸味调料包括酱油、食盐等。

2. 甜味调料

甜味在烹饪中可单独用于调制甜味食品，也可以参与调剂多种复合味型，使食品甘美可口，还可用于去苦、去腥等。在中国饮食中，南方应用甜味较多，以江苏的无锡菜用甜味最重，素有"甜出头，咸收口，浓油赤酱"之说。甜味调料包括蜂蜜、食糖、饴糖等。

3. 酸味调料

酸味在烹饪中应用得十分广泛，但一般不宜单独使用。酸有收敛、固涩的效用，可助肠胃消化；还能去鱼腥，解油腻，提味增鲜，生香发色，开胃爽口，增强食欲，尤宜春季食用。酸味调料包括醋、番茄酱等。

4. 辣味调料

辣实际上是化学物质（比如辣椒素、姜酮、姜醇等）刺激细胞，在大脑中形成了类似于灼烧的微量刺激的感觉，不是由味蕾所感受到的味觉，而是一种痛觉。不过由于习惯，人们也把它当作一"味"。辣味调料包括花椒、辣椒、姜、葱、蒜等。

5. 鲜味调料

鲜味是人们在饮食中努力追求的一种美味，它能使人产生一种舒服愉快的感觉。鲜味主要来自氨基酸、核苷酸和琥珀酸，大多存在于肉畜、鱼鲜、禽蛋等主料中。味精、虾籽、鱼露、蚝油、鲜笋等食物也可以提鲜。

鲜味不能单独存在，只有同其他味配用，方可烘云托月、交相生辉，故有"无咸不鲜""无甜不鲜"的说法。鲜味调料包括鱼露、味精、蚝油等。

（三）火候如何控制

火候的控制，主要是指根据不同的原料采用不同的火候，控制好火力的大小及用火的时间。烹饪时的火候一般根据两种方式确定：

（1）根据原料的质地确定。原料质地较软、嫩、脆的，多用旺火速成；原料质地较硬、老、韧的，多用小火长时间烹调。

（2）根据烹调的技法确定。炒、爆、烹、炸等技法多用旺火速成；烧、炖、煮、焖等技法多用小火长时间烹调。

探究与分享

你还知道哪些关于烹饪的知识或技巧？跟同学们分享一下吧！

四、烹饪安全

（一）用火安全

在利用燃气灶等明火烹饪食物时，应注意以下四点：

（1）烹饪过程中不要远离厨房，以防汤水溢出浇灭燃气灶火苗造成燃气泄漏事故。

（2）厨房内禁止存放酒精、汽油等易燃危险物品，以免引起意外失火。

（3）保持燃气灶周围空气流通。

（4）若闻到煤气味，怀疑燃气泄漏，应立即关闭燃气阀门和附近的火源，同时打开门窗进行通风，注意不要开关任何电器，包括手机。若煤气味强烈，则应立即外出打电话报警，并通知邻居疏散。

（二）用电安全

在用电饭煲、电磁炉等电器烹饪食物时，应注意以下两点：

（1）湿手不得接触电器及电器装置，以防触电。

（2）电器用完后，应立即关掉开关并拔下插头，防止电器因长时间通电而损坏。

（三）烹饪工具使用安全

在使用烹饪工具的过程中，应注意以下三点：

（1）玻璃器皿、瓷器不能摆放在台面边缘，以免摔破伤人。

（2）在使用刀具前，应检查其是否存在裂纹、松柄、锈蚀等现象，避免在使用过程中发生意外。

（3）刀具在使用完后，应插入刀套或刀架内，不得放在操作台边缘及过高处，以免坠落伤人。

（四）其他注意事项

除上述注意事项外，在烹饪时，还应注意以下三点：

（1）烧制饭菜时，锅内的液体不宜过多，以免溢出引发意外。

（2）在拿刚蒸好或烤好的食物时，应戴隔热手套。没有隔热手套的，可用干毛巾代替。

（3）为减少烹饪过程中高温油飞溅，应提前滤干食材的水分。

拓展阅读

学子的美食荟萃之旅

2020年新冠肺炎疫情期间，石家庄铁道大学四方学院将"在线上课"与"居家劳动"紧密结合，发起了一项"晒美食"活动。众多学子纷纷亮出自己的"绝招"，开始了一场美食荟萃之旅。

一道菜就是一种文化，一道菜就是一部《舌尖上的中国》。新疆的大盘鸡、山西的臊子面、贵州的炸土豆片、湖南的红烧肉、湖北的热干面……学生们来自祖国各地，虽然中间隔着万水千山，但都在通过展示自己的劳动成果传递着家乡菜的文化，进行着文化和感情的交流。

来自辽宁丹东的李尧，因为喜欢做饭，经常晒自己做的美食，人送外号"李厨"。疫情期间，他更是没有停下做菜的脚步，水煮鱼、酒煮蛤蜊、油炸鸽子、东北乱炖……"在延期开学的日子里，家里的饭基本都是我做的。我们不能缓解父母的经济压力，那就多承担一些家务劳动，减轻父母的劳动负担。"李尧说。

作为此次活动发起人之一的辅导员李慧鹏也化身"厨神"，晒出了自己的厨艺，给同学们做出了榜样。"身教胜于言传，在做一件事情之前，不去谈意义，而是动手踏踏实实地去做，哪怕只学会了一道西红柿炒鸡蛋，那也是增加了一项生活技能。"李慧鹏说。

第三节 居有常

作息规律，在日常生活中养成做家务的习惯，保持屋舍整洁，物品井然有序，过一种"有序"的生活，能让我们容光焕发、心情舒畅，对我们的学习和工作有很大的促进作用。

一、作息规律

研究表明，科学、合理、规律的作息能提高人体的免疫力，降低疾病发生的概率。在安排作息时间时，可参考表4-1。

表4-1 作息时间表

时间段	作息安排
6:30～7:30	起床伸展腰肢，呼吸新鲜空气，喝杯温水，为一天的工作做好准备
7:30～9:00	吃早餐。这个时候，时间再紧也要吃早餐，因为它可以帮助我们维持血糖水平的稳定，为上午的工作补充能量
9:00～11:00	这个时间段是工作和学习的第一个黄金时期。大部分人在这两个小时内头脑最清醒、思路最清晰，因此可以开展工作和学习中较困难的部分
11:00～12:00	吃点水果。在经过一上午的工作和学习后，我们的血糖会有一些下降，可能导致无法专心工作。此时可以吃点水果，及时补充血糖
12:00～13:00	吃午餐。丰富的午餐能为身体增添能量，以保证身体的能量所需
13:00～14:00	午休。每天保证30分钟的午休会使人精力充沛，还能起到保护心脏的作用
15:00～17:00	这个时间段是工作和学习的第二个黄金时期。此时身体和大脑都处于一天的巅峰状态，应该做细致而密集的工作
18:00～19:00	吃晚餐。晚餐应该多吃蔬菜，少吃富含卡路里和蛋白质的食物。同时要注意，晚餐应少吃，吃太多会引起血糖升高，并增加消化系统的负担，影响睡眠
19:00～21:00	可根据个人需求进行体育锻炼，这样既可以消耗晚餐热量，也能轻松瘦身
20:00～22:00	看书或休息
22:30	上床睡觉。每天应尽量保证8个小时的充足睡眠

二、居家清洁

（一）地面清扫技巧

1. 扫地小技巧

（1）清扫室内地面宜用按扫的方式，即扫地时扫帚尽量不离地面；挥动扫把时，可稍用力向下压，这样既能把灰尘、垃圾扫净，又能防止灰尘扬起；清扫时，一般采用从狭窄处扫向宽广处、从边角处扫向中央处、从屋里扫向门口的清扫顺序。

（2）地上头发多时，可将废弃的旧丝袜套在扫把上扫地。由于丝袜会和地面产生静电效应，很容易就能吸附起地上的毛发和灰尘。如果没有丝袜，塑料袋也可以起到同样的效果。

（3）清扫楼梯时，可以站在下一阶，将垃圾从左右两端扫至中央再往下扫。这样能有效防止垃圾、灰尘从楼梯旁掉下去。

（4）清扫室外区域时，应顺着风向扫，以免扫好的区域被再次刮脏。

2. 拖地小技巧

（1）巧用食盐。用温水加上食盐拖地，不仅能加快地上水分的蒸发速度，还不留水渍。另外，用盐水拖地还能杀菌、抑菌。

（2）巧用洗洁精、醋和小苏打。在擦洗地板的水中加入少量洗洁精、醋或小苏打，擦洗地板时不仅能轻松除尘，还能有效去除油污。

（3）巧用柠檬汁。柠檬汁中的烟酸和有机酸具有杀菌作用。拖地的时候，在水里加少量柠檬汁或柠檬精油，既能有效杀菌，还能保持空气清新。

（二）玻璃清洁技巧

（1）用湿布蘸一点醋擦拭玻璃，可轻松去除玻璃上的灰尘和污渍。

（2）若厨房玻璃上的油污较厚，清理时可先将清洁剂均匀涂抹在玻璃上，然后贴上一层保鲜膜，让玻璃上的油污充分软化。过几分钟后，将保鲜膜撕掉，再用湿布擦拭，即可让玻璃焕然一新。

（3）对于长时间没有打理而积灰很厚的玻璃，可先用湿抹布擦一边，然后再用干抹布蘸少许白酒擦拭清理。

（4）对于冬天结霜的玻璃，用抹布蘸少许白酒或盐水擦拭能将玻璃窗清理干净，而且不留下任何痕迹。另外，也可以用钢丝球轻轻将玻璃上的霜去掉，再用干布擦拭清理。

> **Get小技能**

> **门窗清洁小贴士**
>
> （1）门窗缝隙清洁。一般缝隙可以先用旧牙刷清理其中的灰尘，然后再利用废弃纸张或名片把灰尘铲出去；若缝隙因较窄而无法用牙刷清洁时，可以用牙签裹上一层清洁布进行清洁。
>
> （2）铝制门窗清洁。如果门窗是铝制的，应使用清水或中性的清洁剂进行擦拭。切忌使用去污剂清洁，以免腐蚀门窗上的铝合金材质，大大减少门窗的使用寿命。
>
> （3）纱窗清洁。用小苏打和花露水的混合液喷洒在纱窗上，等一段时间后，拿抹布轻轻擦拭便可去除上面的污渍。

三、物品规整

随着物质生活水平的提高，家庭中各类物品越来越多，随之也带来了物品整理收纳的烦恼。在规整家中物品时，可参照下列技巧。

1. 只留下必需品

整理的第一步是将不需要的东西"请"出家门：完全没有价值的东西果断"送"给垃圾箱，有价值但是暂时用不到的东西可以打包放进仓库。

2. 分类收纳

在整理物品时，可按照使用频率分类收纳，即常用的物品放在显眼处，不常用的物品收纳在柜子内。例如，厨房内台面上放置油、盐、酱、醋等常用物品，备用油、盐等放在橱柜中；将每天使用的拖鞋置于易拿取处，换季的鞋子放在不易拿取处；将每天出门需要换的衣服、帽子等挂在随手可拿的地方，换季的衣服放在柜子里或收纳箱中。

3. 合理划分功能分区

一方面，可利用书柜或展示架等镂空隔断分隔餐厅和客厅。这种类型的隔断不但可以透光，让室内更明亮，而且可以让室内显得更宽敞。另一方面，可以借助收纳盒规整小物品。例如，在厨房的抽屉内，可配置大小合适的分餐盒，将筷子、勺子等分别置于其中；书桌的抽屉内，可以借助不同的小盒子划分区域，使小物件井然有序。

4. 利用好垂直空间

生活中，墙面是最容易被忽视的收纳宝地，稍加开发，便可为各种杂物创造出"安身之所"。例如，在书桌的上方放置两层或者三层的隔板架，在厨房墙面悬挂挂钩等，既能轻松分类规整杂物，又方便物品的寻找和使用。

不如去做家务

5. 利用好角落空间

沙发、餐厅、卧室等地的角落是很好的收纳空间，好好利用这些角落空间（如放置移动的收纳架），不仅不会使我们的住处显得拥挤，还会营造出一种特别的美感。

图 4-18 为经过规整后的厨房、客厅、卧室和书桌。

图 4-18　经过规整后的厨房、客厅、卧室和书桌

榜样故事

学生化身父母的小帮手

手工制作、营养烹饪、农业劳动、社区志愿服务、防疫知识宣讲……在延迟开学期间，安庆师范大学的同学们在线上学习之余，纷纷化身居家劳动小能手，成为父母的小帮手。

做厨房小能手

该校舞蹈表演专业学生唐卉妮平时喜欢研究美食，疫情期间她几乎包揽了家中的早饭和午饭。"学院开展的居家劳动活动，让我有机会帮妈妈分担家务，也让我能够向同学们展示厨艺，同时也督促大家用行动去孝顺爸爸妈妈。"唐卉妮说。

嫩藕切片、猪肉切丝、葱蒜炒好……该校自动化专业学生张宣在家做"作业"的架势也有模有样。做完一桌饭菜后，她在朋友圈写下一段感悟："我之前常想，父母为何将生活过得这样索然无味，现在觉得，当我独自面对生活中的这些'命题'时，也许解得并不比他们好。"

各种家务样样行

假期在家，不少学生承担了各种家务和农活。该校英语专业学生董洁就是其中之一，她常常在闲暇时，帮外公外婆做家务和农活。"陪外婆去河边洗衣服，陪外公种果树、插苗、浇水、育肥，这些事情我都感觉很有意义。外公外婆年纪大了，能陪他们干活我很开心。"董洁说。

该校广播电视学专业学生赵维俊在家除了上网课，每天还多了一些"任务"，即扫地、做饭等。"我们都长大了，有义务为家里人分担家务劳动，而且做家务劳动也能锻炼自己的耐心和细心。"赵维俊说。

四、其他常识

（一）冰箱清洁

在使用冰箱的过程中，应定期对冰箱进行清洁（每年至少两次）。清洁冰箱时，要先切断电源，然后再用软布蘸上清水或洗洁精沿着冰箱内壁轻轻擦拭。为防止损坏冰箱涂层和塑料零件，请勿使用洗衣粉、去污粉、开水、刷子等清洗冰箱。

对于冰箱内可拆卸的部件，应拆下后用清水或洗洁精清洗。

清洗完冰箱主体和各种部件后，不要着急关闭冰箱门，应待冰箱内彻底干透后，再关闭冰箱门，并插上电源。

（二）床上用品清洁

床上用品会与皮肤直接接触，平时要注意床上用品的清洁。一般来说，床上用品的清洗间隔应根据季节来判断。夏季建议一周清洗一次，冬季建议两周清洗一次。清洗时，最好挑一个晴朗的天气，以便清洗完的床上用品能够接受紫外线的照射，从而有效清除细菌和螨虫。

探究与分享

你还知道哪些起居常识？跟同学们分享一下吧！

第四节 善家政

除了学习基础的家务劳动，我们还应该适当掌握一些家庭保健知识和家居日常维修技能，以备不时之需。

一、家庭保健

（一）家庭保健常识

1. 蜂蜇伤

一旦被蜜蜂蜇伤，应小心地将残留的毒刺拔出，轻轻挤捏伤口，挤出毒液，涂一点氨水或苏打水，再局部冷敷减轻肿痛。若是被黄蜂蜇伤，应涂醋酸水中和毒液。若出现恶心、头晕等异常反应，应立即去医院就诊。

2. 眼睛进异物

眼睛是最娇嫩的器官，容不得任何异物。如不及时清除其中的异物，眨眼时会感到疼痛，还会引起炎症、溃烂甚至导致失明。

异物入眼时，最忌讳使劲揉眼睛，或用干纸巾、毛巾擦拭眼睛。正确的做法应该是睁开眼睛，让同伴帮忙翻开眼皮，仔细检查眼白、眼睑和角膜。如异物在眼皮或眼白部位，可用纸巾或棉签蘸少许清水轻轻擦去异物；如异物在上眼睑内、角膜处，或嵌入较深，则必须及时到医院处理。

3. 低血糖

低血糖临床症状主要表现为低血糖综合征，发病时可有心慌、心悸、饥饿、身体发软、手足颤抖、皮肤苍白、出汗、心率增加、血压轻度升高等症状。如果只是轻度的低血糖，吃几粒糖果、几块饼干或喝半杯糖水，过十几分钟后低血糖症状就会消失；如果经过以上方法仍没有效果或者患者神志不清时，应立即送医院急救。

4. 扭伤

扭伤通常伴随着青紫与水肿。在扭伤发生的 24 小时之内，应尽量做到每隔一小时用冰袋冷敷一次，每次半小时，并将受伤部位垫高。24 小时之后，换为热敷，以促进受伤部位的血液流通。

（二）家庭常备药品

药师介绍，根据家庭成员的构成，家庭药箱应主要覆盖内服药、外用药、特殊人群用药和辅助用品四大类别。

（1）内服药常见的有感冒药、解热镇痛药、止咳化痰药、止泻药、通便药、抗过敏药、助消化药七大类，一般不推荐储备抗菌类药物。

- **感冒药**：感冒是自限性疾病，一般不用药物治疗，但服药可缓解症状。需要留意的是，很多感冒药都含有相同成分，为避免重复用药，应严格按推荐的剂量和用法服用。
- **解热镇痛药**：常见的有布洛芬混悬液、对乙酰氨基芬片。该类药物主要用于缓解感冒后发热、头痛、关节痛等症状。
- **止咳化痰药**：止咳可备氢溴酸右美沙芬片、蛇胆川贝枇杷膏；化痰药物可以选择盐酸氨溴索片、乙酰半胱氨酸颗粒等。
- **止泻药**：可备口服补液盐散、蒙脱石散。前者能预防和控制腹泻导致的脱水；后者是高效消化道黏膜保护剂，具有改善肠道吸收和分泌的功能。
- **通便药**：可选乳果糖。它不被人体吸收，通过刺激结肠蠕动，缓解便秘，尤其适宜老年人、孕产妇、儿童及术后便秘者。
- **抗过敏药**：如氯雷他定，属于抗组胺类抗过敏药，适用于皮肤过敏、食物及药物过敏等。氯雷他定除了有片剂外，还有儿童使用的糖浆剂和滴剂。
- **助消化药**：如多酶片、健胃消食片等。

（2）外用药主要有外用消毒药，如75%乙醇（酒精）、碘伏等；其他外用药，如云南白药、风油精等。另外，创可贴、灭菌医用棉签、纱布、绷带等卫生材料也要备齐。

（3）特殊人群用药根据家庭成员实际需求准备。

（4）辅助用品主要包括小药箱、方便小药盒、定时药盒、切药器、研磨器等。

Get小技能

怎样管理家庭药箱

分类存放

中药和西药分开，外用药和内服药分开，处方药和非处方药分开，成人药与小儿药分开，急救药与常规药分开。特别要注意的是，毒性较大的药品要严格保管，标记清楚，以免拿错、误服，发生危险。另外，药品应放在安全的地方，防止儿童误服。

注意有效期与失效期

药品均有有效期和失效期，过了有效期便不能再使用，否则会影响疗效，甚至会带来不良后果。散装药应按类分开，并贴上醒目的标签，写明存放日期、药物名称、用法、用量、失效期。每隔3个月左右，最好将家庭药箱检查一遍，如果发现药品发生变质、潮解、霉变或过期等现象，则需要及时丢弃、及时更换，以免误服。

注意药品的贮存条件

药物常因光、热、水分、空气、酸、碱、温度、微生物等外界条件影响而变质失效。因此，应注意药品的保管条件，避免高温、光照和潮湿。许多药品说明书中有"密封，阴凉处保存"等字样。密封是指隔绝空气，避免药品氧化，避免潮湿空气进入造成药物的潮解等；阴凉处是指不高于 20℃ 的环境中，如果是"冷处"，就应在 2～10℃ 的环境中，一般冰箱的冷藏室可以满足要求。

注意外观变化

贮备药品使用时，应注意观察外观变化。如片剂产生松散、变色，糖衣片的糖衣粘连或开裂，胶囊剂的胶囊粘连、开裂，丸剂粘连、霉变或虫蛀，散剂严重吸潮、结块、发霉，眼药水变色、混浊，软膏剂有异味、变色或油层析出等情况时，则不能再用。

（三）家庭常用消毒方法

在家庭生活中，我们可利用以下三种方法消毒杀菌，减少疾病的发生。

（1）天然消毒法。阳光中的紫外线和红外线具有一定的杀菌作用，把书籍、床垫、被褥、衣物等放在阳光下曝晒 4～6 小时即可起到很好的杀菌效果。

（2）物理消毒法。开水可以有效杀死细菌，可不定时地用开水烫一下杯子、碗筷等进行消毒杀菌。

（3）化学消毒法。利用消毒液、消毒剂等可杀灭大多数的细菌和病毒，但这种消毒方法不宜用于食物、碗筷等物品的消毒。

二、家居日常维修技能

家用电器、家具等常常会随着使用频率、使用时间的增加而出现这样那样的问题，对于其中的一些小问题，我们完全可以自行修理解决，不必找专门的维修工人上门维修。

（一）冰箱不制冷

冰箱出现不制冷的情况时，应首先检查冰箱的电源插头是否牢固，若电源插头没问题，则可能是冰箱的内出水口堵塞或冰冻造成了冰箱不制冷。此时，我们可以使用一根有一定硬度的细棍疏通冷藏室的后壁出水口。

（二）实木家具出现裂缝

实木家具如因热胀冷缩出现裂缝，可采用以下补救措施：① 将旧棉布或破麻袋烧成灰，然后与生桐油搅拌成糊状，嵌补到木器的裂缝中，阴干后即可补平裂缝；② 将撕碎的报纸加些明矾和清水煮成稠糊状，冷却后涂于木器的裂缝中即可将其补平。

（三）家用燃气灶打不着火

家用燃气灶打不着火很可能是火盖、火孔被堵塞或燃气灶电池没电造成的。遇到燃气灶打不着火的情况时，可以先用牙签、抹布等清理火盖和火孔，清理完仍打不着火的情况下，可尝试更换燃气灶的电池。

探究与分享

你还会哪些家居日常维修技能？跟同学们分享一下吧！

实践活动 1

争做家务小能手

"一屋不扫，何以扫天下？"做家务似乎只是简单的重复性动作，是一件"小事"，但其实好处很多。通过家务可以分担父母的压力，还可以锻炼自己的动手能力，为以后的独立生活做好铺垫。

请根据自己家庭的具体情况制订家务劳动计划，并严格执行计划。要求用PPT或短视频的形式记录劳动过程，并在班级内展示、比拼。

过程记录

具体计划：

计划实施情况：

计划实施难点及解决方案：

心得体会：

家长点评：

结果评价

教师可参考表 4-2 对学生制订的家务劳动计划及实施情况进行评价。

表 4-2 "争做家务小能手"家务劳动计划及实施情况评价表

评价标准	分值	分数小计	教师评价
计划切实可行	10		
计划有层次，目标有阶梯	10		
积极主动，能够按计划做家务劳动	25		
做家务时认真细致	25		
家务完成出色	30		

实践活动 2

为家人做一顿美味营养餐

中国饮食文化博大精深、源远流长。做饭既是一种基本生活需求，又是一门学问、一种艺术。一道色、香、味俱佳的菜肴，不仅令人赏心悦目，还能让人胃口大增，提升生活的幸福感。

请以"为家人做一顿美味营养餐"为主题开展一次实践活动。学生可以根据某一家人或朋友的喜好，为他/她准备一顿美味营养餐。要求用 PPT 或短视频的形式记录过程。

过程记录

拟制菜单：

获取菜谱：

实施难点及解决方案：

心得体会：

结果评价

教师可参考表 4-3 对学生制作的美味营养餐进行评价。

表 4-3 "为家人做一顿美味营养餐"活动评价表

评价标准	分值	分数小计	教师评价
菜肴营养、健康	20		
搭配均衡	20		
菜式好看、色泽明亮	20		
美味可口	20		
PPT 制作精美/视频剪辑精美	20		

实践活动 3

好习惯养成记

俗话说："播种一种行为，收获一种习惯；播种一种习惯，收获一种性格；播种一种性格，收获一种命运。"习惯会对人产生很大的影响，一个人要想成功，就要先养成好的习惯。有了好的习惯，才能以更好的精力和状态去面对人生的挑战。

请列举你认为值得养成的好习惯和对应的习惯养成计划，并按计划坚持 21 天。以 PPT 或短视频的形式记录自己养成习惯的过程，总结因为坚持这些习惯所发生的变化。

过程记录

好习惯列举：

习惯养成计划：

总结发生的变化：

结果评价

教师可参考表 4-4 对学生的"好习惯养成记"活动进行评价。

表 4-4 "好习惯养成记"活动评价表

评价标准	分值	分数小计	教师评价
计划合理	10		
每天坚持"打卡"	30		
自身精神状态变化显著	30		
总结"走心"	15		
PPT 制作精美/视频剪辑精美	15		

第五章 校园劳动来行动

　　劳动可以树德、可以增智、可以强体、可以育美。在学习文化知识之外，我们还应积极参加校园劳动，动手实践、出力流汗，接受锻炼、磨炼意志，培养良好的劳动品质。

学习目标

知识目标

- 理解"绿水青山就是金山银山"的内涵，掌握绿化环保行动的要点和践行低碳校园生活的方法。
- 掌握垃圾分类的标准、原则和投放要点。
- 熟悉文明寝室的建设要求和特色寝室的建设标准。
- 明白维护校园环境的意义，掌握共建无烟校园和维护校园环境秩序的方法。

素质目标

- 在校园生活中，做好绿色环保的践行者、垃圾分类的倡导者、寝室美化的时尚者和公共区域环境的维护者。
- 从我做起，从小事做起，养成劳动的习惯。

新时代 XIN SHIDAI 高职学生劳动素养教育

课堂导入

劳动必修课受质疑：把学生当免费劳动力？

某高校设置劳动必修课，内容涉及打扫校园清洁卫生、门岗执勤、学校食堂餐盘清理、参与校园绿化维护等，劳动教育直接与学分、学时挂钩，每学期上满24学时，才能获得2个学分。

有人质疑，这是把学生当成免费劳动力？

对此，学校解释说，这是学校人才培养教育的内容之一，旨在培养学生的劳动意识。开设劳动必修课，学校不仅没有减少开支、减少后勤人员，还拨付专用资金购买服装、劳动工具，安排专门的辅导老师指导课程。

参加劳动教育必修课的小邓表示，平时在家她也会做家务，她觉得劳动课的方式很好，因为其所学专业经常抱着电脑敲代码，课余生活比较单调，参与劳动可以调节生活，在食堂劳动的时候与阿姨聊天也很开心。"昨天我们小组干完活后，拍了大合照，我还主动发给家人看，他们说挺好的。"小邓说。

另外一名同学也表示认同学校将劳动教育安排成强制性课程的决定，自己把这样的课程当成一种体验，加上劳动课程时间不长，在可接受的范围内，既可以锻炼自己的能力，也能体会到劳动的不易。

【想一想】
（1）你如何看待该校的劳动必修课？为什么？
（2）你认为劳动必修课的出发点是什么？你希望从其中收获什么？

第一节 做绿化环保的践行者

生态环境保护是功在当代、利在千秋的事业。我们要清醒认识保护生态环境的紧迫性和艰巨性，清醒认识加强生态文明建设的重要性和必要性，做绿化环保的践行者。

一、绿水青山就是金山银山

绿水青山就是金山银山

习近平总书记指出："我们既要绿水青山，也要金山银山。宁要绿水青山，不要金山银山，而且绿水青山就是金山银山。"这一论断深刻地体现了中国把保护生态放在首位的鲜明态度和坚定决心。

地球是人类唯一的家园，在茫茫的宇宙中，除了地球之外，目前尚未发现其他适合人类生存的星球。在这个家园里，除了人之外，还有各种各样人类所赖以生存的生命和物质：花草树木、虫鱼鸟兽、空气、水等。这些生命和物质与人类一起构成了这个和谐的地球。

地球给了所有生命一个适合生存的支持系统——水、空气、光、热及各种能源等。如果这样的支持系统遭到破坏，不只是动植物的生存环境会受到破坏，包括人类在内，也会遭到不等程度的影响。所以，只有保护环境，保护我们赖以生存的地球，才能保护我们人类自己，才能使人类的文明发展得更远，让人类的生活环境更舒适。

探究与分享

谈谈你对环境保护的认识。

二、绿化环保行动

保护环境，人人有责。让中华大地天更蓝、山更绿、水更清、环境更优美，需要动员全社会力量推进生态文明建设，需要我们把保护环境转化为自觉行动。

（一）形成绿色价值取向

什么是绿色价值取向？习近平总书记关于"绿水青山"与"金山银山"关系的三个言简意赅的重要论断，对此做了生动阐释和系统说明。

"绿水青山就是金山银山"，强调优美的生态环境就是生产力、就是社会财富，凸显了生态环境在经济社会发展中的重要价值。"既要金山银山，又要绿水青山"，强调生态环境和经济社会发展相辅相成、不可偏废，要把生态优美和经济增长"双赢"作为科学发展的重要价值标准。"宁要绿水青山，不要金山银山"，强调绿水青山是比金山银山更基础、更宝贵的财富，当生态环境保护与经济社会发展产生冲突时，必须把保护生态环境作为优先选择。

坚持绿色发展，需要我们形成绿色价值取向，正确处理经济发展与生态环境保护的关系，牢固树立保护生态环境就是保护生产力、改善生态环境就是发展生产力的理念，更加自觉地推动绿色发展、低碳发展、循环发展，绝不以牺牲生态环境为代价换取一时的经济增长。

榜样故事

环保达人邹毅

2015年1月4日，环保达人邹毅的摄影作品"2014年北京·一目了然"在银河SOHO全球首发。他坚持每天对同一场景拍摄一张照片，形成组图365张，让大家一目了然看到北京365天的天气情况，呼吁公众保护环境。之后，他连续几年以同样的方式记录北京的天气状况。

"北京·一目了然"

（二）形成绿色生活方式

绿色生活方式与每个人的生活息息相关，体现了人们对绿色发展理念的认同度、践行力。形成绿色生活方式对绿色发展和生态文明的最终实现具有基础意义、关键作用。

保护环境，人人有责；绿色发展，人人应为。这个"应为"，就是倡导和践行勤俭节约、绿色低碳、文明健康的生活方式与消费模式。

推动形成绿色生活方式，需要我们坚持节约优先，强化集约意识，在衣、食、住、行、游等方面形成节约集约的行动自觉；倡导环境友好型消费，推广绿色服装、提倡绿色饮食、鼓励绿色居住、普及绿色出行、发展绿色旅游，抵制和反对各种形式的奢侈浪费、不合理消费。

促进生活方式绿色化，时时可做、处处可为。大到购买节能与新能源汽车、高能效家电、节水型器具等节能环保产品，小到减少塑料购物袋、餐盒等一次性用品的使用，乃至随手关灯、拧紧水龙头，都是在践行绿色生活方式和消费理念，都是在为绿色发展做贡献。

绿色发展是理念，更是实践；需要坐而谋，更需起而行。只要我们坚持知行合一、从我做起，坚持步步为营、久久为功，就一定能换来蓝天常在、青山常在、绿水常在，就一定能开创社会主义生态文明新时代、赢得中华民族永续发展的美好未来。

Get小技能

环保小贴士

（1）**顺手关水龙头**——洗手擦肥皂时，要关上水龙头；不要开着水龙头洗碗或洗衣服；拧紧漏水的水龙头。

（2）**一水多用**——用淘米或洗菜的水浇花；洗脸、洗衣后的水用于擦地、冲厕所。

（3）**在马桶的水箱里放一个可乐瓶**——如果冲水马桶的容量较大，可以在水箱里放一个装满水的可乐瓶，这一小小行动每次可节约 1.25 升水。

（4）**少用洗洁精**——大部分洗涤剂是化学产品，进入水循环后可能会污染水源。洗餐具时，如果油腻过多，可先将残余的油腻物倒掉，再用热水或热面汤清洗；有重油污的厨房用具也可以用苏打加热水代替洗洁精来清洗。

（5）**不要让电视或电脑长时间处于待机状态**——如果短时间内不看电视或电脑，要及时切断电源，避免其长时间处于待机状态，耗费电量。

（6）**用温水煮饭**——用温水煮饭，可省电 30%。

（7）**争做"公交族"或"自行车族"**——多利用公交车、地铁等公共交通工具，既可节约汽油，又可减少汽车尾气排放带来的大气污染，还可以缓解交通堵塞。

（8）**使用充电电池**——废弃在自然界电池中的汞会慢慢从电池中溢出来，进入土壤或水源，再通过农作物进入人体，损伤人的肾脏。日常生活中我们要尽量使用充电电池，少用干电池。若家中有废弃的干电池，注意不要随意丢弃。用完的干电池攒到

30公斤后，可联系当地垃圾回收中心回收。

（9）自带菜篮买菜——买东西时，少领取塑料购物袋；上街购物时，带上布袋子或菜篮子。

（10）少用一次性餐具——外出就餐时，自备筷子和勺子，少用快餐盒、纸杯、纸盘等，尤其要少用一次性筷子。

环保小贴士

三、低碳校园生活

工业革命以来，人类经济发展的相关活动及在日常生活中排放的二氧化碳，大大超出了地球对二氧化碳的自然负荷能力。这导致全球气候发生了显著变化，对全球自然生态系统产生了严重的有害影响。于是，人类开始反思自己的行为，"低碳"概念应运而生。

所谓"低碳"，就是倡导人们在生产、生活中，尽量减少二氧化碳排放，以减缓全球变暖的趋势。低碳生活则是人们为减少二氧化碳排放，主动、自发养成的一种新型生活方式。在减少二氧化碳排放的过程中，个人的努力具有"聚沙成塔"的意义。

拓展阅读

全球变暖正在悄悄改变地球的"模样"

你知道吗？全球变暖正悄悄地改变着地球的"模样"。

冰川融化改变地貌，城市在消失？

2019年11月，意大利威尼斯经历了自1872年以来最危险的一周，整个水城被淹没，遭遇了"末日般的破坏"。有研究表明，随着全球气候变暖，威尼斯可能在未来几十年内被全部淹没，彻底消失。

威尼斯的洪水已然退去，但美国阿拉斯加州沿海小镇基瓦利纳的水，却无法退去。因海平面上升，这个小镇面积正不断缩减。到2025年，这里将会被海水全部淹没。

人类居住的城市，说淹就淹，说没就没，这一切的罪魁祸首，或许都源于气候变暖导致的南北极地区冰川大量融化。

这些冰川本来安静地"沉睡"在两极，雄壮美丽。但是，气温升高却让它们慢慢融化消逝（见图5-1）。冰川融化的背后，是气候变暖在加速。自20世纪90年代起，北极变暖速度是地球其他地区的两倍。

图 5-1　北极冰川现状

气候变暖威胁栖息地，物种在灭绝！

气候变暖还严重威胁到了北极的象征——北极熊的生存。2019 年，北极海冰数量显著减少，习惯在浮冰上生活的北极熊，失去了厚厚的冰层，难以捕猎食物。很多饥饿的北极熊被迫去村庄觅食。

同样面临生存威胁的还有万里之外的孟加拉虎和深海中的小丑鱼。

位于恒河三角洲的孟加拉国孙德尔本斯地区，是孟加拉虎的主要栖息地。由于海平面上升，这一地区预计会在 2070 年彻底消失，这里的孟加拉虎也会随之灭绝。

电影《海底总动员》中可爱的小丑鱼"尼莫"，也正面临威胁。小丑鱼对栖息地相当挑剔，如果它们的自然栖息地珊瑚礁继续受到破坏，在不久的将来，人类或许只能在电影中与它们"见面"。

也有一些生物已经与地球告别。2019 年 2 月，澳大利亚官员正式把珊瑚裸尾鼠从濒临灭绝的物种名录转移到了灭绝类别。这是第一种因全球变暖而灭绝的哺乳类动物。

科学家认为，未来几个世纪，气候变暖可能会毁掉 300 多种哺乳类动物和鸟类，使更多物种从"濒临灭绝"走向"灭绝"。

呼吸的空气日益浑浊，人会变笨？

全球变暖不仅关系到冰川融化、物种灭绝，也与我们的生活息息相关。多项研究发现，气候变化可能还会导致早产率升高、GDP 减少，甚至让人的智商变低。

2019 年，气候变暖对地球的深刻影响，再次给人类敲响了警钟。

作为大学生，我们应如何为节能减排做出自己的贡献？

首先，要树立绿色低碳意识，认识到节能减排的紧迫感和使命感，牢固树立绿色低碳理念，人人争做绿色低碳标兵，处处体现绿色低碳文化，时时参与绿色低碳行动。

低碳生活　我们的使命

其次，要养成绿色低碳习惯，从小事做起，节约用电、节约用水、节约用纸、节约粮食、爱护树木、不践踏草坪，讲究卫生、不乱丢杂物，绿色出行、少乘机动车，不用一次性用品、少用塑料袋、不买不必要的物品，废旧物品再利用及废电池单独分类处理，等等。

最后，要主动宣传绿色低碳生活方式，散播绿色低碳的"种子"，带动周围的人形成绿色低碳的生活态度，以实际行动参与低碳校园的建设。

探究与分享

> 在日常生活中，还有哪些好的习惯能帮助我们节能减排？

第二节 做垃圾分类的倡导者

今天，"垃圾围城"成为困扰全球大城市的难题，具体现象包括填埋场侵占土地、垃圾造成长期污染、垃圾焚烧厂被周边居民抵制等。解决垃圾围城问题，离不开垃圾分类。

一、垃圾分类新时尚

"垃圾是放错了地方的资源。"垃圾分类就是将垃圾分门别类地投放，并通过分类清运和回收使之重新变成资源。习近平总书记在上海市考察时指出"垃圾分类工作就是新时尚"，并勉励大家把这项工作抓实办好。全民参与垃圾分类，具有以下几方面的意义。

（一）减少环境污染

我国现有的垃圾处理方式包括填埋和焚烧。对垃圾进行填埋处理，即使是在远离生活的场所并采用相应的隔离技术，也难以杜绝有害物质渗透。这些有害物质会随着地球的循环而进入整个生态圈，污染水源和土地，通过植物或动物，最终影响人们的身体健康。另外，垃圾焚烧也会产生大量危害人体健康的有毒气体和灰尘。

其实，有很大一部分垃圾是不需要填埋，也不需要焚烧的。如果我们能够做好垃圾分类，就能减少垃圾的填埋和焚烧，从而减少环境污染。

（二）节省土地资源

填埋和堆放等垃圾处理方式占用土地资源，且垃圾填埋场属于不可复场所，即填埋场不能够重新作为生活小区使用。此外，生活垃圾中有些物质不易降解，填埋后将使土地受到严重侵蚀。

据统计，垃圾分类可以使人均生活垃圾产生量减少三分之二，从而节省大量的土地资源。

（三）促进资源的循环利用

垃圾的产生源于人们没有利用好资源，将自己不用的资源当成垃圾抛弃，这种废弃资源的行为对整个生态系统造成的损失是不可以估计的。通过垃圾分类，回收可利用的垃圾，就可以将垃圾变废为宝，促进资源的循环利用，从而保护我们的生态系统。

此外，垃圾分类有利于改善垃圾品质，使焚烧（或填埋）得以更好地无害化处理。例如，分类焚烧可起到减量（减少垃圾处理量）、减排（减少污染排放量）、提质（改善燃烧工况）、提效（提高发电效率）等作用。

（四）提高民众的环保意识

垃圾分类是处理垃圾公害的最佳解决方法和最佳出路。垃圾分类能够让民众学会节约资源、利用资源，养成良好的生活习惯，提高个人的素质素养。一个人如果能够养成良好的垃圾分类习惯，那么他就会关注环境保护问题，在生活中注意资源的珍贵性，养成节约资源的习惯。

上海市民"新时尚"：垃圾分类

二、垃圾分类标准

2019年11月15日，新版《生活垃圾分类标志》标准发布，同年12月1日起正式实施。与2008版标准相比，新标准将生活垃圾类别调整为可回收物、有害垃圾、厨余垃圾和其他垃圾四大类，其对应标志如图5-2所示。

可回收物 Recyclable　　有害垃圾 Hazardous Waste

厨余垃圾 Food Waste　　其他垃圾 Residual Waste

图 5-2　四大类生活垃圾标志

新版《生活垃圾分类标志》分别由四大类标志和11个小类标志组成，具体如表5-1所示。其中，厨余垃圾和其他垃圾又可分别称为湿垃圾和干垃圾。

表 5-1　标志的类别构成

序号	大类	小类
1	可回收物	纸类
2		塑料
3		金属
4		玻璃
5		织物

(续表)

序号	大类	小类
6	有害垃圾	灯管
7		家用化学品
8		电池
9	厨余垃圾（也可称为"湿垃圾"）	家庭厨余垃圾
10		餐厨垃圾
11		其他厨余垃圾
12	其他垃圾（也可称为"干垃圾"）	—

注：除上述四大类外，家具、家用电器等大件垃圾和装修垃圾应单独分类。

探究与分享

有人认为，垃圾分类有什么难的，不就是从一个桶分成了四个桶，你认同这种观点吗？请结合你的体会谈谈垃圾分类最重要的是什么。

三、垃圾分类操作

（一）分类原则

进行垃圾分类，关键要掌握分类原则：可回收物记材质，玻、金、塑、纸、衣；有害垃圾非常少，主要是废电池、废灯管、废药品、废油漆及其容器；厨余垃圾看是不是很容易腐烂，是不是容易粉碎；剩余的就都是其他垃圾了。当发现有混淆模糊、不能准确判断类别的垃圾时，也可以把它归为其他垃圾。

探究与分享

香水瓶、牙刷、牙膏皮分别属于什么垃圾？应该如何投放？

（二）投放要求

1. 可回收物

可回收物（见图5-3），指适宜回收可循环利用的生活废弃物。

投放要求：

（1）应尽量保持清洁干燥，避免污染。

（2）立体包装物应清空内容物，清洁后压扁投放。

（3）易破损或有尖锐边角的物品，应包裹后投放。

图 5-3 可回收物

2. 有害垃圾

有害垃圾（见图 5-4），指生活垃圾中对人体健康或自然环境造成直接或潜在危害的物质，必须单独收集、运输、存贮，由环保部门认可的专业机构进行特殊安全处理。

投放要求：

（1）投放时，应注意轻放。

（2）易破碎的物品及废弃药品应连带包装或包裹后投放。

（3）压力罐装容器应排空内容物后投放。

另外，在公共场所产生有害垃圾且未发现对应收集容器时，应携带至有害垃圾投放点妥善投放。

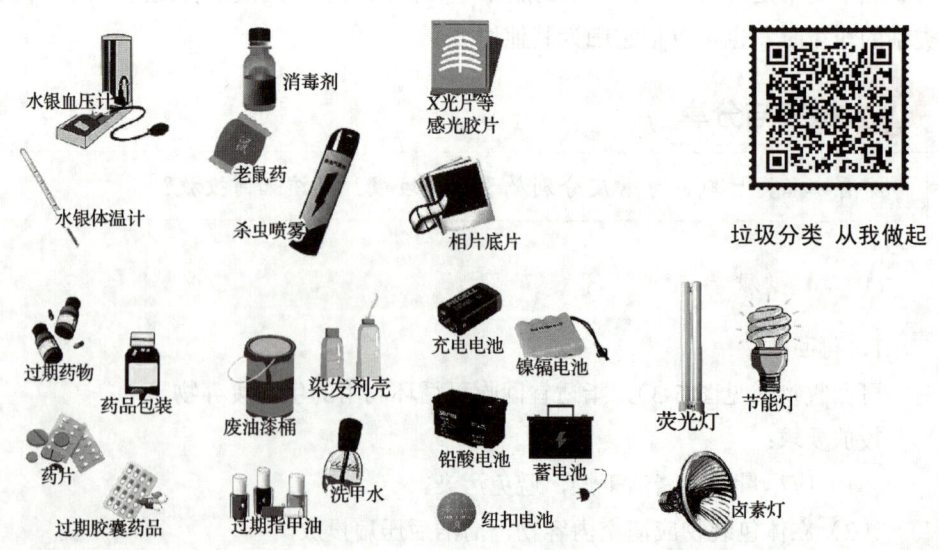

垃圾分类 从我做起

图 5-4 有害垃圾

3. 厨余垃圾

厨余垃圾（见图5-5），指食材废料、剩菜剩饭、过期食品、瓜皮果核、花卉绿植、中药药渣等易腐的生活废弃物。

投放要求：

（1）厨余垃圾应从产生时，就与其他品种垃圾分开收集。

（2）厨余垃圾投放前，尽量沥干水分，有外包装的物品应去除外包装投放。

另外，在公共场所产生厨余垃圾且未发现对应收集容器时，应携带至厨余垃圾投放点妥善投放。

图5-5 厨余垃圾

4. 其他垃圾

其他垃圾（见图5-6），指除可回收物、有害垃圾、厨余垃圾外的其他生活垃圾，即现环卫体系主要收集和处理的垃圾。

投放要求：投入其他垃圾收集容器，并保持周边环境整洁。

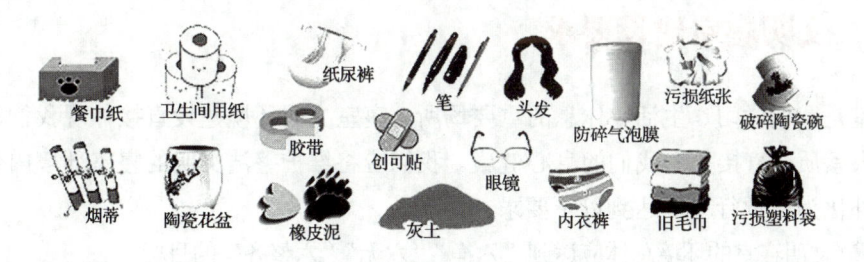

图5-6 其他垃圾

5. 大件垃圾

大件垃圾（见图5-7），如沙发、床垫、床、桌子等，可以预约可回收物回收经营者或者大件垃圾收集运输单位上门回收，或者投放至管理责任人指定的场所。

大型电器电子产品也属于大件垃圾，如空调、电冰箱、洗衣机、电视机等，处理此类垃圾时可联系规范的电子废弃物回收企业预约回收，或按大件垃圾管理要求投放。

需要注意的是，小型电器电子产品包括微电脑、手机、电饭煲等，可按照可回收物的投放要求进行投放。

| 沙发 | 床垫 | 床 | 桌子 | 电冰箱 | 洗衣机 | 电视机 | 空调 |

图 5-7 大件垃圾

6. 装修垃圾

装修垃圾（见图 5-8），如碎马桶、碎石块、碎砖块、废砂浆及弃料等。装修垃圾和生活垃圾应分别收集，并将装修垃圾装袋后，投放到指定的场所。

| 碎马桶 | 碎石块 | 碎砖块 | 废砂浆及弃料 |

图 5-8 装修垃圾

第三节 做寝室美化的时尚者

一、文明寝室建设要求

寝室是我们学习、生活、休息的重要场所，寝室文明环境建设直接体现我们的精神面貌和个人素质，直接关系我们的身心健康。我们应将维护整洁文明的寝室环境内化为自觉追求，外化为自觉行动，达到以下要求。

（1）文明寝室的环境总体应达到"六净""六无""六整齐"的目标。

- ◆ "六净"：地面干净、墙面干净、门窗干净、玻璃干净、桌椅橱干净、其他物品整洁干净。
- ◆ "六无"：无杂物、无烟蒂、无乱挂现象、无蛛网、无酒瓶、无异味。
- ◆ "六整齐"：桌椅摆放整齐，被褥折叠整齐，毛巾挂放整齐，书籍叠放整齐，鞋子摆放整齐，用具置放整齐。

（2）每天应自觉做到"六个一"、自觉遵守"六个不"，维护寝室良好生活环境。

- ◆ "六个一"：叠一叠被子、扫一扫地面、擦一擦台面、整一整柜子、理一理书架、倒一倒垃圾。

文明寝室养成记

第五章 校园劳动来行动

◇ "六个不":异性寝室不进出,外人来访不留宿,危险物品不能留,违规电器不使用,公共设施不损坏,果皮、纸屑不乱扔。

(3)在寝室内,应杜绝不文明行为,不养宠物、不在寝室楼内抽烟、不在门口丢放垃圾、不乱用公用洗衣机等。

探究与分享

你对寝室文明建设有什么好的提议?

二、特色寝室建设标准

特色寝室宣扬的是一种文化,是一种相互影响、彼此照应、和谐共进的良好氛围,对我们的文化修养、综合素质等各方面的提高有着很大的促进作用。

要建设特色寝室,首先要考虑寝室大部分人的个性、喜好、价值观等,然后再以此为方向营造出别具一格的"特色"文化。如果寝室大多数人都喜欢学习,便可以考虑建设学习型寝室;如果寝室大多数人都喜欢运动,便可以考虑建设运动型寝室;如果寝室大多数人都对环保有一定兴趣,便可以考虑建设环保型寝室。与此类似的还有创业型寝室、自强型寝室、友爱型寝室、逐梦型寝室、音乐型寝室等。

例如,某高校的"最牛男生宿舍"就是典型的学习型寝室。全寝室12名男生,有10人获得哥伦比亚大学等国外知名大学硕士研究生录取书;另外2人,一个被中国移动集团公司录取,另一个赢得国家电网、IBM、华为等多个知名企业的"橄榄枝"。

在建设特色寝室时,可参考以下标准:

(1)全体寝室成员共同参与特色寝室建设,共同商议并确定特色建设方向。

(2)按照主题特色布置寝室,呈现出的效果要符合指定特色,传递寝室文化,简单、大方、美观、别具匠心、新颖独特,让人眼前一亮。

(3)有与寝室文化对应的"行为习惯养成计划""寝室团建活动安排"等。

特色寝室、
文明寝室大展示

探究与分享

你心目中别具一格的特色寝室是什么样的?

三、寝室美化设计与创意

(一)美化原则

(1)简单、大方:寝室通常面积不大,没有必要摆放过多装饰品,否则会显得杂乱。

107

（2）温馨、舒适：寝室是放松休憩的地方，在美化时，要考虑烘托一种温馨、舒适的氛围，让寝室充满家的温暖气息。

（3）营造学习氛围：寝室除了是放松休憩的地方，也是学习的场所，在美化时，要从色彩、风格上考虑这个因素，营造一个安静、适宜学习的空间。

Get小技能

寝室美化小窍门

寝室改造攻略

衣柜整理

寝室里的衣柜大多都是直筒式的，几乎没有隔断，在放置衣物时，往往浪费了很多空间。衣柜隔板能够在衣柜中划分出合适的区域，充分规整空间。此外，还可以在衣柜中放一些多层收纳挂筐，这样既充分利用了收纳空间，又能将贴身衣物、帽子、包分类收纳。如果寝室的衣柜里没有挂衣杆，可以用"伸缩棒"代替。

桌面美化

如何让桌子拥有更多收纳空间？① 网格板收纳：网格板是一种轻便又实用的收纳工具，而且价格便宜。将网格板放置在桌面旁边的墙上，不仅能够收纳桌面的小东西，而且能够很好地装饰空间。② 桌下挂篮：桌下挂篮能创造隐形的收纳空间，用于放置各种小物件。

床边装饰

床边挂篮和床边挂袋是寝室非常实用的收纳和装饰工具，不仅能够放水杯、纸巾、书籍等，避免了爬上爬下拿东西，还可以保证床铺的整洁。

（二）创意要点

（1）彰显寝室文化：每个寝室都有不同的文化，在美化时，要充分考虑自己的寝室文化，做出别出心裁的美化设计。

（2）用材节约，变废为宝（见图 5-9）：低碳、绿色不仅是当下流行的概念，更应是我们践行的生活方式。在美化寝室时，充分利用易拉罐、雪糕棍、牛奶盒、饮料瓶、废纸箱等被忽略的生活垃圾和旧物，做成各种实用的生活用品，不仅创意十足，更能向周围的人传达一种绿色的生活态度。

（3）彰显个性：寝室由多个小空间组成，每个小空间都是使用者的"家"。在美化时，每个人应在兼顾整体风格统一的基础上，充分考虑自己的使用需求和审美偏好，打造属于自己的"私密空间"，彰显自己的个性。

第五章　校园劳动来行动

（a）易拉罐盆栽　　　（b）雪糕棍笔筒

图 5-9　变废为宝

探究与分享

关于美化寝室，你还有什么创意？

榜样故事

"95 后"大学生将宿舍改造成"太空舱"　科技感十足

这群"95 后"是北京理工大学大三的学生，他们从良乡校区搬到中关村校区后，住进了一个新宿舍。作为设计与艺术学院的学生，他们"不放过任何一次学以致用的机会"，商量着装修新宿舍。恰巧邓亚东在网上看到一个"奇妙宿舍改造计划"活动，如果创意被认可，就可以获取一笔资金对宿舍进行改造。四个人一拍即合，决定用"未来科技"作为创意的主题，将宿舍设计成"未来的模样"。

宿舍如同"太空舱"

"我们的整体设计是一个太空舱。"邓亚东说，这个创意来自《星球大战》，电影中蓝光的特效让他"有一种身居宇宙的感觉"，于是他们把屋子的上游部分装上了 LED 灯带，打开开关时，也能泛起蓝光。为了更好地衬托"这道蓝光"，他们又在墙壁上贴了黑色环保壁纸，在地上铺了灰色反光材料的地胶，"让蓝光从天花板到地面再到墙壁遥相呼应"。这样的设计让他们的宿舍生活充满了情调，"就好像把宿舍搬到了宇宙中"。

文科生也可以玩转"黑科技"

至于那些"黑科技"，都是为"未来科技"的主题设计的，灵感都来源于生活。四个人都比较细心，把在平日里在宿舍生活中遇到的问题汇总起来，借着这个机会在网上搜索相关的智能设备，把这些科技成果引进了他们的设计中。

"林宇楠的床离灯开关最近，每天他关灯后都要摸黑上床，于是我们就从网上搜到了智能开关。"邓亚东说,这样他可以先上床再关灯,而且可以调节灯的亮度,营造睡觉的氛围。他们还有一个"起夜灯",在黑暗中感应到人体运动就会亮起来,这样夜间上厕所的同学就不会打扰到别人。至于网上调侃的那个"防火、防盗、防楼管"的报警器,邓亚东笑着说,"没有那回事。"其实就是一个感应系统,门外有人经过时警示灯会响,这样宿舍戴着耳机的人也能知道"外面有人来了"。

这次宿舍改造,离不开学校对学生课外科技创新活动的支持

根据有人提出学生自己改造宿舍"是否存在安全隐患"的问题,邓亚东回答说,"做这些改造,没有改装宿舍的任何一条线路,即使装了 LED 等,其功率也只有 30 瓦左右,这与学校对宿舍设定的限定功率——400 瓦至 500 瓦并不冲突。"在他们改造完成后,学校宿管中心对这个"黑科技"宿舍进行了全面检查,没有发现任何安全隐患。

北京理工大学设计与艺术学院团委书记欧阳哲表示,学院一直支持学生课外科技创新活动,经常组织学生参加创新创意类的比赛,用寓教于乐的方式来丰富学生们的课余生活,此次"宿舍改装",正是"这群有才的孩子"从生活中发现创意的点,又能将所学的设计学专业知识用于实践的成果。

科技感十足的"太空舱"宿舍

第四节 做公共区域环境的维护者

一、呵护我们的"家"

校园由物质环境和精神环境构成,不仅为我们提供了舒适的学习环境,还是校园文化的重要表现形式,需要我们每个人合力维护。

(一)物质环境

校园物质环境主要是指经过人们组织、改造而形成的校容校貌和校园学习环境,具体包括校容、校貌、自然物、建筑物及各种设施等。保持校园物质环境的干净、整洁,不仅能为全校师生营造一个舒适的学习环境,还有利于学生形成良好的卫生习惯。

(二)精神环境

校园精神环境是校园的灵魂,是学校师生认同的价值观和个性的反映,具体体现在师生的精神面貌、校风、学风、校园精神、学校形象等方面。积极参与校园精神环境建设有助于改善校园学习风气,并形成一种积极向上的精神文化,影响身处其中的每个人。

二、共建无烟校园

大量的科学研究表明，吸烟对人体健康的危害十分广泛。世界前八位致死疾病中，便有六种疾病与吸烟有关，即缺血性心脏病、脑血管病、下呼吸道感染、慢性阻塞性肺疾病、结核病和肺癌。

据世界卫生组织调查显示，烟草每年使 800 多万人失去生命，其中有 700 多万人缘于直接使用烟草，有大约 120 万人属于接触二手烟雾的非吸烟者。

无烟青春 健康校园

那么我们应该如何预防香烟的危害，共建无烟校园呢？

（1）为了自己和他人的生命健康，也为了保护环境，我们应该约束自己，做到不抽烟。

（2）多了解有关吸烟危害的知识，增强自制力，自觉抵制诱惑。

（3）养成良好的习惯，早睡早起不熬夜，保持身体的健康状态。

（4）交友谨慎，远离那些有不良嗜好的朋友，选择一个良好的交友圈。

（5）积极参加控烟健康宣传活动，增强控烟意识，约束吸烟行为。

三、维护校园环境秩序

为维护良好的校园秩序，营造一个文明、整洁、健康、高雅的校园环境，建设平安校园、和谐校园，根据《高等学校校园秩序管理若干规定》〔教育部（国家教育委员会令第 13 号）〕，我们应遵循以下校园文明行为规范：

（1）着装整洁得体，仪容端庄。

（2）行为举止高雅，谈吐文明。

（3）爱护学校花草树木，节约用水。

（4）乘坐电梯遵守秩序，先下后上，相互礼让，不争不抢。

（5）遵守学校环境卫生的有关规定，保持学校环境卫生，不随地吐痰、不乱扔杂物。

（6）文明如厕，保持卫生间清洁，爱护其设施。

（7）上课时，遵守课堂纪律；候课时，不在楼道内大声喧哗。

（8）爱护教室设施，合理使用教学设备，保持干净整洁的教学环境。

（9）汽车、电动车、自行车停车入位，摆放有序。

（10）为了他人的健康，不在教学楼内的教室、办公室、楼道楼梯、卫生间及公共场所吸烟。

（11）观看教学展演展示、视听公共课讲座、参加会议等活动时，主动服从现场管理，遵守秩序，爱护礼堂、会议室等设施。

（12）进行教学和汇报演出活动时，合理使用场地及设施设备，降低环境噪声分贝，防止影响学校周围单位和居民正常工作和生活。

（13）自觉遵守学校的各项规章制度，尊师爱友、团结和睦，共同营造绿色健康的学习氛围和积极向上的工作环境。

（14）参加学校在本市组织的和赴外省、市的教学汇报演出、比赛或游学活动时，保障安全、遵守纪律；尊重当地风俗习惯、文化传统；爱护文物古迹、风景名胜、旅游设施。

（15）如遇突发事件发生，服从学校统一指挥，配合应急处置。

（16）遵守网络信息管理的法律法规和有关规定，维护微信群安全和秩序，自觉抵制不良信息，不传谣、不信谣。

实践活动 1

绿色校园，从我做起

进入 21 世纪以来，全球气候变暖、生存环境日益恶化，严重威胁着人类的健康与生存。遏制气候变暖，发展绿色低碳经济，是全人类共同的使命。为了你、为了我、为了他，也为了我们赖以生存的地球大家庭，更为了明天的美好生活，我们作为新时代的大学生，理应率先身体力行倡导绿色低碳生活、共建绿色校园。

请围绕"低碳生活"制订一个"绿色校园，从我做起"的个人计划，并在生活中执行该计划。

过程记录

计划要点：

计划思路：

计划可行性评估：

计划实施要点：

结果评价

教师可参考表 5-2 对学生制订的个人计划进行评价。

表 5-2 "绿色校园，从我做起"个人计划评价表

评价标准	分值	分数小计	教师评价
计划完整	30		
计划切实可行	20		
计划有层次，目标有阶梯	20		
计划有反馈提升机制	10		
计划可评测	10		
计划有奖励机制	10		

实践活动 2

互联网+垃圾分类回收

在第 20 届中国环博会上，展会第一次专门为智能垃圾分类开辟展区，"互联网+垃圾分类回收"成为热点。"互联网+垃圾分类"正在多地推进。北京的多个居民社区就有各种智能垃圾分类回收机，也有不少居民参与到这种垃圾分类模式中来。

请查阅相关资料，以 2~3 个宿舍为单位，利用现有成形的小程序（或 App），或者联合本校或临近院校的计算机系学生开发相关的垃圾回收小程序（或 App），组织 1~2 栋宿舍楼尝试为期半个月至一个月的"互联网+垃圾分类回收"行动。

过程记录

活动开展计划：

活动开展关键点：

活动开展难点及解决方案：

心得体会：

结果评价

教师或组长可参考表 5-3 对各成员参与"互联网+垃圾分类回收"活动的情况进行评价。

表 5-3　"互联网+垃圾分类回收"活动评价表

评价标准	分值	分数小计	教师/组长评价
参与活动全过程	30		
积极主动，献计献策	20		
出色完成自己的任务	20		
促进活动关键节点的推进	10		
有创新意识	10		
能合理调配资源	10		

实践活动 3

改善寝室面貌，提升文化格调

寝室是在校学生日常生活、学习、交流的重要场所，从某种意义上讲，学生寝室是反映学生精神境界和校风校貌的重要窗口。对于来自天南海北、性格迥异、爱好不同的大学生而言，在寝室中营造干净整洁的环境、创造和谐的人际关系、营造文明温馨的寝室氛围、塑造独特的寝室文化，对学生自身的成长助益颇多。

以寝室为单位，自主设定主题、设计方案，寝室成员共同参与，以改善寝室面貌、提升寝室的文化格调、彰显寝室的独特文化。要求用 PPT 或短视频的形式记录过程，在班级、院系或全校内进行比拼。

过程记录

主题选定：

设计要点：

实施难点及解决方案：

心得体会：

结果评价

寝室长可参考表 5-4 对各成员参与"改善寝室面貌，提升文化格调"活动的情况进行评价。

表 5-4 "改善寝室面貌，提升文化格调"活动评价表

评价标准	分值	分数小计	寝室长评价
参与活动全过程	30		
积极主动，献计献策	20		
出色完成自己的任务	20		
促进活动关键节点的推进	10		
有创新意识	10		
能充分发挥自己的优点	10		

实践活动 4

校园是我家，美化靠大家

校园是我们学习和生活的地方，美丽整洁的校园环境会让我们不自觉地拥有一个好心情。作为学校的一分子，理应为创造更加整洁、优美、温馨的学习与生活环境出一份力。

请以班级为单位，组织一次"校园是我家，美化靠大家"的校园美化活动，既可以是植树活动，也可以是清洁卫生活动，还可以是绿化维护活动……

过程记录

活动要点：

活动难点及解决方案：

五一劳动节体验活动

心得体会：

结果评价

教师可参考表 5-5 对学生参与"校园是我家，美化靠大家"活动的情况进行评价。

表 5-5 "校园是我家，美化靠大家"活动评价表

评价标准	分值	分数小计	教师评价
参与活动全过程	30		
出色完成自己的任务	20		
积极主动劳动	20		
能从中体会劳动的乐趣	10		
在活动中，树立劳动的榜样	10		
在活动中，带动周围同学进行劳动	10		

第六章 工农品质不能忘

三百六十行，行行出状元。不管是从事农业的农民，还是从事工业的工人，都不是低人一等的劳动者，而是靠双手创造幸福生活的奋斗者，值得所有人尊敬。作为新时代的大学生，我们应以他们为榜样，自觉提高职业技能水平，为以后的就业打好基础。

学习目标

知识目标
- 了解中国的农耕文化，熟悉农村民俗。
- 了解我国的工业文明，熟悉我国的传统工艺。

素质目标
- 在生活中，主动学习农民和工人的优秀品质。
- 体恤、尊重农民和工人，珍惜他们的劳动成果。

课堂导人

如何看待大学生回乡当农民？

2014年，刘亚飞从西南科技大学毕业后，没有找工作，而是选择了回乡种地，从大学生变身新生代农民。刘亚飞的选择让乡亲们很是费解，"一个大学生不留在城市上班，偏偏回乡种地，看他能捣鼓出啥名堂？"

让刘亚飞欣慰的是，他的选择得到了父母的支持。在父亲的支持下，刘亚飞成立了新蔡县农得利种植合作社，流转了100多亩土地，购置了悬耕机、脱粒机、烘干机、打药机器等，配齐了从种到收的一应机械，开启了科学管理下的机械化种植。当年，刘亚飞的小麦亩产1 000多斤，玉米亩产800多斤。

2015年，农得利就陆陆续续开始见到效益。"有知识就是不一样，种地也能种出新名堂。"乡亲们对眼前这个皮肤变得黝黑的大学生农民刮目相看。大家争着抢着把土地流转给他。

2015年以来，刘亚飞陆续扩大流转规模，他流转的土地面积从100多亩增加到1 200多亩。农得利种植规模扩大，附近的村民直接受益。合作社里的蔬菜大棚固定用工12人，每月1 500元，都是精准识别的贫困户；农忙季节里应聘来的工作人员，也都是附近村的村民。人们支持这个没种过地的年轻农民，戏称：有了"农得利"，真是农得利！

【想一想】
（1）你如何看待刘亚飞回乡当农民？为什么？
（2）你了解农业吗？农民有什么值得我们学习的地方？

第一节 懂农业，学农民，识农村

中国是历史悠久的农业大国，中国农耕文化源远流长。作为一个传统的以农业为主的国家，我们深受农耕文化的熏陶，对农民农村怀有特殊的感情。感悟农耕文化中的劳动之美、学习农民的优秀品质、认识农村的地形地貌和民风民俗是我们职业体验的第一步。

一、中国农耕文化

近万年的农业生产是中国传统文化产生和发展的社会基础，也是中国几千年农耕文化形成和发展的源泉。中国农耕文化是从未间断的一种文化，是中国劳动人民经过几千年生产生活的实践后，以不同形式延续下来的精华。中国农耕文化集中体现在以下四个方面。

1. 应时

与农业生产联系最直接的是时间与节气，在中国古代，人们基本上是生活在按照自然节律和农业生产周期安排的时间框架之中的。古人把一年分为二十四节气，依节气安排农事活动。顺天应时是人们几千年来恪守的准则，"不违农时"是世代农民心中的"圣经"。应时，体现了人们对自然规律的重视。

知识链接

二十四节气

中国古代的人们，在长期的生产实践中，逐步认识到季节更替和气候变化的规律，结合日月的运行位置，把一年平分为二十四等份，并且给每等份取了个专有名称，这就是二十四节气。二十四节气是中国农耕文化的重要组成部分，自古流传至今，广泛地影响着我国广大劳动人民的生产和生活。

一般来说，上半年的节气在每月的 6 日和 21 日前后，下半年的节气在每月的 8 日和 23 日前后。我国民间流行着一首可以帮助人们记忆二十四节气的歌诀：

　　　　春雨惊春清谷天（立春、雨水、惊蛰、春分、清明、谷雨），
　　　　夏满芒夏暑相连（立夏、小满、芒种、夏至、小暑、大暑）。
　　　　秋处露秋寒霜降（立秋、处暑、白露、秋分、寒露、霜降），
　　　　冬雪雪冬小大寒（立冬、小雪、大雪、冬至、小寒、大寒）。

上半年来六、廿一，下半年来八、廿三，每月两节日期定，最多不差一两天。

如图 6-1 所示为二十四节气图。

图 6-1　二十四节气图

119

> 节气，表示一年中太阳在天空的不同位置，因此也相应地指示了四季寒暑的变动。勤劳智慧的古人，在确定二十四节气的名称时，也考虑到了当时的气候、物象及农事活动。例如，立春、立夏、立秋、立冬、春分、夏至、秋分、冬至八个节气，是预示季节转换的。小暑、大暑、处暑、小寒、大寒、白露、寒露、霜降八个节气，是反映气温变化的，前五个节气表示天气炎热和寒冷的时间、过程；后三个节气表示天气转凉、空气中水汽的不同凝结状况。而雨水、谷雨、小雪、大雪四个节气，是预示降雨、降雪的时期和程度的。至于惊蛰、清明、小满、芒种四个节气，则反映了生物受气候变化影响而出现的生长发育现象与农事活动情况。

2. 取宜

中国传统农业强调因时、因地、因物制宜（即根据不同土壤、地貌、季节、作物等的差异采取不同的种植方式及农业生产模式），把"三宜"看作是一切农业举措必须遵守的原则。我们的祖先在农事活动中很早就懂得了"取宜"的原则，周祖农耕文化中的"相地之宜"和"相其阴阳"理念，就是"取宜"的实践经验总结，在指导人们认识自然和从事农业生产中发挥了重大作用。

3. 守则

则，即准则、规范、秩序，它是人与自然长期互动形成的实践原则。农耕文化作为中国传统文化的根基，蕴含着"以农为本、以和为贵、以德为荣、以礼为重"等许多优秀的文化品格。农耕文化是中国传统文化的重要源头，对中华民族坚韧不拔、崇尚和谐、顺应自然、因地制宜、勇于创新等优良品质的养成，起到了重要作用，是中华民族绵延不绝、生生不息、发展壮大的精神厚土。

4. 和谐

农业是农业生物、自然环境与人构成的相互依存、相互制约的生态系统和经济系统。天、地、人"三才"观把农业生产看作各种因素相互联系的、运动的整体，它所包含的整体观、联系观、动态观，贯穿于中国传统农业的各个方面。在"三才"理论体系中，人与天、地是并列的，人与自然不是对抗的关系，而是协调的关系。

几千年来，中国的农耕文化影响着中国的历史进程，影响着世界文明的发展。农耕生活的平实性与和谐性，使中华民族爱好和平，并且重视和合。中国的农耕文化连绵不断，是宝贵的精神财富。它铸就了中华民族自强不息的精神，使中华民族历经磨难而不倒；铸就了形式多样的民俗文化，使人民的生活丰富多彩；特别是铸就了中华民族以和为贵的理念，孕育了中华民族天人合一的思想，追求着人与自然和谐，人与社会和谐，人与人和谐的思想。和谐理念塑造了中华民族的价值取向、行为规范，支撑中华民族不断走向可持续发展的道路。

拓展阅读

在农耕文化中感悟劳动之美

美是一种感受，一种体验，也是一种追求。马克思曾经深刻阐释了劳动与美的关系："动物只是按照它所属的那个种的尺度和需要来建造，而人却懂得按照任何一个种的尺度来进行生产，并且懂得怎样处处把内在的尺度运用到对象上去。因此，人也按照美的规律来生产。"中华农耕文化是中华民族在长期的农业生产劳作中所形成的一种文化形态，蕴含着劳动的奋斗之美、和谐之美、创造之美。

农民夫妻的舞蹈人生

农耕文化蕴含着劳动的奋斗之美

奋斗是通往人类美好未来的阶梯。劳动，是奋斗永远不变的底色。"民生在勤，勤则不匮"。从采集、渔猎，到农耕种植，华夏先民在漫长的农耕时代所开展的农业劳动，无不体现着人们对劳动美、奋斗美的追求。这样一种奋斗之美集中地体现在农具、田园诗、农谚、民俗节、地方庙会、戏剧等农耕文化的各项载体之中。

仅从诗歌来看，"坎坎伐檀兮，置之河之干兮"，展现的是古代热火朝天的伐木劳动；"锄禾日当午，汗滴禾下土"，刻画的是唐代农民在烈日下锄禾而汗流不止的场景；"昼出耘田夜绩麻，村庄儿女各当家"，描述的是宋代农村劳动人民夏日的奔忙。随着社会的发展和进步，传统农耕方式已经改变。

但是，不管是在纯手工劳作的传统农耕时代，还是在机械化生产的现代农业时期，其中的劳动奋斗之美足以照耀古今。古时的许多农耕劳动场景在今天尽管已经不复再现，但是，我们仍然可以从漫卷诗书中，从农耕文化的各种载体中去追溯古人的劳动生活，感悟劳动的奋斗之美。

农耕文化蕴含着劳动的和谐之美

和谐是不同事物之间在一定条件下、具体的、动态的、辩证的统一，它表现为相辅相成、互利互惠、共同发展的关系。不同事物之间的和谐给人带来舒适，也是一种美感。

从人与自然的关系来看，农耕文明时期，由于生产力水平相对低下，人与自然的关系大多处在原始的和谐状态中。中国传统文化强调天、地、人三位一体，交互作用，这也是中国古代宇宙观的基本内核。

在这一思想的指导下，我国传统农耕方式基本上是以遵循自然法则，维护生物与环境和谐统一为基础的。人与自然的和谐之美伴随着人的本质力量的升华，又逐渐从人与自然的关系不断扩大到人与人、人与社会的关系。在农业生产中，春种、夏长、秋收、冬藏，是遵循自然法则、依据"二十四节气"开展农耕生产的节奏和规律。这种农事节律又影响和决定着劳动人民的生活节奏，一些节气与民间文化相融合，演变成为固定的生活习俗。"清明"，要踏青、插柳、荡秋千，还要祭祖和扫墓。"冬至"，除了北方吃饺子、南方吃汤圆的习俗以外，也是重要的祭祀祖先的节日。

可见，中华农耕文化蕴含着人们在劳动中所形成的人与自然、人与人的和谐之美。今天，我们也仍然可以在对农谚、民俗节气、地方庙会的深入了解中，领悟到华夏先民们的生活智慧和劳动的和谐之美。

农耕文化蕴含着劳动的创造之美

《论衡》曾言："神农之挠木为耒，教民耕耨，民始食谷，谷始播种。"创造是一种典型的人类自主行为，它的最大特点是有意识地对世界进行探索性实践。中华农耕文化所散发的创造之美曾一度让世人惊叹。

具体来看，一是新作物的培育、新农具的发明创造推动了精耕细作农耕模式的形成。我国长江流域一带大约在7 000年前就已经驯化和种植了水稻，后又将其传播到世界各地；农耕劳作中发明和使用了耒耜、铲、锄、镰等农具，由此推动农业有了真正意义上的"耕"和耕播农业。

二是对气候、物候变化规律的经验总结影响到千家万户的衣食住行。"二十四节气"、农谚等是农民在长期的生产实践中进行的经验总结，也是农耕时代社会生产、生活的时间指南。在当时不具备科学测绘仪器的条件下，在生产生活中对自然规律所形成的系统化认识，彰显出华夏先民的创新创造能力和智慧。

三是数量众多的大型灌溉工程的修建调和了水资源和自然环境的矛盾。我国有17处水利工程入选世界灌溉工程遗产名录，占据了名录的四分之一。

走进灌溉工程现场，走进农具博物馆、农耕文化博物馆、农耕文化园，去感受农耕劳动蕴含的创造之美吧！

二、农民的优秀品质

千百年来，农事最辛劳，农民最辛苦。中国农民的奋斗，顶天立地；中国农民的创造，惊天动地。是他们用辛勤的汗水和默默的耕耘，创造了以占世界7%的耕地养活占世界22%人口的奇迹，让中国人把饭碗牢牢地端在了自己的手中。他们的品质——诚恳、朴实、敦厚、乐观等值得我们学习。

（1）诚恳。农民的诚恳品质体现在三个方面：一是为人诚实恳切，不虚假；二是行事光明磊落，敢作敢当；三是待人真诚，重承诺。

（2）朴实。农民普遍具有朴实的品质，为人踏实、质朴、不浮夸。

（3）敦厚。农民为人忠厚老实，不计较个人得失，对任何人都非常热心，只要有人需要帮忙，他们都会毫不犹豫地伸出援手。

（4）乐观。农民有一颗积极乐观的心，对于他们来说，生活就像一首歌那样轻快流畅。他们认为，笑着面对生活不仅能消除身体的疲累，还能让生活更加多姿多彩。

榜样故事

张新生：立志改变家乡面貌的带头人

他远赴海南，潜心学习现代农业种植技术，二十余年锲而不舍，刻苦钻研农业生产管理经验。为了改变家乡面貌，他回乡创业，带动乡亲致富，致力脱贫攻坚、精准帮扶。这就是河南省信阳市潢川县金塔红种植养殖专业合作社理事长，一名新时代优秀农民的代表——张新生（见图6-2）。

图6-2 张新生

1975年出生于潢川县付店镇新春村的张新生，是一名地地道道的农民。为了生活，年仅18岁的他外出打工，在海南三亚南繁育种基地给农业专家当学徒，挑了3年农家肥，打了3年植保药，几乎干过所有的农活。在海南打工的20多年时间，他不仅学会了诸多种养殖技术，还掌握了现代农业经营管理模式。他诚恳、朴实、敦厚、乐观，同时也是走在时代前面的创新者，他有能力、敢拼搏，多年的磨砺使他从一个懵懂无知的青年，蜕变为一名具有先进知识水平的新型农民，成为远近闻名的农业种养殖"专家"。

让张新生痛心的是，家乡还是坚守着传统的农业生产方式。大多数青壮年劳力外出打工，留守的都是老人和儿童，"空心村"比比皆是，大量肥沃的土地被闲置、撂荒。

即使多年在外，故乡一直都是张新生魂牵梦绕的家园。日夜思念着贫穷的家乡，张新生想用自己学到的农业知识和管理经验，彻底改变家乡的面貌。2010年，张新生放弃在海南优厚的待遇，返乡创业成立了潢川县金塔红种植养殖专业合作社。

10余年转瞬即逝，张新生的合作社得到了长足发展：从成立之初流转土地420亩发展到2 700亩；各类农机设备从最初的10余台发展到60余台（套）；员工从当初的20余人发展到如今的50多人。合作社紧紧围绕"依靠科技、做强、做精，打造高效的生态农业"的经营理念，因地制宜，量力而行，在滚动中发展，在探索中壮大。截至

2018年年底,合作社经营收入突破1 500万元,带动200户农民增收,吸纳100余名贫困人口就近务工。

合作社自创立之初,即高度重视科技在生产过程中的关键作用,以科技推广助推生产发展,使物理防治病虫害、测土配方施肥、生物秸秆反应堆肥技术得到普及利用,受益农民600余人,涌现出科技带头人20多人。

张新生根据合作社帮扶的98户贫困户的实际情况,采取"一村一品""一户一策"的思路,开展产业帮扶:对没有创业能力的贫困户,招收其进合作社打工,每年收入不低于1万元;对有创业能力的贫困户,进行蔬菜大棚租赁,帮助贫困户种植反季节蔬菜;对有养殖经验的贫困户,购买种牛、种羊让其养殖。合作社对贫困农户采取统一供种供苗、统一提供农机具、统一供应农资、统一提供技术服务、统一包装、统一销售的"六统一"服务模式,资金由合作社统一垫付,待蔬菜销售后统一结算,减轻了贫困户的种植风险。

2019年年初,张新生又流转1 500亩荒地建设一个集林果生产、生态观光、休闲体验、农业科普为一体的生态农业园区。园区建成后,将大幅增加农民就业岗位和提高农民收入,为实现农业强、农村美、农民富做出新的贡献。

这就是张新生,一个会管理、懂技术、爱学习、有经验的优秀农民,一个在产业发展、精准帮扶、促民致富等方面取得成绩的先进代表。

探究与分享

你来自农村还是城市?谈谈你眼中的农民吧!

三、农村的地理样貌

农村具有五种地理样貌,分别是平原、山地、高原、丘陵和盆地(见图6-3)。一般来说,平原适合发展种植业,山地适合发展林业和畜牧业,高原适合发展畜牧业,低矮丘陵适合发展梯田农业,盆地适合发展种植业和畜牧业。

| 平原 | 山地 |

第六章 工农品质不能忘

高原

丘陵 　　　　　　　　　盆地

图 6-3　农村的五种地理样貌

榜样故事

毛文娅：回到黔西南大山里奋斗的女羊倌

贵州省兴义市乌沙镇磨舍村是一个贫困村，属于典型的喀斯特地形的山区，天无三日晴，地无三里平，石漠化高达 70%。"小时候我家都吃不饱、穿不暖，常年吃玉米饭。过年的时候放些稻谷，预示着来年有个好彩头。"获得"黔西南州养殖大户""贵州省优秀创业女性""贵州脱贫攻坚群英谱致富能手典型"等称号的毛文娅（见图 6-4）想起自己小时候的生活感慨不已。

图 6-4　毛文娅

125

毛文娅出生在黔西南的大山中，当过老师，在国企上过班，下岗后自主创业。有着丰富人生经历的她在 2010 年回到了磨舍村。"那年我回到老家，看到村里年轻人都在外打工，地都荒废了，感到很可惜。"看到自己家 10 余亩田地荒废着，毛文娅和朋友流转了包括自己家的地在内的 600 亩土地种植桂花树和紫荆花树。

　　树种上了，杂草长起来了，林下除草的问题也来了。"那时候看到杂草头疼呀，雇人除草一年就花了十几万元。"这时候，毛文娅萌发出一个想法：能不能把树下的草利用起来发展养殖业？

　　兴义市是"中国羊肉粉之乡"，这里的人爱通过吃羊肉祛湿，但羊肉好吃羊难养，限于地理条件和养殖技术等多种原因，兴义始终没有一个上规模的黑山羊养殖基地。养殖风险太大，家里人、亲朋好友不支持，合伙人退出，可倔强的毛文娅没有退缩。

　　2011 年，毛文娅创办了兴义市众犇农牧发展有限公司，开始了黑山羊养殖的历程。从亲自到云南建水县引进 50 头优质种母羊开始，毛文娅每天早晨 6 点钟起床，带着工人种草、割草、喂羊，从见针就怕到学会给羊看病打针、防疫驱虫、接生，逐渐掌握了养殖的所有环节，并且独创了一套特殊的繁殖方法和养殖方法，使本地黑山羊的双羔率从原来的 50%提高到 85%，双羔存活率达到 95%，肉羊屠宰净肉率从原来的 30.5%提高到 51.5%。凭借优秀的羊肉品质，毛文娅养殖的黑山羊还通过了农业农村部的"三品一标"认证。

　　"养殖黑山羊的过程中，冬季草料缺乏是个问题。我就发动村里人种植青贮玉米，收购当地农户的作物秸秆、干草等原材料，制成饲料饲养牲畜，解决冬季草料缺乏的问题。"毛文娅介绍，养殖场每年收购带包玉米达两三千吨，带动当地农民种植青贮玉米 1 200 多亩，每亩收入从原来的 750 元增加到现在的 1 450 元，仅此一项，就使得周边 400 多农户亩产值提高了近两倍。此外，每年农忙时节，公司雇佣的临时劳动力达到 2 500 人次，其中女工就有 2 000 人次，极大地促进了农村富余劳动力就业。

　　2013 年，作为创业能人，毛文娅怀揣着政府和村民的信任，当选为乌沙镇磨舍村村委会副主任，沉甸甸的责任压在她的肩头。她请来专家对喀斯特地貌地区草地畜牧业做出科学合理的规划；带领老百姓用发酵的农家肥和羊粪来改良土壤；提出磨舍村农业产业规划，将其打造成绿色食品之村，宣传生态种养的观念和技术……毛文娅为磨舍村及周边村寨绘就了打造兴义规模化、高效化、产业化山羊养殖基地的蓝图。在磨舍村一个又一个被牧草和鲜花装扮的山头，在磨舍村越走越敞亮的脱贫奔小康道路上，毛文娅真正实现了自我人生价值的一次飞跃。

四、农村民俗

一方水土，孕育一方民俗。传统民俗，就是世代相传的民间生活风俗，尤其是在农村，不管是婚丧嫁娶，还是日常劳作和生活，无不与之息息相关。可以说，民俗文化底蕴深厚，内容丰富，神秘而奇丽，粗犷或柔美，是一股来自于人民、传承于人民，又深藏于人民行为、语言和心理之中的强大精神力量。

我们常说，文化是一种软实力。传统民俗文化起源于农耕时代，经过数千年的发展和积淀，已经形成了自己独特的价值理念和评价标准，铸就了中华文化的基本精神。良好的传统民俗文化，不仅催生了乡村文明，推动了乡村发展，还发挥出了凝聚民心、教化民众、淳化民风的重要作用。

具体而言，民俗涉及农村的生产、生活、娱乐、衣着服饰、风俗习惯、民族歌舞、居住房屋、宗教信仰等活动的习惯。此处只介绍几个典型的农村民俗。

探究与分享

你印象最深刻的农村民俗是什么？结合你的经历或见闻，谈谈民俗的价值有哪些。

（一）过春节

春节（农历正月初一），俗称"年节"或"过年"，是中华民族最隆重的传统佳节。春节起源于殷商时期年头岁尾的祭神祭祖活动，最初被称为元旦，"元"是"初始"的意思，"旦"是一个象形字，表示太阳从地平线上冉冉升起。

1949年9月27日，中国人民政治协商会议第一次全体会议通过决议，决定采用公元纪年法，将每年的1月1日正式定为"元旦"，农历的正月初一，因与二十四节气的"立春"接近，因此定为"春节"。在中国民间，传统意义上的春节从腊月初八的腊祭或腊月二十三的祭灶，一直延续到正月十五，其中以除夕和正月初一为高潮。

在春节期间，人们举行以祭祀祖先、除旧布新、迎禧接福、祈求丰年为主的民俗活动。此外，燃放烟花爆竹、贴春联、给压岁钱、吃饺子等均是春节习俗（见图6-5）。

图6-5 春节习俗

127

（二）贴窗花

窗花是古老的汉族传统民间艺术之一，历史悠久，风格独特，深受国内外人士所喜爱。同时，窗花也是农耕文化的特色艺术，农村的生活地理环境、农业生产特征及社会的习俗方式等，使这种乡土艺术具有了鲜明的汉族民俗情趣和艺术特色。过年贴窗花（见图6-6），透着吉祥，透着如意！

图6-6 贴窗花

（三）舞狮

舞狮（见图6-7）是中国优秀的民间艺术，每逢佳节或集会庆典，民间都以舞狮来助兴。舞狮一般由两个人合作表演，一人舞头，一人舞尾。表演者在锣鼓音乐下，装扮成狮子的样子，做出狮子的各种形态、动作。在表演过程中，舞狮者还要以各种招式来表现南派武功，极富阳刚之气。

图6-7 舞狮

（四）闹元宵

元宵节（农历正月十五），又称灯节，是新年的第一个月圆之夜。节日当晚，人们赏花灯（见图6-8）、猜灯谜、看演出，非常热闹。此外，人们在节日期间还有吃元宵的食俗，故称为元宵节。元宵呈圆形，象征着一家人团团圆圆。

俗话说"正月十五闹元宵"，元宵节从古至今体现的就是一个"闹"字，而且是晚上的"闹"。为什么一定要用这个"闹"字呢?

传说,在古代的元宵节,皇帝"与民同乐",老百姓可以肆无忌惮地大闹特闹,前三后四,一共七天七夜,不受拘束,故称"闹元宵"。

图 6-8　赏花灯

(五) 黄陵面花

黄陵面花(见图 6-9),俗称花馍,是流传在陕西省黄陵县农村的一种民间传统风俗礼馍。它以做工精巧、造型别致而著称。黄陵面花在祭祀活动中扮演着非常重要的角色,是祭祀活动的重要组成部分。

图 6-9　黄陵面花

(六) 清明扫墓

清明节(公历 4 月 5 日前后,春分后第十五日)原本是二十四节气之一,但是随着时间的推移,清明逐渐与寒食节、上巳节相融合,衍生出了更多的文化内涵。公历 4 月 5 日前后,天气转暖,草木复苏,风和日丽,"万物至此皆洁齐而清明",清明节由此得名。清明节期间,人们常常结伴到郊外踏青、放风筝,欣赏春天的美丽风光。

按照旧俗,清明节时,人们还会带上酒水、纸钱到亲人的墓前祭奠,焚烧纸钱并为坟墓添加新土,俗称"扫墓"。

（七）端午节吃粽子、赛龙舟

端午节吃粽子（见图6-10）、赛龙舟（见图6-11）是中国人民的又一传统习俗。粽子，又叫"角黍""筒粽"，其由来已久，花样繁多。端午节家家要包粽子、吃粽子，有些地方还会举办赛龙舟的活动。这一风俗已沿袭了2 000多年，相传这是为了纪念爱国诗人屈原而形成的。

图6-10　吃粽子 　　　　　　　　　图6-11　赛龙舟

（八）酿制米酒

酿制米酒是一个重要的农村风俗。许多人家过年前都要做一两缸米酒，春节用来招待客人。人们用米酒来庆祝过去一年的丰收，并祝愿来年能有好收成。

（九）贴年画

年画是中国民间特有的一种绘画体裁，其色彩鲜明、内容丰富、寓意美好，是中国人民喜闻乐见的艺术形式。民间贴年画（见图6-12）因风俗节日而兴起，寄托了人们对驱灾避邪、风调雨顺、家宅安泰、平安吉祥、祈福迎财的美好愿望。

图6-12　贴年画

农村民俗不光是影响我们生活的无形力量，同时它还是供我们开发利用、开创美好生活的无形财富。

榜样故事

成都"90后"辞职创业 七十年老房改造"土味民宿"

"这栋老房子已经有七十多年历史了,全泥土和木头结构,刚来时真可以说'土得掉渣',房梁还有蜘蛛网,但我却被它一眼吸引住,这不正是'回归'吗?"

2017年年末,27岁的成都青年张浩田辞去了原本稳定的工作,放弃近万元月薪,用积蓄在五线城市租下了一栋几乎闲置的土房,开始搬砖搭瓦。2018年春节,老房子改造出的民宿正式开张了,出乎他意料的是,这家叫"栖下"的"土味民宿"(见图6-13),仅仅是通过朋友们在朋友圈帮忙发发照片,就实现了开业后连续8天客满,还有预定了下个月房间的回头客。

图6-13 "土味民宿"

一个成都"90后"的理想:回归乡野,回归本真

1990年出生的张浩田,是土生土长的四川成都人,大学毕业后顺利参加工作。27岁之前,他在成都求学立业,工厂、铁路、电力迁改……摸爬滚打五六年过去,虽说不上富裕,但父母在身边,生活也算安逸。然而,他骨子里始终是个不安分的文艺青年。27岁之后,他决定改变人生轨迹,"趁自己年轻,我想要生活多一点可能性,我要做点自己喜欢的事。"于是,2017年年末,他选择"裸辞"。

"我想有一个属于自己的院子,一个能结交五湖四海朋友的院子。"张浩田说在城里待得久了,想像书上讲的那样,回归乡野,走近自然,看日出日落,体味乡间慢生活,一片瓦、一丛苔藓、一排篱笆……

张浩田的表哥表姐也都是对生活热情、对创业充满激情的年轻人,大家不谋而合,决定一起开一家民宿,张浩田负责日常打理。

但民宿开在哪里,需要好好想一下。"离开大城市,如果去丽江、大理这类地方,竞争大、风险大。"张浩田说:"城市的人别墅、高楼住惯了,有很多人跟我一样,喜欢体验和回味那种儿时的感觉。"

出于这些考虑，他们关注到凉山州西昌市，那里气候宜人，旅游资源丰富，随着雅西高速开通，这里正逐渐成为川内首选旅游目的地，加之成昆复线将在未来几年全面通车，会有越来越多人选择到西昌度假。经过一段时间的考察，他们在以传统村落、古镇居民为主要特色，又毗邻邛海湿地公园的西昌市海南乡钟楼民宿客寨村，租下一栋老房子，开始着手设计、改造，并给未来的民宿取名"栖下"。

保留最原始的川西民宿风貌数十年老房涅槃重生

最近两年，国内民宿经济的发展迅速，不少投资人嗅到了"民宿"的经济魅力，INS风、北欧风、日式等一波"网红"民宿应运而出，就在选址附近，一年时间，也有十来家各种风格民宿先后开业。不过这些风格，都不是张浩田最喜欢的。

因为坚持"回归"的理念，"栖下"民宿在原本的土木结构上进行了加固，看似简单，却呈现出浓浓的乡土气息和淳朴文化。8个房间各有特色，有的在夜里能看到星星，有的推开窗就是山水美景，有的能看投影电影，还有loft适合一家三口带孩子住；院子里，木头秋千上的小女孩玩得笑嘻嘻，露台上的中年人端着一杯茶，晒着太阳望着邛海，大木桌边一个小男生在写寒假作业，旁边一枝刚种几个月的三角梅爬在土墙上开了花……大年初二，张浩田到路口接回新来的客人，他听到客人感叹，没想到角落里还藏了一家那么有风味的民宿！

看着眼前这些，张浩田说："这不就是诗和远方吗？"

然而张浩田坦诚地说，刚开始，看着周边一家家新民宿开业，他自己心里也没底，既没有农家乐的简单，也没有其他民宿的"洋气"，不过随着客人越来越多，张浩田越来越自信。"我们的老房子，经过历史的沉淀，经得起考验。厚厚的土墙，真正的冬暖夏凉，连空调都用不上。连这木门，都有70年历史呢！"

创业感受：创业之难，只有经历过的人才能体会

说到当时灰头土脸参与旧房改造的日子，张浩田腼腆地笑着，"开业前的一年，我只能在这边租房守着工地。每个月给自己设定，只花一千来块生活费。"赶工期的那段日子，表哥表姐也请假来帮忙，他们和工人一起，天亮开工凌晨才收工是家常便饭。有时，当地村民也会主动来帮忙。

2019年春节，张浩田的家人也专程从成都来西昌，一边帮忙打理民宿，顺便陪他一起过年，"创业困难，感谢他们支持我。"

"与其说这是一家民宿，不如说是一种生活方式。"张浩田说，他希望来"栖下"的旅人，都把这里当作是自己记忆中的"家"，生火做饭、翻书喝茶、看海聊天，像朋友亲人一样相处。"在这里，可以有回忆，可以有温度，体验到不同生活的可能。"

第二节 知工业，学工人，通技艺

工人阶级是新时代的见证者、创新者、建设者。了解我国工业文明的发展概况，可以帮助我们体悟"幸福都是奋斗出来的"的价值观；学习工人的优秀品质，有助于我们继承和发扬敢于奋斗、勇于奋斗的优良传统；认识我国的传统工艺，是我们接力奋斗、精通自身"技艺"的基础。

一、中国工业文明

中国工业文明是社会主义建设下的工业文明。虽在建设初期，由于缺乏社会主义建设经验、片面发展重工业、急于求成等，我国国民经济比例出现严重失调的现象，但随着改革开放的不断深入、人们思想的不断解放，以及党的工作重心逐渐往经济建设上转移，我国慢慢探索出了中国特色社会主义道路，并在工业文明上取得了重大进展。

如今，我国工业生产发展迅速，建立了门类齐全的工业体系。我国产业结构更加合理，农业、轻工业、重工业协调发展，第三产业迅速发展；我国交通、通信业变化巨大，经济、文化、人员交流日益便捷；我国对外贸易迅猛发展，迅速加入经济全球化进程，逐渐发展成外向型经济。另外，我国的市场经济体制基本形成，人们的生活水平迅速提高，基本实现了小康目标。

拓展阅读

口罩背后：一个世界上最完整的产业供应链

打赢新冠肺炎疫情防控阻击战，重点在"防"。打开百度搜索键入"口罩"二字，显示结果多达 9 230 万条。随着世界卫生组织宣布新冠肺炎疫情为"大流行"，小小口罩吸引着全世界几十亿人的目光。

小小口罩，背后是环环相扣的生产链条和系统完整的工业体系，是一个当今世界最完整的产业供应链。

原材料：央企"跨界护盘"，熔喷布产量大幅提升

口罩的原材料主要是高熔指聚丙烯材料加工制成的无纺布。医疗口罩一般采用多层结构，其中最内层和最外层为纺粘无纺布，中间层便是熔喷布。

熔喷布，是口罩中起过滤作用的关键材料，是口罩的"心脏"，除了能阻挡较大粉尘颗粒外，还可以通过表面的静电荷将细小粉尘、细菌和病毒飞沫吸住。作为过滤功能口罩的必要原料，1个普通医用外科口罩要使用1层熔喷布，1个N95口罩则至少要用掉3层熔喷布，1吨熔喷布可以做100万只医疗外科口罩。

我国熔喷布的产能并不高。数据显示，2018年中国熔喷法非织造布实际产量为5.3523万吨，占当年纺丝成网非织造布产量的1.8%。

2019年年末疫情突发，让此前小众的熔喷布一举成为市场宠儿。面对急剧扩张的需求和口罩原材料短缺的矛盾，央企纷纷"跨界护盘"。

中国石油化工研究院把研发口罩所需熔喷料、熔喷布作为重大政治任务，一周之内便完成了研发、生产的一系列工作。石化院兰州中心仅用8天就完成关键设备采购、安装，并攻克了相关技术难题，于2020年2月28日成功开发出中国石油自主聚丙烯熔喷专用料，日产能2吨。

2020年3月6日24时许，北京西郊中国石化燕山石化厂区，硕大的熔喷头源源不断地喷出白色纤维，瞬间凝结成雪白的布匹。参建各方600多名员工12昼夜连续奋战，中国石化和国机恒天集团合作建设的燕山石化熔喷无纺布生产线一次开车成功，产出合格产品。

据国务院国资委医疗物资专项工作组消息，截至3月6日24时，中央企业熔喷布当日产量已达到约26吨。随着新的生产线建成投产，熔喷布未来产量将大幅提升，有效缓解了供求紧张的局面。

市场监管部门也果断出手。针对哄抬熔喷布价格的违法行为，市场监管总局联合公安部依法查处扰乱熔喷布市场价格秩序的违法行为，坚决斩断哄抬熔喷布价格的违法链条。

关键设备：协同研发攻关，补齐口罩产业链短板

在制作熔喷布时，需要把高熔指聚丙烯通过高速高压的热空气流熔化，再从纺丝微孔中拉出，在气流引导下均匀地铺在收集装置上，利用自身余热，粘合成网，还要通过驻极处理，让熔喷布带上一定电荷，利用静电吸附飞沫，这样熔喷布的过滤效率会更高。

熔喷布生产线投资巨大、技术含量较高、设备安装复杂、对厂房要求高，这些是制约熔喷布产能扩大的重要因素。"建设一条熔喷布生产线差不多要800万元，国产设备的交货期要3~4个月，进口设备则要6~8个月。"江苏某科技公司负责人说。

在口罩产业链中，作为国内最大的医卫原料供应商，中国石化原本是最上游聚丙烯原料的生产者，为保障中游熔喷布价格稳定和下游口罩产品供应，中国石化决定打通产业链，全面介入熔喷料、熔喷布和口罩生产。在北京，中国石化燕山石化2条熔喷布生产线投产；在江苏，中国石化仪征化纤8条熔喷布生产线投产。10条熔喷布生产线总投资约2亿元，日产量达18吨医用口罩熔喷布。

口罩机是影响口罩产量的另一环节，也是口罩产业链的短板。它将多层无纺布通过热压、折叠成型，超声波焊接，废料切除，耳带鼻梁条焊接等工序，制造出具有一定过滤性能的各种口罩。

第六章　工农品质不能忘

受疫情影响，口罩机同样非常紧缺。总部位于广州黄埔区的多家骨干企业及其供应链成立了平面口罩机攻关组，仅用一个月时间攻坚克难，生产出100台口罩机。据攻关组牵头企业国机智能公司介绍，10天研制首台套平面口罩机并完成压力测试，20天生产100台套，是在没有过往经验、关键零部件采购相当困难、技术人员奇缺、疫情防控压力很大的情形下完成的。

由航空工业集团研制的"1出2型"高端型全自动口罩机也在北京成功下线。该型口罩机由793项共2 365件零件组成，只需简单培训，便可实现单人操作。计划实现20台的批产，包括样机在内的24台全部投产后每天将产出300万只口罩。

各相关企业接续努力的同时，国资委紧急推动加大医用口罩机、防护服压条机等关键设备的研制生产，采用"多家企业、多种方案、多个路径"的模式攻关。截至3月7日，航空工业集团、中国船舶集团等6家企业累计制造完成压条机574台，平面口罩机153台，立体口罩机18台。

我国是世界最大的口罩生产和出口国，年产量约占全球的50%，工信部数据显示，2019年中国大陆地区口罩产量超过50亿只，可用于病毒防护的医用口罩占54%。因此，中国的生产能力对全球抗疫都具有意义。以美国为例，美国正要求4家投资亚洲最大经济体的海外企业回国生产口罩等医疗防护用品，以保障美国本土需要。但美国卫生部官员指出，生产相关产品的原材料，是需要中国市场供应的。事实上，在美国的口罩生产商将工厂几乎全部迁到中国市场，美国的口罩90%要从中国进口。

产业链：全民硬核复产，中国制"罩"为世界做出贡献

普通医用口罩是由纺粘无纺布层、熔喷无纺布层、耳带线、鼻梁条等部件组装而成的，根据不同种类还需添加过滤棉层和活性炭层。看似普通的构件，却涉及化工、纺织、机械、冶金、电子等基础工业门类，涉及原材料、设备、厂房、资金、人力、准入许可、生产周期七大要素，而只有中国，才拥有最完整的口罩产业链、供应链和生产要素。

至2月29日，中国口罩产量创下新高：全国口罩日产能达到1.1亿只，日产量达到1.16亿只，有效满足了疫情防控需求。

"双亿"目标实现的背后，是全国上下齐心协力的"硬核复产"。国家还通过建立临时收储制度，明确重点医疗防护物资政府兜底采购收储；对疫情防控重点保障企业实行名单制管理，给予税收、金融支持；建立重点企业生产临时调度制度，派出驻企特派员全力扩大生产；市场监管部门"特事特办"，加快审批流程等一系列措施，为企业创造生产条件。

"双亿"目标实现的关键，是以中国完善的工业体系、完备的上下游产业配套能力为支撑的。中国拥有全球规模最大、门类最全、配套最完备的制造业体系。据了解，目前我国拥有41个工业大类、207个工业中类、666个工业小类，是全世界唯一拥

135

有联合国产业分类中所列全部工业门类的国家。

二、工人的优秀品质

"嘿！咱们工人有力量！"这首几十年来妇孺皆知的歌曲，使中国工人坚实豪迈的形象深入人心。新中国 70 多年的实践证明，亿万看似平凡的工人劳动者，在全世界挺起了中国的脊梁，在中国史乃至世界史上书写了辉煌篇章——鞍钢"三大工程"、南京长江大桥、三峡工程、南水北调、青藏铁路、港珠澳大桥、北京大兴国际机场、高速铁路、特高压输电、国产航母、国产大飞机……一个个标志性事件、一项项超级工程，改变了中国，惊艳了世界。

赵占魁、王进喜、时传祥、孔祥瑞、徐虎、郭明义……这些耳熟能详的名字昭告世人，70 多年来，不管时代如何变迁，我国工人阶级始终站在时代前列。他们敢付出、有担当、勇奉献，值得我们敬佩、学习。

探究与分享

你对工人有哪些印象？结合你的经历或见闻谈谈工人值得我们学习的品质吧！

榜样故事

"神速"背后的中国工人

2020 年 2 月 8 日，武汉雷神山医院交付使用，收治第一批 30 名新冠肺炎患者。此前，2 月 2 日，武汉火神山医院顺利交付，并于次日接诊患者。疫情面前，两座医院共同组成了"战疫"新堡垒。

雷神山医院建筑面积 7.9 万平方米、超过 1 500 张床位；火神山医院建筑面积 3.4 万平方米、1 000 张床位；病房内均配备空调，设置独立卫生间，医院还架设了 5G 基站。如此巨大的工程，从项目正式开工到进行验收和移交，只用了 10 天。

创造奇迹的"中国速度"，离不开中国工人的担当和奉献。

随时出发

2020 年 1 月 23 日，武汉市紧急召开专题会议，决定由中建集团在汉子企业中建三局牵头，武汉建工、武汉市政、汉阳市政等 3 家企业参与，参照北京"小汤山"模式，在蔡甸区火速建设一所可容纳 1 000 张床位的医院。两天后，武汉市再次紧急召开调度会，决定在半个月之内再建一所雷神山医院。

当接到建设火神山、雷神山医院的消息，春节假期，中建三局将士们发出的是齐刷刷请战的声音，"等候通知，随时出发。"

随着"战疫"的集结号吹响，一支队伍迅速向武汉集结。

他们中，有人即将成为父亲，吻别怀孕的妻子；有人是深夜 0 时 40 分接到通知，仅过了 40 分钟，便收拾好行囊，踏上奔往武汉的行程……

工地生活

2020 年春节，宅在家里的老百姓，向火神山、雷神山的建设进展投注了关切的目光。

在中央广播电视总台 24 小时关于火神山与雷神山医院建设的不间断直播里，每天都有数千万名网友，通过摄像头注视着这片繁忙的地方。据统计，直播收看人数最高达到 1 亿人次。这群网友被称为"云监工"。

"云监工"们还给工地上日夜运行的机器起了很多昵称：叉酱、铲酱、花臂哥、送高宗……"叉酱"是指小型叉车；"铲酱"指的是小型蓝色挖掘机，因为机器老漏土被吐槽为"蓝忘机"；"花臂哥"是黑色挖掘臂的挖掘车；"送高宗"是高层混凝土输送车……

建筑工地走入大众视野，但镜头拉近，工人们的生活却与光鲜亮丽的"网红"生活相去甚远。

直到 20 时 37 分，"蓝忘机"的驾驶员毛远斌才在驾驶室里吃上晚餐。相比其他工人，这算是体面的用餐环境了。为节省用餐时间，板房内、车盖上、纸箱上、钢筋堆里，稍加收拾就是一张餐桌。更别提休息了，累到站着都能睡着，他们往往是往地上一躺，或是靠着墙休息一会儿，或是坐在钢筋堆上眯一会儿。

为尽快将火神山医院交付使用，建设现场实行轮班倒制度，7 天×24 小时不间断作业。除夕夜，工人们彻夜施工，一份盒饭就是他们的年夜饭。

正是这股全力以赴、争分夺秒的拼劲儿，使得建筑工地一天一个样：1 月 30 日中午，火神山医院项目基础混凝土浇筑完成 95%；2 月 2 日，火神山医院正式交付！2 月 2 日 16 时，雷神山医院项目总体完成 75%；2 月 8 日，雷神山医院正式交付！

逆行风景线

建筑工地那么苦，还有谁愿意来？还真有，还不少。大年三十，武汉已经"封城"。在驰援武汉的"逆行者"中，有几个不怎么起眼的身影。河南驻马店的刘海龙主动放弃春节与家人团聚的机会，从河南一路打车到武汉，只为了给建设工地出上一份力。

火神山医院建设现场，刘海龙在寒风中看护着工地的定位旗。当问到"辛不辛苦"时，他憨厚地笑了："不辛苦。"

1 月 23 日工程集结的那晚，21 岁的陈昌志在朋友圈里看到缺少挖掘机的消息，就开着自己的机器来了。进场后，他没谈价钱，没签合同，还自掏腰包雇了一名驾驶员，两个人换着开。"我是自愿来的，不计回报。"

1 月 25 日、1 月 27 日，中建商砼相继接到火神山、雷神山医院混凝土施工浇筑任务。"两山"施工最高峰时，调集泵车 11 台、运输罐车 65 台、驾驶员 95 名驰援，参战管理人员 150 人。截至 2 月 7 日，为两座医院供应混凝土总量 2 万立方米。

> 1月31日，中建五局收到武汉雷神山医院建设项目指挥部发来的紧急求助函。很快，700余人分批"逆行"武汉雷神山，党员先锋队的旗帜飘扬在工地"战疫"前线。
>
> 逆行中的工人们，成了特殊时期的一道"风景线"。
>
> 一同逆行的还有无数物资。三一重工紧急调动代理商与客户火速驰援，挖掘机、混凝土泵车、起重机等全系列工程机械设备昼夜施工；华为、中国移动等企业，用36小时迅速完成5G信号覆盖；联想集团支援全套2 000多台计算机设备，TCL电子提供的全部公共LCD显示屏，为医院尽快正常运转提供了保障……
>
> **工人的无畏与"怕"**
>
> 武汉是疫情核心区，走出家门就会有感染风险，工人们不怕；工地条件艰苦，他们不怕；一个个望而生畏的施工难题，一项项"不可能完成"的挑战威胁着项目进度，他们也不怕。
>
> 火神山医院对排水管道安装的要求非常严格，需要钻到集装箱下面仅30厘米的缝隙里安装，党员突击小分队身材瘦小的王旋，二话不说钻地埋管，带领400多名工人伏地作业，衣服划破，手臂划伤，匆匆处理后就又钻到狭小的空间里。
>
> 正是这群无所畏惧的工人们，完成了10天交付一座现代化医院的壮举。
>
> 然而，他们真的没有担忧吗？有，他们怕面对父母。
>
> 除夕前夜，身在湖北仙桃的熊敬轩辗转反侧，这位"90后"年轻党员很想去工地，可是家中的父母怎么办？他不敢直面父母，最后是打电话给隔壁房间的爸妈。一墙之隔的通话，承载了一家人的纠结和不舍。
>
> 最终，父亲轻轻地说："儿子，去吧！趁着还能往回走！"
>
> 他们也怕面对妻儿。武建集团郑磊夫妻俩一个在工地，一个在医院，两个孩子留给了老家的父母；刚刚当上父亲的中建三局员工陈畅，只能让刚满月的儿子在视频里听到自己的声音……

三、传统工艺

每一件精美绝伦的工艺品，每一个手工艺绝活，都显示着民间手艺人的慧心巧手，讲述着普通劳动者动人的故事与传说。

（一）陶瓷

陶瓷（见图6-14）是以陶土和瓷土为原料，经配料、成型等流程制成的器具。中国是世界上最早使用陶器的国家之一，而中国瓷器因其极高的实用性和艺术性备受世人的推崇。

陶瓷制造工艺

（二）玉雕

玉雕（见图6-15）是中国最古老的雕刻品种之一，其品种很多，有器具、鸟兽、花卉等大件作品，也有别针、戒指、印章、饰物等小件作品。

玉雕是玉石经加工雕琢而成的精美工艺品。在制作过程中，工艺师需要根据不同玉料的天然颜色和自然形状，经过精心设计、反复琢磨，才能把玉石雕制成精美的工艺品。这些作品有的具有很好的观赏属性，有的具有很好的把玩使用属性，或者是两者皆有。

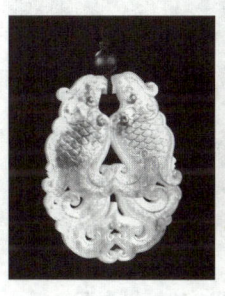

图6-14　陶瓷 　　　　　　　　　　　图6-15　玉雕

（三）木雕

木雕（见图6-16）是来自民间的传统手工艺，其起源于新石器时期，在唐代发展到高峰。如今，历经几千年传承的木雕工艺得到了很好的继承和发展。

（四）刺绣

刺绣（见图6-17）是中国民间传统手工艺之一，在中国至少有两三千年的历史。中国刺绣主要有苏绣、湘绣、蜀绣和粤绣四大门类。如今，用刺绣技艺制成的丝绸工艺品成了中国传统手工艺的代表。

图6-16　木雕 　　　　　　　　　　　图6-17　刺绣

（五）景泰蓝

景泰蓝（见图6-18）正名"铜胎掐丝珐琅"，俗名"珐蓝"，是一种在铜质的胎型上，焊上各种用柔软扁铜丝掐成的花纹，然后把珐琅质的色釉填充在花纹内烧制而成的器物。因其在明朝景泰年间盛行，制造技艺比较老练，运用的珐琅釉多以蓝色为主，故而得名"景泰蓝"。

图6-18 景泰蓝

榜样故事

石丽平：让独具匠心的苗绣工艺走出大山

在贵州省铜仁市松桃苗族自治县，"石丽平（见图6-19）"这个名字很响亮——她是全国人大代表、松桃梵净山苗族文化旅游产品开发有限公司董事长，也是国家级非物质文化遗产苗绣的省级代表性传承人、松桃苗绣"鸽子花"品牌的创始人。

图6-19 石丽平

因为她的坚持，以"鸽子花"品牌为代表的松桃苗绣，成为当地一张金灿灿的文化旅游名片；因为她的带动，当地数千名妇女在家门口实现就业，增收致富。

对生长在苗乡山寨的石丽平来说，外婆和母亲带给她的"指尖记忆"弥足珍贵。"苗家女子祖祖辈辈传承下来的刺绣，对我有着非常大的吸引力。"从小耳濡目染，石丽平很早就学会了拿针配线。长大后，她学习苗绣技艺已不满足于家人所传，而是遍访名师、潜心学艺，成为松桃苗绣的第七代传承人。

2006年，喜讯传来：第一批国家级非物质文化遗产名录公布，苗绣名列其中。

欣喜之余，石丽平也认识到一个令人遗憾的现实：老一代民间刺绣艺人相继离世，农村青壮年人口大量往城市迁移，当地的苗绣技艺面临着传承危机。

"我是苗家女儿，不能眼看着苗家的'传家宝'在我们这代人手里丢失。"2008年12月，原本专注于做锰矿生意的石丽平毅然转型，创建了松桃梵净山苗族文化旅游产品开发有限公司。

放下手中的矿锤，重新拈起绣花针，石丽平开始琢磨如何创新和发展苗绣技艺。

从2008年开始，石丽平用了8年时间，几乎走遍了贵州所有的苗寨，搜集整理、详细记录了苗绣的不同绣种和纹样。她还详细了解绣娘在松桃县的分布情况和土布织染技艺传承情况，在全县范围内组织开展刺绣、绘画、剪纸比赛，从中发现好作品和能工巧匠；与大专院校合作，按市场要求绘制纹样和图案。

在民族文化传承的道路上，石丽平始终主张"用"："只有'用'，才能更好地去保护。开发苗绣产品，要契合时代发展潮流，要符合市场消费需求。"

在绣品创作上，石丽平一方面力求与民族文化、地域特色紧密结合，将梵净山的鸽子花、苗族的四面鼓等元素融入纹样和图案；另一方面运用现代化设计理念，将苗绣与时尚服饰相结合，为松桃苗绣注入更多现代元素。

经过多年努力，松桃苗绣产品越来越受欢迎，以"鸽子花"品牌为代表的松桃苗绣已从苗岭走向全国、走向世界。

2011年，公司产品"鼓舞刺绣""凤舞花开"系列苗绣披肩被外交部定为外交礼品。2013年，经中国民族博物馆推荐，松桃苗绣"鸽子花旋极图"被联合国作为礼品启用。2014年，石丽平经营的公司被确定为首批"全国妇女手工编织就业创业示范基地"。2015年，松桃苗绣成功注册国家地理标志证明商标，这是贵州省非遗项目中首个成功申报国家地理标志证明商标的项目。

苗绣：新时代的"绣"色可餐

"如今，我们的苗绣产品远销美国、日本、加拿大等多个国家和地区。"石丽平自豪地说。

实践活动 1

学农活动——体验劳动之乐

我国是一个农业大国,农业是国民经济的基础。要走向未来,我们就要了解国家的国计民生,如三农问题、精准扶贫问题等。通过学农,可以增强我们对国情的了解、民生的了解、农业的了解,同时体验劳动之乐。

请在校园内或发动校外社会力量开展一次学农活动,体验播种、插秧、除草、施肥、收割、打谷等农活,体验劳动之乐。

过程记录

活动内容:

活动实施情况:

心得体会:

结果评价

教师可参考表 6-1 对学生的学农活动进行评价。

表 6-1 "学农活动——体验劳动之乐"评价表

评价标准	分值	分数小计	教师评价
参与活动全过程	30		
积极主动参与劳动	20		
能从中体会劳动的乐趣	20		
在活动中树立劳动的榜样	20		
在活动中带动周围同学进行劳动	10		

第六章　工农品质不能忘

实践活动 2

技艺学堂——感受技能之美

传统手工艺是中国文化的母体，是民族情感、个性特征和民族凝聚力的载体，是中华民族文化艺术的瑰宝。手工制作工艺是生产者的艺术，它出自民间，服务于民，将实用和审美融于一体，带有物质和精神的双重性。传承传统手工艺，在社会、经济、文化和政治等诸多方面都有着重要的意义。

根据自己的喜好，通过网络学习、拜访手艺人等方式，学习一种或多种传统技艺，亲身感受技能之美。

过程记录

选择的传统技艺：

美轮美奂的苏州刺绣

学习途径：

总结技艺要点：

心得体会：

143

结果评价

教师可参考表 6-2 对学生学习传统技艺的过程进行评价。

表 6-2 "技艺学堂——感受技能之美"评价表

评价标准	分值	分数小计	教师评价
学习过程认真	30		
文化理解透彻	20		
学习成果显著	20		
成果精美	20		
能够讲述传统技艺背后的故事	10		

第七章 职业技能多提升

我们是日后要直接走向社会的"准劳动者",不仅应懂劳动之义、明劳动之理,继承和发扬中华民族艰苦奋斗、热爱劳动的优良传统,同时还要培养和发挥自身的劳动技能优势,为家庭、社区做贡献,为就业做好准备。

学习目标

知识目标

- 了解养老护理、心理护理和急救的相关知识,知道如何护理家人。
- 掌握调查社区居民的服务需求和策划社区服务活动的方法。
- 掌握养护室内绿植的方法,熟悉制作短视频的流程。

素质目标

- 主动了解家人的健康状况,加强与他们的沟通和联系,了解他们的心理需求。
- 明白服务他人、服务社会的意义,主动进社区提供服务。
- 热爱生活,在植物养护中感受生活之美。

课堂导入

大学生义务护理偏瘫老人 半年助其站立

现在人们对大学生有很大的"偏见",有的大学生更是被贴上"好吃懒做"的标签。然而,在无数大学生中,还有很多值得我们去学习、去夸赞的好榜样!

山东泰安某护理学院的大学生小王,经常去敬老院免费给老人做护理。有一次,他因为做义工回校晚被宿管大爷逮到了。当宿管大爷得知小王是去给孤寡老人做针灸、刮痧时,就告诉他附近有一位瘫痪在床的村民没钱看病,希望小王能去看一下。

带着宿管大爷给的地址和电话,小王第二天就和同学小彭一起找到了李大爷。李大爷是因为突发脑出血导致瘫痪的,因为家境贫困,没钱治病,只能在家里卧床度日。当小王和小彭找到李大爷时,他已经瘫痪在床一个多月了。

此后,小王和小彭每周都会抽空去为李大爷做一次护理。为了防止老人得褥疮,小王每次都要为李大爷做按摩和刮痧。经过一段时间的治疗之后,李大爷本来无法活动的胳膊慢慢有了一丝感觉。小王见自己的护理见效了,就把护理的次数改成了每周两次。

就这样,小王和小彭坚持为李大爷做了半年的护理,无论刮风下雨,两名年轻的大学生一直没有中断,而李大爷的病情也在他们的护理下有了恢复的迹象。半年后,他们的努力终于得到了回报,已经偏瘫半年的李大爷居然可以在两人的搀扶下站起来走路了。

【想一想】
(1)在小王和小彭身上,体现了现代大学生的哪些优秀品质?
(2)你最想拥有的劳动技能是什么?为什么?

第一节 学护理,守家人

家是我们最温暖的港湾,家人是我们永远的陪伴。对于护理专业的学生,护理是他们成就梦想的看家技能;对于我们大多数人来说,学习一些护理常识,掌握一些急救技能,能让我们更好地守护家人的健康。

一、养老护理

家有一老，如有一宝。对每个家庭来说，老人不仅仅是我们情感的寄托，也是我们精神的依靠。每个人都会经历衰老的过程：从青丝到白发，从清澈到模糊，从挺直到佝偻，从灵敏到缓慢。随着年龄的增长，老人的身体机能逐渐衰退，大脑反应能力也慢慢变弱，有时还会伴随着疾病的发生。那么，我们该如何护理家中的老人呢？

（一）多与老人沟通

1. 选择老人感兴趣的话题

在与老人沟通时，可选择老人感兴趣的话题，如老人年轻时的往事、戏剧、电视节目等，也可以跟他聊聊你最近发生的事。需要注意的是，要避免谈让老人情绪波动较大的话题。

2. 不要嫌老人唠叨

老人一般都比较唠叨，一点事可以说很久，说好多遍。对此，很多人极易失去耐心，表现得很不耐烦。其实，唠叨是一种心理宣泄。我们应该听一听老人唠叨，让老人能得到心理上的宣泄和慰藉。在倾听时我们可以对老人加以适当引导，有时也可以适当发表自己的意见，让老人感觉到你很在意他。

实际上，能聆听老人的唠叨未尝不是一种幸福，我们要学会感恩，明白老人每一句唠叨都是对子孙的牵挂，充满了爱与希冀，感谢能聆听老人的教诲和关爱。

老妈的唠叨：
《一碗姜汤》

知识链接

老人唠叨的三大好处

"多穿点，外边冷。""多吃点，别饿着。""别老喝饮料。"……这些千篇一律的话，任你耳朵听出了茧子，老人却每天雷打不动地唠叨，从早说到晚。

如果老人这样的唠叨曾经让你无法忍受，甚至厌烦，那么现在，我们应该庆幸，因为这充分说明，我们家中的老人心理健康、大脑灵活，并且因为爱唠叨的这个习惯，他们还会比一般老人更长寿。

唠叨让心理更健康

如果老人每天不爱唠叨，甚至不爱说话，总把不顺心的事儿放在心里，日积月累，就会变得食不知味、睡不安稳，容易使神经系统的防御功能和脏腑功能失调，让疾病乘虚而入，如原发性高血压、脑动脉硬化、冠心病、肿瘤等。面对这些不顺心的事儿，如果老人们能够通过简单、琐碎的语言唠叨出来，则有助于他们释放压力和不安全感。潜在的不良情绪都被释放出来后，老人的身心会更健康。无论是和家人唠叨，还是跟朋友唠叨，都说明老人愿意与人交流，避免了与外界隔绝，这是一种十分健康的心态。

唠叨让大脑更灵活

美国一项心理学研究表明，老人唠叨，即反复说同一件事，有助于提高记忆力。人类大脑用进废退，每次说话都需要经过逻辑思考，进行语言的提炼和组织，多说话可以刺激大脑细胞，使之保持活跃、兴奋的状态。大脑有专司语言的功能区，如果说话太少，大脑中专管语言的区域兴奋度就会减弱，不利于大脑的健康运转，多说话可促进大脑这些功能区的发育。有些老人总没话找话，说明他的思维不间断，能在一定程度上避免患认知障碍症。

唠叨延缓衰老

老人经常说话，能有效锻炼口腔肌肉和咽喉，有利于保持耳咽管的通畅，使耳朵内外的压力保持平衡，对于耳鸣、耳聋有保健作用。老人说话时带动眼肌和三叉神经运动，还可预防老花眼、老年性白内障和视力减退。

当然，对一些特殊情况则要警惕，如老人突然喜欢自言自语、说话杂乱无章、说过就忘、答非所问、反应迟钝等，这可能是认知障碍症的先兆，需要及时就医。

3. 多聊老人觉得自豪的事情

在与老人沟通的过程中，可以多聊一聊过去老人觉得自豪的事情，那些对于老人来说非常重要的事情是老人美好的回忆。

4. 真诚地赞赏老人

每个人都渴望被肯定，老人也一样，他们也喜欢被表扬、被夸奖的感觉。我们在与老人沟通的过程中，要经常真诚地赞美他们。

探究与分享

在与老人沟通方面，你有什么好的方法或技巧？

关爱空巢老人

（二）多陪伴老人

我们在闲暇时间应多陪伴家中的老人，让其感受到温暖。例如，可以陪老人逛逛商场、买买菜，或在公园里散散步；如果老人行动不便，我们则可以用轮椅推老人出去，边晒太阳边聊天，让老人在轻松的环境下享受美好时光。

（三）常见情况处理

1. 老人头晕

如果是休息不好或是感冒引起的头晕，可以在老人的太阳穴和人中处涂抹风油精或清凉油，并用大拇指按压老人手腕内侧的内关穴；如果是低血糖引起的头晕，则需马上冲一杯葡萄糖水给老人喝，再让老人慢慢进食一些易消化的食物；如果是室内闷热所致的头晕，就要先通风，再涂抹药油。

2. 老人跌倒

老人跌倒时，千万不能马上扶起老人。要问一下老人摔到了哪里，检查有没有骨折，确定没有骨折后再小心地扶起老人。若怀疑老人骨折，应让老人保持不动，并尽快拨打急救电话。

3. 老人不吃饭

作为晚辈，我们应该多关注老人的饮食，多让他们吃些水果、蔬菜，适当吃些荤食，做到营养均衡。另外，老人吃饭应奉行少食多餐的原则。

若老人不吃饭，我们要及时找出原因。是因为胃口不好呢，饭菜不合口味呢，还是因为有什么心事呢？然后针对不同情况采取不同措施，让老人慢慢进食。

（四）其他事项

（1）老人视力下降，行走也不太方便，他们居住的地方不要放置太多杂物，以免导致意外磕碰受伤。

（2）为老人准备一款智能手机或智能手表，最好有定位功能，方便我们找到他们。一旦出现意外情况，也方便老人及时联系我们。

（3）劝老人多出去走走，鼓励他们和小区里其他老人一起跳跳广场舞、健健身，或参加一些适合他们的娱乐活动。

（4）帮老人洗脸、洗脚时要注意水温，以 38～43℃为宜。

（5）了解老人的患病情况，以及对应疾病的基本特征和护理的注意事项。

（6）随时注意老人的状况，如冷、热、咳嗽、口渴等，以便及时处理。

（7）搀扶老人时，要根据老人的不同情况，采用不同的搀扶方式（见图 7-1）。如果老人身体不错，能够自主行走，可以让他抓着你的手臂，以防失去平衡。如果老人腿脚不灵便，不能自主行走，在搀扶时应与老人面对面站立，用自己的脚尖抵住老人的脚尖，并请老人抓紧自己的手臂；让老人把重心放在一只脚上，然后迈出另一只脚，与此同时，自己的脚向后撤；如此反复，引导老人一步步向前行进。

图 7-1 两种不同的搀扶方式

（8）老人是我们照顾的对象，但他们也需要"被需要"的感觉。在日常生活中，家里的大小事情都可以多与老人商量；老人行动自如的，可以适当让他们做一些家务，让他们觉得自己是被需要的，而不是"累赘"。

拓展阅读

被需要也是一种幸福

随着年龄的增长，老人的身体日渐衰弱，他们从叱咤风云的职场退回家庭，但回归家庭的他们看到子女已经长大，不再需要自己为他们遮风避雨，他们会感到迷茫、困惑、无力，一种被社会抛弃的感觉油然而生。他们怕在人生余下的岁月里成为废人、成为负担，他们怕今后余生活得毫无价值，他们更怕过一眼望到头的晚年生活。

我们要在老人退休后走进他们的内心，体谅他们矛盾的心理，在他们能力所及的范围内，按着他们的意愿让他们从事一些自己喜欢做的事情，使他们觉得生活有奔头、生命有意义、人生有价值。

有这样一个故事：一个大学的教授邀请学生到家里聚餐。晚餐过后，桌子上一片狼藉，学生们都抢着要收拾残局，要去洗碗。这时，教授微笑着阻止道："不着急，有人洗。"

只见教授先将碗碟放进水池，用热水冲去了上面的大部分油污，然后走到 80 多岁的老母亲身边，轻声说："妈，该您洗碗了。"听到这话，只见刚刚在饭桌前略显疲态的老太太一下子有了精神，走进厨房开心地洗起碗来。碗洗好后，老太太还把碗、碟、筷子、勺子分别归置好了。这时，教授高兴地走到母亲身旁说："还是您洗碗又干净又快，快去歇歇吧！"学生们一脸诧异。

教授看出了学生们眼中的诧异，于是解释道："做母亲的总想为孩子做点什么，让她洗碗，她就会感到孩子需要她，睡觉都会很踏实。孝敬父母，不是简单地帮助父母，还要给他们机会，让他们爱你。"

在我们常规的思维方式里，我们总觉得父母辛苦半辈子了，应该得到子女的反哺和关爱，殊不知父母也需要、也愿意付出爱，他们在享受被子女需要的过程中，找到了存在感，在爱子女时体会到了满足的快乐。

二、心理护理

对于患慢性病或因病在家休养的亲人，我们除了在生活上对他们提供一些帮助，关键是要为他们提供恰当的心理护理，积极影响他们的心理状态，帮助他们形成良好的身心状态。一般来说，心理护理可以从以下四个方面进行。

（一）帮助患病家人保持健康而乐观的情绪

患病特别是患有慢性疾病的人，往往会产生沮丧、焦虑的情绪，这类情绪不但不利于其身体康复，有时还会使病情加重。这时，我们要多关注患病家人的情绪，防止其对疾病过分关注，及时发现他们的异常情绪，引导他们以积极乐观的情绪面对疾病。

此外，在家人病情稳定的情况下，我们还可以向其讲解相关疾病的发展变化及注意事项，消除其思想顾虑，以增强他们战胜疾病的信心。

（二）督促患病家人按时用药和治疗

患病后，一些人会出现不愿意按时按量用药的情况：有的可能怕打针、服药；有的怕长期用药后会出现不良反应；有的因长期服药或治疗，病情未见明显好转，产生了抗拒心理；还有少数人抱着侥幸心理，认为不吃药或者少吃药病情也会好转；也有人因担心经济负担过重，准备放弃治疗。

如果发现家人出现不愿意按时按量服药的情况，应及时排查其不按时按量服药的原因，有的放矢地做好劝慰工作，给予他们治愈的信心。

> **探究与分享**
>
> 你曾经给别人做过心理开导吗？是否达到了目的？在开导对方的过程中，你用了哪些技巧？

（三）创造适合治疗和休养的家庭环境

家人患病期间，整个家庭要合力为其营造一个适合治疗和休养的家庭环境。例如，减少家庭娱乐活动，为患病家人提供安静的休息环境；加强与患病家人的感情交流，为患病家人提供安全的心理环境。

（四）注意保持和恢复患病家人的社会适应力

疾病的痊愈和康复，既要求消除疾病本身的症状，又包括保持和恢复病人的社会功能。现代医学和护理学十分注重让患者重返社会。对于患病家人，我们要注重保持和恢复他们的社会适应力。在病情许可的范围内，我们应当鼓励患病家人适当活动，进行力所能及的家务劳动，参加一定的文娱活动和社会活动。

榜样故事

有温度的护理：始于主动　基于专业　终于满意

"一位平时健谈的老年患者，因为老伴患新冠肺炎去世后，变得非常安静。晚餐他连看都不看，还产生了放弃治疗的念头。老人一直念叨着和老伴相守相伴快 50 年了，却连最后一面都没见到，没机会送她最后一程……"

援鄂医疗队队员、北京医院护理部副主任王霞哽咽着讲了这个故事，她说："老人受到刺激，情绪肯定处于最低落的状态，我们尝试让他接纳并宣泄自己的情绪。除了治疗疾病，我们还创造条件，让他与正在隔离的儿子视频沟通，同时引导老人关注正向的信息，给他讲一些病愈、康复的例子，给予他更多关注和照护。"

经过几天的心理疏导，老人终于敞开了心扉，又与医护人员聊起了武汉、聊起了家庭。出院时，老人对医护人员说："新冠肺炎让我失去了爱人，但是我收获了来自北京的你们这些亲人。"

在全国支援湖北、武汉的340多支医疗队中，护士作为主力军，提供专业的护理，也带给患者战胜疾病的信心和力量。

疫情把人隔得很远，但心与心贴得很近

在武汉疫情最严峻的时候，有的人全家都被感染了，有的患者与亲人暂时失去了联系，有的因病痛而焦躁、沮丧……

患者的情绪和心理变化直接影响治疗效果，也牵动着护理人员的心。多地援鄂医疗队都采用了"家庭病房"的管理模式，让家人得以见面、互相鼓励。护理人员制作了交流鼓励的卡片，把载满爱的卡片送到患者手中，也把人文关怀带进隔离病房；他们了解患者的内心诉求，经常触碰患者的双手，让患者感到安全、温暖……护理人员随时用"同理心"关注着患者的精神状态和心理状态。

"疫情把人隔得很远，但是在病房里，心与心贴得很近。我们也希望，虽然隔着防护服和手套，患者也能感受到我们的温度；隔着护目镜，也能看到我们坚信他们能战胜疾病、尽快康复的目光。"北京大学人民医院护理部主任、援鄂抗疫医疗队专家组成员王泠说。

王泠和团队曾护理过一位 70 多岁的新冠肺炎重症患者李爷爷。他既往有高血压、糖尿病、冠心病和慢性肾功能不全病史，同时又是截瘫、膀胱造瘘的患者，家中多人感染新冠肺炎，没人照顾他。瘦骨嶙峋、面色憔悴的李爷爷刚到病房时，在轮椅上不停地喃喃自语："我不行了，别管我了，我真的不行了。"

护理人员把他抬到病床上之后，发现纸尿裤里外全是粪便，他的会阴和骶尾有很多失禁性皮炎和多发压疮，如果进一步感染，可能引起多脏器衰竭。

"当时我们想，既要治好新冠肺炎，也要照顾好李爷爷的生活起居。"王泠和队员们一起给李爷爷清疮换药，一点点清除坏死组织，贴好敷料，换上干净的纸尿裤。李爷爷非常感动，总是带着歉意跟护理人员说："真是谢谢你们，给你们添麻烦了，真的不好意思。"

王泠说，"始于主动，基于专业，终于满意，我们要做有温度的护士，用爱心、耐心、精心和责任心护理好每一位患者。"

三、急救常识

在家庭生活中，某些突发的意外伤害和危重急症一旦处理不当，往往会使小伤变成重伤、小病变成大病。如果懂一些急救的常识，当身边的人发生意外时，就能有条不紊、分秒必争地对其加以救治与护理。

（一）烫伤急救

一旦家人被烫伤，应立即将被烫部位放在流动的冷水下冲或用凉毛巾冷敷，以冷却局部并减轻疼痛。在穿着衣服被热水、热汤烫伤时，切勿脱下衣服，应先用冷水直接浇在衣服上降温，充分泡湿伤口后再小心除去衣物。如果衣服和皮肤粘在一起，切勿撕拉，正确的做法应该是将未粘连部分剪去，把粘连部分留在皮肤上，然后用清洁纱布覆盖伤面，以防感染，并尽快送医。

注 意

发生烫伤时，以下行为要绝对禁止：
（1）不能采用冰敷的方式治疗烫伤，冰会损伤已经破损的皮肤，导致伤口恶化。
（2）不要弄破水泡，也不要随意将抗生素药膏或油脂涂抹在伤口处，这些黏糊糊的物质很容易沾染脏东西，不利于被烫伤皮肤的恢复。

（二）中暑急救

当家人中暑后，应第一时间将其转移到阴凉通风处，让其平卧，同时喂其服用一些含盐分的清凉饮料（不可大量补充水分，否则会引起呕吐、腹痛、恶心等症状），然后用扇子或电扇吹风，加速散热。若中暑情况较为严重，必须立即送往医院诊治。

（三）触电急救

当家人不小心触电时，我们应迅速断开电源或用干木棍、干竹竿等挑开电线，注意不能直接用手拉开触电者。然后，立即检查触电者的心跳和呼吸情况，若触电者已停止呼吸，则应立即对其进行胸外按压和人工呼吸，同时拨打急救电话，寻求专业急救人员的救治。

（四）意外受伤急救

遇到家人因受伤大出血时，应保持冷静，并迅速评估伤口的大小和出血情况，然后找一个能完全覆盖伤口的干净敷料（如毛巾、纱布等）按住伤口进行止血。需要注意的是，按压伤口时，一定要对伤口施加足够的压力，不能轻轻覆盖，否则无法达到止血的目的。

（五）心脏骤停急救

心脏骤停是医学领域最危急的情况之一，若得不到及时有效的救治，4～6分钟后会对患者的脑部和其他人体重要器官、组织造成不可逆的损害，甚至致其死亡。心脏骤停有宝贵的4分钟黄金抢救时间，学习心脏骤停的急救方法在关键时刻能救命。

1. 判断心脏骤停的方法

心脏停搏起病骤急、死亡率高，第一时间识别心脏骤停尤为重要。在确保周围环境安全的前提下，应识别心脏骤停的关键点，即"三停"。

（1）意识停止：判断患者的意识状态，可用力拍打患者双肩并大声询问"喂，你怎么啦？"看其是否有反应。

（2）呼吸停止：如患者意识停止，迅速判断患者是否有呼吸，一般是侧脸于患者鼻前感受是否有气流，同时侧头平视患者胸廓，看是否起伏变化。

（3）心跳停止：主要判断有无颈动脉搏动，常用方法为一只手的食指与中指并拢伸直，置于患者喉结旁开两指的凹陷处，用指腹感受是否有搏动，判断时间6～10秒。若确定"三停"，须拨打120求救（建议充分利用手机免提功能）。

2. 心脏骤停急救方法——胸外按压CPR

胸外按压CPR包括三个步骤，即按压、开放气道和口对口人工呼吸。

（1）按压时，应让患者平卧于硬质平面上，解开衣扣及裤带，充分暴露胸口，按压两乳头连线的中点（见图7-2）。双手十指相扣，双臂伸直，上身前倾，垂直向下用力按压，持续按压30次（见图7-3）。频率为100～120次/分，深度为胸骨下陷5～6厘米，按压过程中应最大限度减少中断。

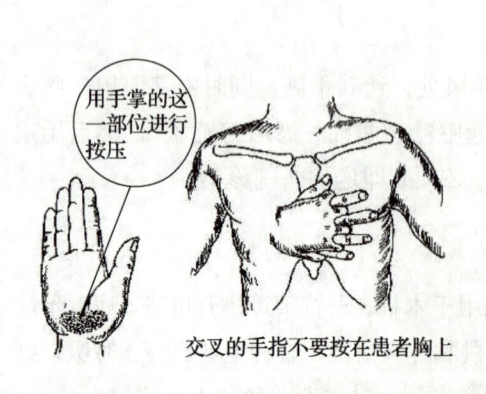

图7-2　按压部位示意图　　　　图7-3　按压要点示意图

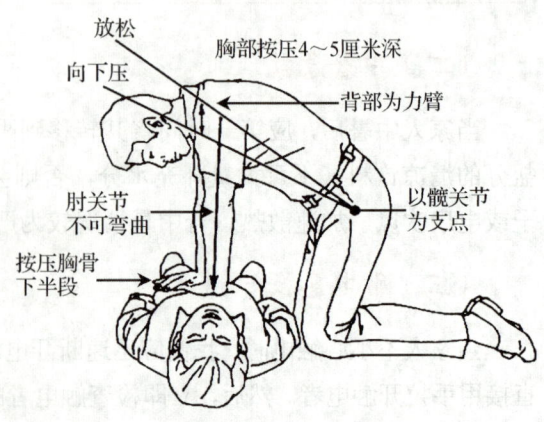

（2）开放气道主要是使患者下巴与耳垂的连线垂直于地面，呈"鼻孔朝天"状态（见图7-4），但要注意，开放气道前应该检查口腔内有无分泌物及假牙，有则应先将头偏向一侧，取出分泌物及假牙。

（3）口对口人工呼吸时，要保证缓慢用力，将气体吹入患者口中，同时用余光观察患者的呼吸情况，吹气以胸廓明显上抬为准，然后放开病人的口鼻，使气体流畅排出（见图7-5）。

图 7-4　开放气道示意图　　　　图 7-5　人工呼吸示意图

30次按压后，开放患者气道并进行2次人工呼吸，以上为一组心肺复苏操作，连续五组（约2分钟）以后再检查病人情况，判断意识、呼吸、心跳等是否恢复。现在也有研究认为，不进行人工呼吸，仅进行按压，也能起到抢救效果。

（六）气道阻塞急救

海姆立克急救法（见图7-6）是为气道阻塞（如食物嵌顿或窒息）者进行现场急救的有效方法。主要姿势是急救者先以前腿弓、后腿蹬的姿势站稳，然后让患者坐在弓起的大腿上，身体略前倾，将双臂分别从患者两腋下前伸环抱，左手握拳，右手从前方握住左手手腕，左拳虎口贴在患者胸部下方、肚脐上方的上腹部中央，形成"合围"之势，然后突然用力收紧双臂，用左拳虎口向患者上腹部内上方猛烈施压，迫使其上腹部下陷。儿童因误吸导致窒息时，大多采用这一方法。

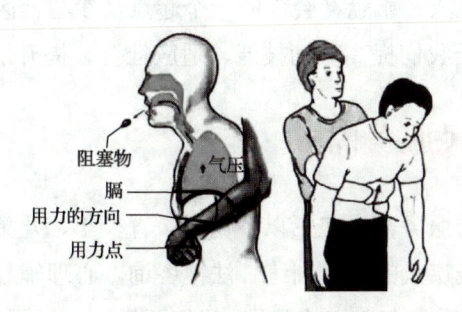

图 7-6　海姆立克急救法

榜样故事

大学生利用急救知识在列车上救人

在返乡的列车上，一名乘客突然昏倒，他挺身而出，不顾乘客口中的污物，用在校学习的专业急救知识救人，令晕倒乘客转危为安。他就是上海海事大学的大学生陈陆原。

2015年1月28日，从上海开往郑州的K1102次列车即将到达镇江站时，8号车厢内一名40多岁的女乘客突然倒地昏厥，口吐白沫。列车长立即通过车内广播寻求医护帮助。身处10号车厢的陈陆原闻讯后赶到8号车厢，主动询问并检查病员情况，发现其脉搏微弱，体温下降。此时正值列车进站，他与列车员一起将乘客抬上站台，配合实施胸外按压和人工呼吸。经过10多分钟的紧急抢救后，乘客面色逐渐好转，最终脱离生命危险。

"陈陆原同学不顾病员口中的污物，实施紧急救援，感动了在场的许多旅客和工作人员，真的很难得！"列车长王刚对陈陆原的救人行为连连点赞。

"我当时察看后发现，病员神志丧失、脉搏微弱、已无自主呼吸，心里也很紧张，但是想到在学校开设的急救课程上，我认真学过胸外按压和人工呼吸的急救方法，于是决定试一试，为医院抢救病员争取时间。"陈陆原说。这是他第一次用所学的急救知识救人，得知病员转危为安后，他很欣慰："我从小在农村长大，父母一直教育我做老实人，多做善事，我只是力所能及地帮助了别人，这没什么。"

第二节 进社区，促和谐

社区是比家和学校大一个层次的社会单位，是我们运用知识、施展才华、实践成才的好课堂，也是我们"服务他人、奉献社会"的一个起点。参与社区服务不但有利于社区的精神文明建设，而且有利于我们提高劳动技能、适应社会、提升道德素养。

一、了解社区居民服务需求

一般来说，社区居民的服务需求包括以下内容：青少年、儿童课业辅导，老年人的陪伴慰问，重病患者陪护，残疾人的康复训练，法律咨询，心理辅导等。社区具有一定的地域性特点，每个社区的服务需求有一定的差异，我们要先对社区居民的服务需求进行调查、了解后，再有针对性地为他们提供服务。

社区服务需求调查，是开展社区服务最重要的前期工作。一般来说，我们可以直接和社区工作者沟通或发放调查问卷来了解社区的需求，然后再结合自己的能力和专业优势确定服务项目。参与社区服务的形式主要有个人参与和团队小组参与两种。

榜样故事

助力战"疫"，大学生志愿者
以实际行动为社区筑起"铜墙铁壁"

自疫情暴发以来，贵州轻工职业技术学院的学生在保证自身安全、不给疫情防控"添乱"的前提下，积极投身社区，以志愿服务积极参与疫情的抗击。他们有的在一线进行防控排查、宣传讲解、登记卡点，有的在后方电话询问、整理数据，但不管是什么类型的工作，志愿者们都秉持着不怕苦、不怕累的精神勇挑重担，用自己的实际行动为社区筑起了"铜墙铁壁"。

"我不怕黑"

贵州省铜仁市印江土家族苗族自治县志愿者周璐瑶，一个柔弱的女孩子，却在"疫"情面前果断说服了家人，投身到了抗"疫"防线当中。

她每天都要去县里的各个社区挨家挨户开展疫情入户摸底排查，并宣传疫情防控知识。几日连续工作下来，每天都要步行四十多分钟到达执勤地的周璐瑶感到有些疲惫，但她依旧鼓励自己坚持下去。在周璐瑶看来，虽然这次疫情来势汹汹，但是与她一样的志愿者们都在努力与病毒做抗争，她没有理由退缩和放弃。

夜深了，周璐瑶依旧陪着干部们开会讨论完善工作方案。会后，铜仁市印江土家族苗族自治县团委甘书记有些担心周璐瑶距家太远，晚上回家会不安全，想要调整一下她的工作内容，没想到却遭到了周璐瑶的拒绝。她说自己已经熟悉了这几片社区的工作情况，临时换人不便于工作开展。"离家远一点、下班的路黑一点，我都不怕，我就是想锻炼、想成长！"

"小家·大家"一线背后的故事

施行的父亲施绍兵，家住贵州省赫章县双坪乡河泉村半沟组。父亲是河泉村唯一的村医。疫情期间，父亲接手所有疫情防控工作，每天负责给外来人员量体温。正是父亲夜以继日地工作换得全村无一例患者。他被父亲迎难而上的精神所感染，跟在父亲身后做了一名小志愿者。他说："这段经历让他体会到了亲密的父子情——不用言语表达，只用行动跟随，做父亲最好的帮手。"

疾风知劲草，烈火见真金。在这场没有硝烟的战争中，无数中华儿女心往一处想，劲往一处使，也正是这些"微不足道"的付出与全国各条战线上的力量共同汇聚成疫情防控阻击战的澎湃能量，筑起了阻断病毒传播的"铜墙铁壁"。

探究与分享

> 你学的是什么专业？如果让你结合自己的专业进社区为社区居民服务，你会策划什么服务项目？

二、策划社区服务活动

呵护社区儿童
体会最纯真的乐趣

以个人名义参加的社区服务只需要联系社区工作人员申请，确定时间和工作内容即可；如果想以团队小组名义进社区提供服务，除了要跟社区工作人员沟通外，还需要提前策划社区服务活动。这种社区服务的前期准备工作很多，如撰写计划书、人员招募、场地链接、准备物资等。

（一）活动准备

（1）撰写计划书：从活动目的、活动目标、活动时间、活动地点、活动流程、活动评估、预计困难与对策、经费预算等入手，详细展开叙述。

（2）人员招募：一般情况下，我们可以在班级、院系或学校内寻找"志同道合之士"；如果服务项目有特殊要求，我们也可通过互联网招募合适的团队成员。

（3）场地链接：活动场地需要我们与社区进行协调。

（4）准备物资：我们可以根据项目需求提前做好物资准备，如制作PPT、购置各类物资等。

（二）活动过程

活动正式开始前，我们可以通过一些热身小游戏活跃气氛，给服务对象营造一个轻松自然的活动氛围，从而促进服务的开展；在活动过程中，我们可酌情加入一些内容新颖、趣味性强的环节，引导在场的社区居民积极参与。

（三）活动后期

活动结束后，我们要及时反思并总结社区服务活动的成效，包括社区居民参与度高不高，目标有没有达成，有哪些地方需要改进等，为再次开展活动积累经验。需要注意的是，我们应在活动结束的第一时间将活动场地打扫干净。

榜样故事

大学生志愿者走进龙山村　争做垃圾分类"达人"

2019年7月5日，贵州轻工职业技术学院22名志愿者走进贵安新区党武镇龙山村，开展"三下乡"青春行社会实践服务暨"微光工程"活动。

活动期间，22名志愿者在5名辅导员老师的带领下，在新区垃圾分类重点示范点龙山村开展了安置垃圾分类登记牌、教儿童画垃圾分类标识、入户分发垃圾分类调查问卷等系列活动。

志愿者们首先分为4个组协助村干部走访农户垃圾分类情况，接着通过调研对龙山村村民居住庭院整洁情况、垃圾分类是否准确、垃圾桶是否整洁等情况进行具体评估。当晚，志愿者还与龙山村村委会联合举办了一场独具特色的文艺会演，志愿者们通过垃圾分类宣讲、唱垃圾分类歌、展示垃圾DIY手工艺品等多种活动，向村民普及垃圾分类知识，倡导村民践行"垃圾分类新时尚，建设绿色龙山村"。

第三节　爱生活，懂分享

一个热爱生活的人，往往懂得付出，他们主动守护家人、积极服务社区。一个热爱生活的人，也往往有理想、有追求，他们会为自己营造一个适宜的生活空间，积极享受生活、记录生活、分享生活。

一、养护绿植，美化生活空间

绿植能美化居室，让我们的居住空间充满生机与活力，还能净化空气，让室内的空气更加清新。更重要的是，养护绿植的过程能让我们的身心更加健康，让我们的生活更加快乐。

（一）室内绿植的选择原则

在选择室内绿植时，我们不仅要考虑自己的喜好，还要考虑绿植与居室环境的搭配。具体来说，要遵循以下三个原则。

1. 兼顾观赏性和实用性

我们在布置室内绿植时，应该以不妨碍室内功能为前提，使得室内美化与生活功能相互协调，让绿植具有观赏性又不影响日常生活。

选择绿植时，需因地制宜，根据室内光照情况，选择适合在室内生长、可改善室内环境的植物，一般以观叶植物为主、观花植物为辅。

2. 绿植多少与房间空间相协调

室内的绿化面积最多不得超过居室面积的 10%，这样室内才会有一种扩大感，否则会使人觉得压抑。而且有些植物会与我们"争夺"氧气，不利于我们的身体健康。

3. 植物色彩与室内色彩和谐

在摆放绿植时，将绿植色彩和室内色彩的轻重结合，营造出不同的空间色彩，才能使人更加轻松愉快。

在布置时，常用对比的手法，如环境的背景为亮色调时，选择植物时应用颜色深沉的观叶植物，如图 7-7 所示；环境的背景色为浅色调时，可用鲜丽的花卉，以突出整个环境的立体感。

图 7-7　植物色彩与室内色彩和谐

（二）常见绿植

（1）能净化空气的绿植：芦荟、吊兰、绿萝、虎尾兰（见图 7-8）、一叶兰、龟背竹（见图 7-9）等都是天然的清道夫，可以清除空气中的有害物质。

（2）能驱逐蚊虫的绿植：蚊净香草是芳香类天竺葵科植物，从澳大利亚引进。该植物耐旱，半年内就可生长成熟，养护得当可成活多年，有很高的观赏价值，还可以驱蚊虫。

（3）能杀病菌的绿植：玫瑰、桂花、紫罗兰、茉莉、柠檬、石竹、铃兰、紫薇等芳香花卉产生的挥发性油类具有显著的杀菌作用。紫薇、茉莉、柠檬等植物可以杀死白喉菌和痢疾菌等原生菌；石竹、铃兰、紫罗兰、玫瑰、桂花等植物散发的香味对结核杆菌、肺炎球菌、葡萄球菌的生长繁殖具有明显的抑制作用。

图 7-8 虎尾兰　　　　　　图 7-9 龟背竹

（三）室内植物的养护

1. 选择合适的花盆

选择花盆是一个看似简单实则大有学问的"技术活"。通常，我们需要根据绿植的植株造型、大小、习性、颜色等特点来选择合适的花盆。

（1）根据植株造型选择：悬垂式花木，如紫藤、吊兰、常青藤等，通常选用高筒型的花盆，这类花盆盆口较小，盆体较深，与垂下的枝蔓相衬，饶有一番情趣；而丛生状花木，如杜鹃、米兰、海棠、石榴、瓜叶菊等，其枝叶伸展面积比较大，适合用大口径花盆。

（2）根据植株大小选择：花盆过小时，植株显得头重脚轻，根系难以舒展成长；花盆过大时，盆土的持水量过多，但植株叶面较小，水分蒸发少，土壤不容易干燥，会影响植株的根系呼吸，严重的会导致植株烂根。

（3）根据植株生长习性选择：喜湿花卉如龟背竹、旱伞草、吊兰、蕨类、绿萝、散尾葵等可用塑料花盆种植，兰花、梅花、树桩盆景等对透气性、排水性有较高要求，可选用瓦盆种植。

用"插花"为生活添彩

（4）根据花卉颜色选择：通常来说，枝叶颜色较淡的花卉搭配深色花盆，枝叶颜色较深的花卉搭配淡色花盆，以达到深浅映衬的效果。

探究与分享

你养过绿植吗？效果如何？跟大家分享一下你成功的经验或失败的教训吧！

2. 合理浇灌

在室内植物的养护中，最重要的一环就是对植物进行浇水管理。一般情况下，给室内植物浇水都应该遵循宁干勿湿的原则，平时需要浇水时应一次性浇透，切勿浇拦腰水。另外，还要根据植物的生长时期来决定浇水量的多少，如处于生长期就需大量浇水，处于休眠期就应该少浇水。仙人球、芦荟等植物自身水分充足，无论哪一生长时期都应该少浇水。

季节不同，植物的需水量也要有所不同。一般来说，春、夏、秋季补充水分要充分、及时。夏季气温高，最好能做到每天早晚各浇一次水。而冬季气温低，要严格控制土壤中的水分，以提高植物的抗寒能力。

Get小技能

植物浇水十要诀

浇水过多会使植物萎蔫、茎叶腐烂、生长不良或者在土基表面长出苔藓，浇水不足会造成植物萎蔫、叶片下垂、花朵褪色和凋谢。

关于植物怎样合理浇水，专家总结了十条要诀：草本多浇，木本少浇；春夏多浇，秋冬少浇；喜潮花卉多浇，喜旱花卉少浇；天热多浇，天冷少浇；叶大质软的多浇，叶少有腊的少浇；旱天多浇，阴雨天少浇；孕蕾期多浇，开花期少浇；阳台上多浇，厅堂中少浇；苗大盆小的多浇，苗小盆大的少浇；不干不浇，浇则浇透。

3．合理施肥

施肥是植物栽培管理中一项极为重要的工作。室内观叶植物以赏叶为主要目的，特别需要氮肥；水培植物多用营养液补充植物生长所需营养。

4．选择合适的摆放位置

室内植物的摆放位置最好能满足其自身对光照的要求。每一种植物都有自己的生态习性，我们应根据植物喜阳或是喜阴，将其放置在阳光下或是遮阴处。

5．遵循"防重于治"的方针

室内植物都应注重病虫害的防治，及时清除花盆内的杂草和病枝枯叶，定期喷药和疏松土壤。要做到防患于未然，改善植物栽培环境，消除病虫害。

拓展阅读

做一个对生活充满热爱的人

一位高校的保洁人员在打扫卫生时，看到学院有一架无人使用的钢琴，便弹了一会儿，被学生拍下发到网上后，平凡生活了66年的吴先生，一夜之间成了"网红"；一位叫卞学征的老人今年86岁，因为坚持在网络平台直播唱戏，被网友亲切地称为"京剧爷爷"；一个叫张创的小伙子因为热爱音乐，用寻常的碗筷演绎出了一首首不同寻常的轻快乐曲，他在茫茫"碗"海中不断地敲打尝试找寻他所需要的音符。

这一个个开挂的人生不是传说，而是一份份专注与坚持，也是一份对生活的热爱！

无论年纪多大，生活都不曾褪色

在公园、在社区，在我们身边，我们常常看见一些白发苍苍的老人，他们精神矍铄，嗓音洪亮，笑容开朗。这些老人都在透露一种信息：只要还活着，就要相信，生活还有诗和远方。

正如那位南京艺术学院弹钢琴的"网红"保洁员，他在接受媒体采访时表示，自己弹琴全凭自学，而且由于右手的一根手指只有半截，造成学琴过程中的很大障碍，但却没有半途而废。从60岁开始，他坚持了6年，他也被网友亲切地称为"南艺扫地僧"。

同样地，四川一位69岁的陈先生坚持赶在了法定最大年龄70岁之前拿下了驾照，被称为"最老新司机"。他说："我知道考驾照的年龄上限是70岁，再不去做，这辈子就没机会了。"

致敬真正热爱生活的人

热爱生活的人，通常也会比较健康。2015年《美国医学协会杂志—内科医学》刊发的一项英国伦敦大学的研究发现，感觉自己拥有一颗"年轻的心"的人更有可能长命百岁。

无论身处何地，生活都有姿色

热爱生活这件事，与年龄无关，身份、环境更不是它的阻碍。我们身边总有那么一些人即使身处泥泞之中，依然不忘仰望星空。

长相清秀的建筑工人小伙石建国，因为写了一手很好的毛笔字，在短视频上走红后，被称为是"抹灰哥"，这位在温州干了5年抹灰工的小伙子，业余爱好是写字、画画。他表示，自初中起就开始喜欢上书法，而这个爱好，在他外出打工的这10多年里一直都没有放弃。在工地上，坏掉的烧水器就用来洗毛笔，废弃的烧酒杯用来装墨水，地上的石块压宣纸，没有纸时，护盾上也能练字。他说结束每天10个小时的建筑工地的抹灰工作后，这样一种随意挥毫泼墨的生活方式，是他最喜欢的放松方式。

《中国诗词大会》第三季的总冠军雷海为同样也是一位逆袭的"网红"。在参加比赛之前，他只是骑着电动车每天穿梭在大楼之间送餐的"80后"外卖小哥。然而，就是这位平凡的外卖员，一路过关斩将，一举夺冠。

他在节目里说，自己每天都会随身携带一本《唐诗三百首》，等餐的时候、休息的时候，就拿出来背，"一单外卖送到了，一首诗也背会了，心里特别高兴"。

主持人董卿动情地称赞他："你所有在日晒雨淋、风吹雨打中的辛苦，你所有偷偷地在书店里背下的诗句，在这一刻都绽放出了格外夺目的光彩。""你在读书上花的任何时间，都会在某一个时刻给你回报。"

生活可能艰辛，但热爱生活的人会在寻常的日子中找到属于自己的乐趣。能够站到舞台上的不仅有青春年少的天之骄子，还有很多平时隐没于市井的外卖小哥、超市服务员以及农民大姐……他们的生活虽然平凡，但并不缺乏色彩。他们的兴趣、特长一旦遇到了机缘，可能会令其人生开挂，但更多的是点亮了他们的生命，令其乐在其中，人生不再无聊，心里有追求，人生一样光彩夺目。

对生活充满热爱，生活终会回馈你精彩

近年来，网络上衍生出一些"丧词"，从表情包"葛优躺"到入选 2018 年年度网络热词的"佛系"，都表现出当下一些年轻人对生活无欲无求的状态。我们也常常听到，身边的人抱怨生活中的无聊、乏味，似乎都对眼前的生活大失所望。

其实，生活在哪里都是一样的，有的人之所以与别人不一样，是因为他们选择了热爱生活。热爱生活，就是热爱生命，生活有多美好，取决于你对它有多热爱。

一个热爱生活的人，生活也将回馈精彩，也会总是充满幸福感。北京回龙观医院精神科副主任医师宋崇升表示，对生活充满热爱，会让人幸福指数升高，心情愉悦。美国哈佛大学一项研究发现，幸福感能增强免疫系统的抗病能力，降低人们患上心血管疾病的风险。热爱生活的人，会积极主动地做事情，并享受过程本身，而积极行动之后的结局，一般也不会太差。有研究证实，人们做感兴趣的事时，能够分泌多巴胺，激活奖赏机制，给人带来刺激或快感，即心理学的正向激励或正向反馈，形成良性循环。

所以，即使生活在泥泞之中，也不要放弃热爱生活的态度。否则，可能除了眼前的苟且，也只剩下远方的苟且。

热爱生活，其实很简单，只需要在每一天里，保持一颗乐观的心，对生活的一切多一点交融体味即可。喜欢写作，就坚持写；喜欢音乐，就坚持唱；喜欢摄影，就坚持拍。然后你会发现，真正的诗和远方就在脚下和眼前。

二、制作短视频，分享精彩生活

在网络发达的今天，通过观看各种类型的短视频，我们可以在互联网上领略各行各业劳动者的生活常态，观看各种趣味横生的生活片段，甚至学习各种知识，满足自己的好奇心、开阔自己的视野。我们可以是短视频的观看者，我们当然也可以是短视频的制造者。

若只是简单地想用短视频记录生活中的点点滴滴，分享我们的日常生活，我们大可随心拍摄，利用好手机和简单的剪辑软件即可。

如果我们希望拍摄出精美的短视频，通过分享旅途中的风景、分享美食、分享生活技能或分享自己的奇思妙想，在网络上引起一定的关注，就需要我们花费一定心思，提前做好构思，写好脚本，仔细研究视频剪辑软件等。

Get 小技能

选择适合自己的手机视频剪辑软件

随着手机软件功能的不断完善和进步，之前只能在电脑端才能完成的视频剪辑操作，目前在手机端也可以快速操作了，如视频裁剪、视频分割、制作画中画视频等。

以下是5款非常实用的手机视频剪辑软件。

蜜蜂剪辑

蜜蜂剪辑是一款操作简单、非常适用于剪辑新手的手机视频剪辑软件，可以快速对视频和图片等素材进行多种编辑。电脑端支持 Windows 和 Mac 系统，手机端支持 Android 及 iOS 系统。可用来快速对原视频素材进行分割、裁剪、合并、旋转、添加转场、去水印以及加字幕等操作，而且输出的视频画质超清，可以在多种设备进行播放观看。

优点：① 滤镜丰富，几十种风格可任意选择；② 支持一键制作相册视频；③ 支持多比例视频编辑，淘宝、抖音等视频可快速制作；④ 输出无水印，画质高清；⑤ 视频素材无时间限制，可随时编辑任意时长的视频；⑥ 支持多个平台运行，兼容性好。

缺点：无法制作画中画视频。

猫饼

猫饼是一款同时支持 Android 和 iOS 系统的手机视频剪辑软件，有20多种滤镜风格可任意选择。可用来快速为视频添加音乐、添加字幕、给视频变速、制作鬼畜视频以及录制视频原声。而且编辑好的视频可以直接分享给好友或者发布在视频分享社区。

优点：① 滤镜多样又丰富；② 可用来给视频加字幕、加特效；③ 可用来制作鬼畜视频；④ 有录音功能，可直接录制本地声音后添加至视频。

缺点：制作的视频时长有限制，视频不能超过360秒。

Quik

Quik 也是一款备受推荐的手机视频剪辑软件，同时支持 iOS 和 Android 系统。软件提供了26种不同风格的主题，每一种都有不一样的过渡和滤镜效果。运用该软件，可以快速进行视频分割、视频裁剪、视频缩放以及视频旋转等操作。

优点：① 主题丰富，有多种风格可供使用；② 可手动设置图片持续时长；③ 裁剪、分割、旋转、修剪视频可一键完成；④ 可自由添加音乐、字幕以及视频片段。

缺点：提供的音乐种类较少，无法添加手机本地音乐。

小影

小影是一款综合性的手机视频剪辑软件，可一键制作相册 MV，可用来制作画中画视频。软件滤镜丰富，有修剪、分割、复制、变速、调色旋转等多种功能。可以直接为视频添加本地背景音乐。

优点：① 功能丰富，视频制作、视频分享一体化；② 可制作画中画视频；③ 可以为视频添加文字、动画等特效。

缺点：制作的视频默认带水印，需要付费去水印。

乐秀

乐秀视频编辑器是 iOS 和 Android 系统都有上架的一款手机视频剪辑软件，专门用于进行短视频制作与分享，可以轻松将手机上制作好的短视频进行拼接。另外，该软件的功能也很强大，美颜、添加马赛克、去水印、添加音乐等都可以完成，首次下载的用户可以免费试用 3 天的 VIP。

优点：① 在手机视频剪辑软件领域功能相对比较多；② 提供有免费音乐，可任意下载使用；③ 开通会员后可以添加马赛克、滚动字幕等特效；④ 有相机美颜拍摄功能，可直接调用相机后进行美颜拍摄；⑤ 可以给视频做涂鸦，制作 GIF 动图。

缺点：基础功能可以免费使用，高级功能需要付费开通会员。

通常，我们可以根据以下步骤制作精美的短视频：

（1）提前准备智能手机、三脚架、麦克风、灯光等设备。

（2）确定你要做的视频的主题、长度、横屏或竖屏、风格等。

（3）编写文案和脚本。编写文案，就是把视频想要表达的内容提前写下来，以免出现拍摄时忘词、遗漏等情况。脚本是把文案转化成能用视频形式表达的说明，如标注哪一部分需要出镜讲解，哪一块需要拍摄实物等。有了文案和脚本后再进行拍摄，可以大幅提高拍摄效率。

（4）根据主题和文案选择拍摄场地。室外拍摄要注意天气和时间；室内拍摄要摆放灯光，并尽可能保持背景干净，切忌太杂乱。

Get 小技能

普通人如何策划以及拍好短视频？

用心编写文案

在写视频文案时可利用精华提炼、设置悬念、亮点预告、真实动情等方式，让观看者能够自行把视频画面和文案配合起来进行观看。

开门见山

在开头直接抛出问题和"利益点"，往往能激发观看者的好奇心。

制造悬念

巧妙利用背景音乐来制造悬念可以吸引观看者的注意力。用背景音乐制造悬念的方法可以分为两种：第一种方法是利用不同的音乐类型来对应不同的情绪，第二种是直接利用某个比较火的音乐。

抓住对方的眼球

我们在拍视频时，可以通过罕见的美景、崭新的视角、意外的场景、强反差的组合形式来勾起观看者的好奇心，让其产生能看下去的兴趣。

(5) 正式拍摄前,可提前做几遍演练,做到心中有数。

(6) 正式拍摄。正式拍摄时要注意以下情况:① 防止出现画面混乱、拍摄对象不突出等现象;② 注意构图,成功的构图应该主次分明、画面简洁明了,同时给人以赏心悦目之感;③ 注意让画面产生一定变化,如定点人物拍摄时,要注意通过推镜头拍摄全景、中景、近景、特写等实现画面的切换。

探究与分享

> 你拍过短视频吗?分享一下你的拍摄经验或技巧吧!

(7) 开始剪辑。剪辑视频前,要对风格、背景音乐、大体的画面衔接过程进行构思;剪辑时,主要是把没用的部分裁剪掉,把不同的片段拼接成一个完整的视频,再配以滤镜、音乐、字幕、特效等。

榜样故事

大学生自制短视频教程,挣下"第一桶金"

开学初,别人都在讨论"暑假去了哪儿玩",而东莞理工学院张校华同学的暑假不停地进行视频教学课程制作,这是他上大学的第三个暑假,与往年一样,张校华依旧在忙着自己的"小事业"。在这个"大众创业,万众创新"的时代,越来越多的大学生的"小想法"有了"大作为"。来自东莞理工学院的张校华同学自制的短视频教程,受到了众人的追捧。

自制短视频教程发现商机

抖音上一条"一个人去搭飞机怎么拍视频"的短视频教程获得了81.4万的点赞,引起了网友们的热议。这个教学视频的制作人是东莞理工学院的在校大学生张校华。在抖音上,张校华已有22.5万的粉丝。

"我一开始觉得别人很随便就能拍出来,自己是学这个专业的,肯定也可以,就开始了尝试。"张校华表示,刚开始拍时单纯是为了"炫技"。后来想玩点不一样的,就开始尝试拍摄一些日常生活的琐碎片段,并将它们制作为一步步的分割教学教程。"我这个教程可以说是首例。"张校华很自豪地说。

当周围的同学兴高采烈地回家过暑假时,张校华选择留在学校,做自己的"事业"。张校华主要是帮一些企业运营公众号和做自己的课程教学,偶尔也会接一些广告。因为抖音的引流,有不少企业、微商会找到他,请教他如何拍摄视频。张校华从中看到商机,开始制作更为详细的教程,进行授课。"他们想学的话,我会把他们拉进一个群,在群里面一起授课,布置作业下去给他们自己完成。进群的人我都会收取一定的费用,这笔收入还是很可观的。一般都是微商、美容美发这些行业的从业者找我比较多。"如果有企业的老板想要更深入地学习,张校华也会在线下进行一对一教学。

除了运用新媒体,张校华在其他方面也有所涉及。张校华与老乡开的一家驾校合作,通过帮他们宣传推广、介绍生源来获得提成。另外,张校华还和同学们通过零食盒子的方式贩卖零食,他下一步计划将这个零食盒子铺开到更大的范围,获得更高的利润。

困难重重的创业路

所有的成功都不是一蹴而就的,都要经过长期的历练和打磨。"我的原专业是能源动力与工程,读了一段时间后,发现自己不是很感兴趣。"张校华表示。后来,在社团活动中他接触到了剪辑、摄影方面的知识,获得了大量乐趣。抱着做一档节目的想法,张校华转到了广播电视学专业进行学习。刚开始做视频时,由于购买相关设备,张校华一下子花去了身上所有的生活费,还欠了朋友不少钱。为了尽快还清债务,张校华平时在学校送外卖,周末就去做家教,同时他还兼职卖洗衣机、饮水机等小家电。

大二的时候,张校华和其他四个小伙伴组成了一个团队,开始了公众号"校园有点燥"的运营。运用课上学到的知识,张校华从校园出发,紧跟潮流和热点,制作出了一系列校园街访和脱口秀节目,深受学校师生的喜爱。在双十一发布的一期节目,更是得到了7 000多的阅读量。对于节目的质量,张校华非常在意,"我们的节目一般都是根据时下的一些热点策划的,不管是前期的策划还是后期的拍摄、剪辑,所有流程都是我主要负责的。"但由于团队和学业上一些不可控的因素,公众号的更新频率低,最后无疾而终。

流量不等于能力,要找准定位

闲暇时间,张校华喜欢唱唱歌、弹弹吉他,他还计划大四去参加社团活动,学一下跳舞。"当你真的喜欢一件事情的时候,你不会顾及太多的东西。"张校华说,如果不是因为那一条爆火的抖音,他永远也不会知道一个短视频背后的产业链是如此庞大。通过不断的接触和了解,张校华的经验越来越丰富,圈子越来越大,视野越来越广。

即将步入大四时,团队成员有的准备考研、有的忙着实习,最初的同伴都慢慢离开了,只剩下一位好朋友和他继续坚守最初的梦想。在其他同学都对未来感到迷茫的时候,张校华早已确定了自己未来的方向。"我毕业之后还是会继续短视频的创作,最重要的是找准自己的定位,做一个属于自己的 IP。"对于现在获得的流量和关注,张校华表现得比同龄人要理智。"永远不要把平台和流量当作是自己的能力,有些是运气带来的。一定要有扎实的功底和市场敏感度,你才能走得更远。"张校华说。

实践活动 1

记录精彩生活

近年来,随着移动互联网和新媒体的快速发展,短视频行业迅速兴起。短视频以其制作简单、内容贴近生活等特征在大学生群体中广受欢迎。大学生制作短视频的过程,也是一个塑造自我形象的过程,它不仅仅是简单地记录生活,还可以塑造自我、展现自我、完善自我。

请你以短视频形式记录自己日常生活中的精彩片段,并进行适当的剪辑,制作成具有个人特色的短视频,在班级内展示。

过程记录

短视频主题:

短视频拍摄思路:

短视频制作难点及解决方案:

心得体会:

结果评价

教师可参考表 7-1 对学生制作的短视频进行评价。

表 7-1 短视频评价表

评价标准	分值	分数小计	教师评价
内容积极向上，展现一定的精神风貌	30		
视频剪切合适，转场效果自然	20		
合理使用视频特效	20		
合理使用字幕工具，字幕清晰、停留时间适当	15		
画面清晰，镜头稳定	15		

实践活动 2

进社区，送温暖

随着越来越多的"单位人"转为"社会人"，大量退休人员、下岗失业人员和流动人员进入社区，社区居民的物质、文化、生活需求日益呈现出多样化、多层次的趋势，经济社会的发展和居民群众的多方面需要给社区服务提出了更高的要求。

请以班级为单位，自定服务内容，利用周末、课余时间走进社区，发挥知识、技能特长，为某社区居民提供一次社区服务。

过程记录

活动开展计划：

活动开展关键点：

活动开展难点及解决方案：

心得体会：

结果评价

教师可参考表 7-2 对学生的"进社区，送温暖"活动进行评价。

表 7-2 "进社区，送温暖"活动评价表

评价标准	分值	分数小计	教师评价
活动内容符合社区实际需求	20		
活动结合专业优势	20		
积极参与服务活动	20		
耐心诚恳，用心服务	20		
能从中体会服务他人的乐趣	10		
服务用语文明、恰当	10		

行动实践篇

第八章 志愿服务我来做

赠人玫瑰，手有余香。参与志愿服务既是"助人"，亦是"自助"；既能"乐人"，也能"乐己"；既是在帮助他人、服务群众、贡献社会，也是在传递爱心、宣扬文化、传播文明，对于促进社会的进步与稳定具有重大意义。

学习目标

知识目标

- 了解志愿服务的内涵和特征，掌握志愿服务的原则和类型。
- 知道成为一名志愿者需要提高哪些自我修养。
- 了解成为注册志愿者的基本条件，熟悉志愿者的权利与义务，认知志愿者的精神，了解志愿者的奖励机制，了解参与志愿服务需要做的准备工作。

素质目标

- 明白志愿服务的意义，并能在日常生活中自觉提高自身的修养，为参与志愿服务做好准备。
- 在日常生活中，自觉践行"奉献、友爱、互助、进步"的志愿者精神，积极投身志愿服务，为社会贡献自己的力量。

第八章　志愿服务我来做

课堂导入

青年志愿者为战"疫"贡献青春力量

"很多居民都问我,你怎么想着这个时候(新冠肺炎疫情期间)来当志愿者?刚开始我也很难清楚表达自己的想法,直到那天看到媒体采访一位凉山救火英雄,他说'这个时候一定要有人站出来'。对,就是这种使命感!作为当代大学生,疫情发生后,我也必须站出来。"马丽说。

马丽是武昌某学校的大二学生,家住武昌区白沙洲街城南社区。新冠肺炎疫情暴发后,她瞒着父母报名加入了社区志愿者队伍。出生于 1998 年的马丽是城南社区最年轻的志愿者,疫情暴发后,坚守在社区为居民服务。

马丽还主动照看着小区里一位年近 90 岁的"留守爷爷"。由于疫情,老爷爷的家人被困在外地,他自己一个人在家不会做饭。马丽经常帮他"代购",为了让老人营养均衡,还把家里的饺子、肉丸、水果送给他。

马丽的父母经营着一个蔬菜摊位,疫情期间一直坚持营业。为了减少病毒传染风险,马丽的爸爸很少回家。其实,马丽的爸爸也害怕感染,但他更明白附近居民在疫情期间买菜的不容易,大家的基本生活离不开他。正是因为有无数像马丽爸爸这样坚守岗位的平凡人,才最终夺取了武汉保卫战的胜利。

"我也像爸妈一样为城市贡献了一份自己的力量……"马丽坚定地说。

青年抗"疫"志愿者:
为城市贡献力量

【想一想】
(1)你怎么看待马丽说的"我也必须站出来"?
(2)你参加过志愿服务吗?谈谈你对志愿服务的认识。

第一节　志愿服务基础知识

志愿服务不是单方面的施予,也不是只有拥有大量空闲时间并有一定物质基础的人才能参与的,而是每个人都可以参与的一种公益活动,我们要对参与志愿服务工作有一个全面而正确的认识。

175

一、志愿服务的内涵

2017年12月1日，国务院颁布的《志愿服务条例》（以下简称《条例》）正式实施，这是我国第一部关于志愿服务的专门性法规。《条例》明确指出，志愿服务是指志愿者、志愿服务组织和其他组织自愿、无偿向社会或者他人提供的公益服务。志愿者可以参与志愿服务组织开展的志愿服务活动，也可以自行依法开展志愿服务活动。志愿服务组织以外的其他组织可以开展力所能及的志愿服务活动。城乡社区、单位内部经基层群众性自治组织或者本单位同意成立的团体，可以在本社区、本单位内部开展志愿服务活动。

志愿服务主要包含以下三个方面的含义。

（一）志愿服务是一种由内在的精神动力所支持的活动

在社会上，有这样一群人，他们无怨无悔地牺牲自己的休息时间，到社区帮扶别人；他们放弃城里的优越生活，远赴西部大山深处教书育人；他们以奉献为乐，到大型社会活动场所维护活动秩序。他们有一个共同的称谓——志愿者！

志愿服务并不是一种简单的服务工作，它是志愿者在志愿精神的感召下，主动地、自觉自发地开展的社会服务工作。按照联合国志愿人员组织对志愿者精神的理解，可以对志愿精神进行如下解读：志愿精神是一种在自愿的、不计报酬或收入的条件下参与推动人类发展、促进社会进步和完善社区工作的精神，是公众参与社会生活的一种重要方式，是个人对生命价值、社会、人类和人生观的一种积极态度。

无私奉献的志愿精神是志愿服务的精神内核。正是在这种强大的内在精神动力的支撑下，志愿者们志愿贡献个人的时间、精力等，在不谋求任何物质报酬的情况下，从事社会公益与社会服务事业，把关怀带给社会，传递爱心，传播文明，给社会以温暖。

★ 榜样故事

坚守讲台20年　激励边疆少年走向广阔世界

2000年8月，我们十几个同学响应党中央西部大开发教育对口支援的号召，怀着为祖国边疆教育事业献身的决心，辗转五天四夜来到新疆且末，站到了且末县中学的讲台上。

这一站就是20年。20年来，每到初春，我们都会与学生一起扛起铁锹、坎土曼（一种铁制农具）走进沙漠，把一棵棵被风刮倒的小红柳、梭梭苗扶好，重新培土，栽埋防风沙的芦苇丛并种下新的红柳和梭梭。

劳作间隙，我和学生们爬上高高的沙丘，围坐在一起。"老师，您是从河北来的，河北什么样啊？""老师，您去过北京吗？看到天安门了吗？爬上长城了吗？"……孩子们总是叽叽喳喳问我许多问题。我知道，这一串串小小的问号，就是孩子们对大漠之外世界的好奇与向往。"我们的祖国很大很美，等你们长大了，一定要去走一走、看一看！"我回答。

20年光阴荏苒，我已经当了15年班主任。阿斯古丽曾发信息给我，说特别怀念高中生活，尤其怀念我带她做的心理辅导活动，给她留下受用至今的财富：那次"花开应有时"心理辅导课让她学会处理情感、避免陷入早恋漩涡；"人生长宽高"活动让她直观地感受到生命的短暂、不敢再有懈怠……最令我欣慰的是，我用自己的劳动陪伴了五届近六百名高三学生从塔克拉玛干沙漠上的边陲小城走向更广阔的世界。

我想，我们就是大漠中的育林者，用自己辛勤的耕耘和劳动，把如红柳和胡杨种子一般的知识，播撒在每个孩子心灵深处。我愿用自己的劳动，激励更多的孩子走出沙漠，创造别样精彩的人生。

（二）志愿服务是一种非营利性的活动

《条例》明确规定，志愿服务组织是指"依法成立，以开展志愿服务为宗旨的非营利性组织"。志愿服务组织是非营利性的，不同于那些以营利为目的的组织。志愿服务组织是以志愿服务为宗旨的，也不同于那些不是以志愿服务为宗旨的非营利组织。在志愿服务组织的形式方面，《条例》明确："志愿服务组织可以采取社会团体、社会服务机构、基金会等组织形式。"

虽然志愿服务不追求经济报酬，但并不意味着组织的运转不需要资金方面的支持。事实上，现代志愿服务组织和机构要实现发展和维持运转，离不开充足的经费支撑。但志愿服务组织和机构不能违背志愿精神的本质，不能以营利为目的，更不能从自己的服务对象中收取经济方面的回报。

（三）志愿服务是一种有组织的社会公益服务

志愿服务不仅仅是一种做好事和助人为乐的简单活动，而是一种系统地、有组织地、自愿地开展的社会公益服务。它作为社会建设和社会管理的重要组成部分，弥补了政府、市场和个人力量的短板，起到了加强国家和个人相互联系的桥梁作用。

总的来说，志愿服务就是由内在志愿精神所支撑的，由自愿自觉的内部动机所指引，利用个体知识、技能、体能或财富服务社会，不计外在报酬、奖励的一种非营利、公益性活动。《条例》中提到："国家鼓励和支持国家机关、企业事业单位、人民团体、社会组织等成立志愿服务队伍开展专业志愿服务活动，鼓励和支持具备专业知识、技能的志愿者提供专业志愿服务。"

二、志愿服务的特征

志愿服务有志愿性、无偿性、公益性和组织性四个基本特征，其特征的精髓是奉献精神。奉献意味着无偿，不计报酬地为他人、为社会服务，具有奉献精神的人通常也自发自愿地参加志愿服务。

（一）志愿性

志愿服务必须是个人自愿参加的。这个自愿是主动的而不是被动的，是自觉的而不是被迫的。相关组织可以通过各种方式动员志愿者，但应该让每个志愿者都在没有任何压力的情况下自愿投入志愿服务。强制参与、强制"奉献"、募集摊派或变相摊派、对志愿者进行单位化管理等，都不符合志愿服务活动的志愿性原则。

武汉抗"疫"志愿者工作实拍

可以想象，如果志愿服务不是每个人都自愿参加的，而是在某些组织或个人的强迫和压力下参加的，其社会意义就会大打折扣。被迫参与到志愿服务之中的人员不是真正意义上的志愿者，他们即使参加了志愿服务活动，也很难持续发挥积极的作用。

（二）无偿性

无偿性是指志愿服务属于无偿行为。志愿服务的提供者从事志愿服务行为，不得向志愿服务对象收取或者变相收取报酬，包括金钱、物质交换或礼物馈赠等形式。但是，志愿服务组织为志愿者提供交通补贴和午餐补贴等并不影响志愿服务的无偿性。

（三）公益性

公益性是指志愿服务必须指向公共利益。根据志愿服务的公益性，营利行为不属于志愿服务，偶发的帮助行为、基于家庭或友谊的帮助行为、仅仅针对特定个人的帮助行为和互益互助的行为也不属于志愿服务。

对服务活动的组织者来说，志愿服务不应该被用来达到公益服务以外的目标，如经济目标，否则就会损害志愿服务者的动机。

对志愿服务者而言，在提供志愿服务时，应该始终坚持以利他和公益为基本目标，不能私自进行工作计划以外的服务内容。例如，志愿者不得向服务对象做宗教传道的工作，不得在活动时间内宣传与公益活动无关的事物。

（四）组织性

仅凭孤立的热情、爱心、体力，我们往往无法回应复杂的社会需求。志愿服务具有组织性，可以采取社会团体、社会服务机构、基金会等组织形式开展志愿服务，可反映行业诉求，推动行业交流，促进志愿服务事业发展。

志愿服务组织的不断涌现对促进志愿服务活动广泛开展，推进精神文明建设、推动社会治理创新、维护社会和谐稳定发挥了重要作用。志愿服务组织已成为现代社会从事志愿服务最重要的主体。

> **拓展阅读**

专业志愿者组织，新冠疫情中的"英雄"

在战"疫"志愿行动中，专业志愿力量体现了自己的价值。

2011年以来，壹基金本着属地救援的策略，在全国19个省份建立起社会组织协同救灾机制。2020年1月22日，壹基金迅速启动响应机制，在筹备一线医护和执勤人员的防护物资、检测试剂盒、医疗设备，以及社区防疫和公众在线问诊等方面持续发力，同时联合湖北省内各市县的公益组织，深入当地进行志愿服务。

据统计，截至2020年2月16日，壹基金联合救灾项目中，在湖北省内参与疫情防控的志愿者达1 200人。而当外部力量难以进入当地时，这些熟悉本地情况、了解社区需求的当地志愿者成了志愿服务中非常重要的一环。

基金会长期协作的企业联合救灾和应急救援机制也发挥了效用。他们迅速在当地政府的领导下开展工作，将企业提供的纯净水、安心裤等物资，以及免费的物流运输服务，第一时间用在救援服务中。

中国蓝天救援队（中国民间专业、独立的纯公益紧急救援机构，成立于2007年）也出现在疫区一线。淄博市蓝天救援队副队长李华此次带队总计21人，前往武汉执行任务，其中一部分人负责物资搬运，还有一部分人负责消杀任务。参与过上百次救援任务的李华，曾于去年接受过核放生化危机应对培训，在这次志愿服务中起到了很大作用。

三、志愿服务的原则

《条例》明确指出，开展志愿服务，应当遵循自愿、无偿、平等、诚信、合法的原则，不得违背社会公德、损害社会公共利益和他人合法权益，不得危害国家安全。

具体而言，志愿服务应当遵循以下原则：

（1）自愿性原则。志愿服务必须是志愿者自愿参加的。这个自愿是主动的而不是被动的，是自觉的而不是强迫的。

（2）公益唯一性原则。志愿服务不应该被当成达到其他目的的手段。

（3）非牺牲原则。不要求志愿者或者公益机构一定要以牺牲和剥削自己的形式来实现公益行为和目标。

（4）量力而行原则。志愿者服务要从实际出发，根据自身人力、财力、物力条件允许的程度来开展工作。

（5）平等原则。在志愿服务活动中，志愿者应平等对待受助对象，不应有"施予"的心理和"救世主"的态度。

（6）效率原则。志愿者的付出是非常稀缺而宝贵的公益资源，在志愿服务活动中要注重效率。

（7）安全性原则。志愿服务是一种奉献行为，但是不需要牺牲，志愿者要行有余力地参与，在服务过程中注意自己的安全。

（8）非商业化原则。公益活动很少能脱离商业化的影响，但公益活动必须把握商业化和公益活动结合的度的问题。

（9）尊重、宽容和包容原则。志愿服务活动的参与者把爱给予他人的同时，其实更应该把这样的爱给予自己的同伴。大家在活动中应该相互理解、相互尊重、相互包容。

四、志愿服务的类型

志愿服务主要领域包括扶贫济困、助老助残、社区服务、生态建设、大型活动、抢险救灾、社会管理、文化建设、西部开发、海外服务等，具体可以分为以下三大类：

（1）以国家政策为导向的志愿服务，如大学生志愿服务西部计划、大学生志愿服务苏北计划等。这类志愿服务以项目为周期，时间较长，往往需要参与者具备一定的资格条件。

（2）由政府职能机构、事业单位（如学校）等组织的官方志愿服务，如奥运会、世博会、亚运会等。这类志愿服务主要以活动、会议为载体，涉及面广，持续时间短，参与者多为临时招募。

（3）由民间自发组织开展的志愿服务，如自然之友、地球村、绿家园志愿者等。这类志愿服务面向不同的群体，专业性较强，参与有一定门槛，持续时间也较长。

筑梦同行：2022 北京冬奥会志愿者全球招募

第二节 志愿者自我修养

志愿者是一个没有国界的名称，指的是在不为任何物质报酬的情况下，为改进社会而提供服务、贡献个人的时间及精神的人。志愿者也叫义工、义务工作者或志工。他们致力于无偿地为社会进步贡献自己的力量。

一、服务心态——志愿者的三种动机

为什么要做志愿者？志愿者参与志愿服务活动的动机可以分为三类：
- 第一类是自我取向，参与者看重个人学习与成长，期望获取个人内在的满足感。
- 第二类是人际取向，参与者看重他人和团体的影响，他们的目的是结识朋友，获得他人的肯定。
- 第三类是情境取向，他们参与志愿服务是为了回应社会责任，并获得社会的认可。

第八章 志愿服务我来做

探究与分享

有的学生为了增加阅历去做一些大型会议和活动的志愿者，有的学生为了提高自身选择去支教，也有大学生为了奖学金评定、出国机会等在网上购买暑期志愿服务证明。

你身边的人参加志愿服务活动的动机是什么？动机不同对服务效果有影响吗？为什么？

二、自我期待——志愿者的五层境界

做志愿者要达到哪种境界？做志愿者有五层境界：

- **第一层**：帮助别人，快乐自己。在帮助别人后，看到别人获得快乐，自己也因此变得快乐。这是初为志愿者最深、最直接的感受。
- **第二层**：身为志愿者，心是志愿者。不论身在何处，不管人到哪里，离开了服务场所也时刻关注身边需要帮助的人，为他们提供帮助，服务社会。
- **第三层**：传递爱心，传播文明。把关怀带给社会，传递爱心，传播文明，让这种"爱心"和"文明"从一个人身上传到另一个人身上，最终汇聚成一股强大的社会暖流。
- **第四层**：发动社会，服务社会。用自己的影响力发动尽可能多的社会成员来关心需要帮助的人，进而关心我们整个社会。
- **第五层**：生命不息，奋斗不已。愿意将公益作为自己一生的事业，立志把自己有限的生命投入无限的为人民服务中去。

我在武汉战疫情：因走错车厢滞留武汉的大连小伙儿

探究与分享

小丽：志愿活动实在是一件有魅力的事情。我一开始只是想去赚学分，可能是因为我极幸运地一直拥有着爷爷、奶奶、外公、外婆的陪伴，对老人家们有一种天然的亲近感，与杨奶奶聊天时，尽管连理解她的方言都颇为困难，却能感到一种踏实与快乐。

小朱：有一天，我突然发现认识很久的朋友一直在默默宣传反诈骗知识，并为有需要的人提供法律方面的帮助。他是一个默默无闻的志愿者，当他听到我问他为什么要做这些事时，他没有直接回复，只是说："我觉得有意义，还的确能帮助别人。"

我对做志愿者的期待：_____
_____
_____

三、自我提高——志愿者应有的素质

对于服务对象，要有爱心、有耐心、言而有信、善于聆听、保守对方的隐私。

对于志愿工作，要善用时间、灵活多变、积极主动、有责任心、知难而进，认真履行服务承诺、尽职尽责地完成工作。

对于志愿团体或机构，要服从上级安排、虚心听从组织意见、富有团队精神、诚实守信。

探究与分享

> 有人认为，做志愿服务很简单，准点上岗、态度好就可以了。你认同这种观点吗？为什么？

第三节 积极参与志愿服务

一、志愿者的基本条件

2013年11月，共青团中央、中国青年志愿者协会颁布新修订的《中国注册志愿者管理办法》。其中，对注册志愿者的基本条件做了如下规定：

（1）年满十八周岁或十六至十八周岁以自己劳动收入为主要生活来源者；十四至十八周岁者，须经其法定代理人同意；未满十八周岁的在校学生申请注册的，按所在学校有关规定办理。

（2）具备参加志愿服务相应的基本能力和身体素质。

（3）遵守国家法律法规和注册机构的相关规定。

Get小技能

如何在网上注册成为志愿者？

2017年，全国志愿服务信息系统（以下简称"信息系统"）已通过民政部验收，正式上线，为实现志愿服务数据信息的互联互通、共享使用提供了便捷平台。

通过信息系统，社会公众可以便捷地注册为志愿者参与志愿服务；志愿者可以参与自己感兴趣的志愿团体和项目，记录、转移、接续自己的志愿服务时间；志愿服务组织可以按照规范的流程发布项目、招募管理志愿者、开展服务，实现供需有效对接；党政管理部门可以全面了解志愿服务情况、开展数据决策分析。

二、志愿者的权利与义务

（一）志愿者的权利

（1）参加志愿服务活动。

（2）接受相关的志愿服务培训，获得志愿服务活动真实、必要的信息。

（3）获得从事志愿服务的必需条件和必要保障。

（4）优先获得志愿者组织和其他志愿者提供的服务。

（5）对志愿服务工作提出意见和建议。

（6）相关法律、法规、政策所赋予的权利。

（7）可申请取消注册志愿者身份。

（二）志愿者的义务

（1）遵守国家法律法规及团组织、志愿者组织的相关规定。

（2）每名注册志愿者根据个人意愿至少选择参加一个志愿服务项目或活动，每年参加志愿服务时间累计不少于 20 小时。

（3）履行志愿服务承诺，完成志愿服务任务，传播志愿服务理念。

（4）自觉维护团组织、志愿者组织和志愿者的形象。

（5）在志愿者职责范围内，自觉维护服务对象的合法权益。

（6）自觉抵制任何以志愿者身份从事的营利活动或其他违背社会公德的活动（行为）。

（7）依法应当承担的其他义务。

三、志愿者精神

志愿服务有着重要的价值，对个人与社会的发展起到了非常大的促进作用，志愿服务的精神概括起来就是奉献、友爱、互助、进步。

（一）奉献

"奉献"即不求回报地付出。奉献精神是高尚的，是志愿服务精神的精髓。志愿者在不计报酬、不求名利、不要特权的情况下，参与推动人类发展、促进社会进步的活动，这些都体现着高尚的奉献精神。

支教女孩赵小亭

（二）友爱

志愿服务精神提倡志愿者欣赏他人、与人为善、有爱无碍、尊重他人，这便是友爱精神。志愿者之爱跨越了国界、职业和贫富差距，是没有文化差异、没有民族之分、没有收入高低的平等之爱，它让社会充满阳光般的温暖。

武汉"医护专车"司机中的"90后"女孩

（三）互助

志愿服务包含着深刻的互助精神，它提倡"互相帮助、助人自助"。志愿者凭借自己的双手、头脑、知识、爱心开展各种志愿服务活动，帮助那些处于困难和危机中的人们。同时，志愿者以互助精神唤醒了许多人内心的仁爱和慈善，使他们付出所余，持之以恒地真心奉献。

（四）进步

进步精神是志愿服务精神的重要组成部分，志愿者通过参与志愿服务，使自己的能力得到提高，同时促进了社会的进步。在志愿活动中，无处不体现着进步的精神，正是这一精神使人们甘心付出，追求社会和谐之境的实现。

拓展阅读

志愿者誓词

我愿意成为一名光荣的志愿者。我承诺：尽己所能，不计报酬，帮助他人，服务社会，践行志愿精神，传播先进文化，为社会进步贡献力量！

四、志愿者标识与志愿者日

注册志愿者标识（通称"心手标"，见图 8-1）的整体构图为心的造型（红色），又是英文"Volunteer"的第一个字母"V"，图案中央是手的造型（白色），也是鸽子的造型。标识寓意为中国志愿者向社会上所有需要帮助的人们奉献一片爱心，伸出友爱之手，表达"爱心献社会，真情暖人心"和"团结互助、共创和谐"的主题。

图 8-1　注册志愿者标识

每年 3 月 5 日是中国青年志愿者服务日，12 月 5 日是国际志愿者日。

五、激励和表彰

星级认证制度由省级团委、志愿者协会组织实施。注册机构负责具体认证工作，根据志愿者注册后参加志愿服务的时间累计，认定其为一至五星志愿者。星级志愿者认定后，可由相关注册机构在其注册证上进行标注，并佩戴相应标志。

（1）志愿者注册后，参加志愿服务时间累计达到 100 小时的，认定为"一星志愿者"。

（2）志愿者注册后，参加志愿服务时间累计达到 300 小时的，认定为"二星志愿者"。

（3）志愿者注册后，参加志愿服务时间累计达到 600 小时的，认定为"三星志愿者"。

（4）志愿者注册后，参加志愿服务时间累计达到 1 000 小时的，认定为"四星志愿者"。

（5）志愿者注册后，参加志愿服务时间累计达到 1 500 小时的，认定为"五星志愿者"。

同时，共青团中央、中国青年志愿者协会定期组织开展中国青年志愿者优秀个人奖、组织奖、项目奖评选表彰活动。

六、参与志愿服务须知

暑假期间，不少大学生会选择参与社会实践，参与志愿服务。首先，学生应首选社会和学校认可的志愿服务平台，避免上当受骗。

其次，不同的志愿服务项目对志愿者的要求不同。在选择具体志愿服务项目时，学生应适当结合自己的特长或专业，或选择那些重视志愿者培训工作的志愿组织，做好充足的心理准备和技能准备。

例如，深入农村的志愿者必须参加组织培训与学习，了解农村的相关法律、法规、习俗和农业知识；到边远地区支教的志愿者必须学习教学方法、沟通技巧，掌握除专业之外的广泛的知识和技能；走入社区提供社区服务的志愿者，不能将自己的服务定格在具体的形式和具体的内容上，必须创造出丰富多彩的服务以满足社区不同人员的需求；向社会弱势群体伸出援手的志愿者，必须了解并熟悉当地的孤儿院、敬老院的情况，到伤残人士、生活有困难的人家中去，必须想其所想，运用自己所掌握的服务技能提供最贴心的服务。

最后，在参与志愿服务的过程中，应秉承志愿者精神，全身心地投入志愿服务活动，坚守岗位，认真负责，积极主动，热心、细心、耐心地为服务对象提供服务，为社会贡献自己的力量。

榜样故事

志愿者把"专业技能"捐赠到战"疫"中

疫情是一场特殊的"大考"。它残酷而真实地反映出社会方方面面的"知识"积累，也倒逼所有人拿出快速学习的能力去面对未知的"题目"。

在这场"考试"里，志愿服务展现出了巨大力量。无论是积累多年救援经验和协同网络的社会组织，还是医学专家、心理咨询师、医学生等有专业技能的个体，都将"专业技能"作为一种特殊的物资，"捐赠"到了防控疫情的战斗中。

"多一分不为什么的坚持"

罗雯是嘉兴学院南湖学院 2019 级护理专业毕业生，2019 年春节期间，正在家乡四川眉山准备考研复试。2020 年 1 月底，她接到了团眉山市委的志愿者招募电话。23 岁生日那天，这位高高瘦瘦的姑娘生平第一次把自己装进了闷热的防护服。

罗雯站在四川大学华西医院眉山医院的车辆入口处，不管刮风下雨，严格对每一个进入医院的人进行预检分诊、测量体温、询问流行病学史，这是医院的第一道防线。春节假期，每天来医院的车辆数以千计，罗雯和医院的工作人员常常一站就是5个小时，一直询问，还不能喝水，因为上厕所会浪费防护服。

罗雯每天早上6点半起床，再坐40分钟的公交车到医院上岗。她说："让我捐钱捐物资不行，我没什么财力，但是作为医学生，国家培养我这么多年，这个时候就该去尽一分力。"医院门口的保安夸她有觉悟时，她想起之前一位老师说过的话，你需要"多一分不为什么的坚持"。

用专业能力进行志愿服务的大学生不只罗雯一个人

成都体育学院英语专业大四学生钟珊因身患残疾腿脚不便，无法出门做志愿服务。2020年2月初，依托成都翻译协会，钟珊找到了用武之地：每天从事疫情方面的涉外宣传、涉外医学资料、涉外人员对接等中英翻译、校对工作。

沈阳医学院临床医学专业大五学生方豪阳也在眉山医院普通门诊做预检分诊工作。由于之前人工排号有时会叫错顺序，患者情绪很大，方豪阳就自己设计了一款表格，解决了这一问题。

李珂说，"这些志愿者有一定的专业素养，能在筛查病人、预检分诊中起到实实在在的帮助，有些连续工作好多天，还有需要根据安排临时轮换岗位的，这些'准00后''00后'医学生志愿者都没有任何异议，也没有人抱怨工作累。"

实践活动1

"12·5国际志愿者日"志愿服务活动策划

联合国大会于1985年通过决议，决定从1986年起，将每年的12月5日设为国际志愿者日，以强调志愿者的重要作用，并鼓励更多的人以志愿者的身份开展活动，促进社会发展。

4~6人为一组，以"12·5国际志愿者日"为主题策划一次志愿服务活动，弘扬"奉献、友爱、互助、进步"的志愿者精神，引导和鼓励周围的人积极参与志愿服务。策划时，可以灵活选取活动形式，但要注意结合当地实际情况，使活动策划切实可行。

第八章　志愿服务我来做

过程记录

策划要点：

策划难点及解决方案：

心得体会：

结果评价

教师可参考表 8-1 对学生策划"12·5 国际志愿者日"志愿服务活动的情况进行评价。

表 8-1　"12·5 国际志愿者日"志愿服务活动策划评价表

评价标准	分值	分数小计	教师评价
活动策划契合主题	20		
活动策划完整、考虑全面	30		
活动策划合理、可行	20		
活动策划形式新颖、有创意	15		
个人积极参与策划过程	15		

实践活动 2

奉献、友爱、互助、进步——志愿服务之行

"给予是一种能力，是一种美德，也是一种幸福。"只有当我们真正投身于志愿者工作时，才能体会到"奉献、友爱、互助、进步"的深层内涵，感受到"赠人玫瑰，手有余香"的美好。

请以 1~2 个宿舍为单位（选择一名组长），组织一次志愿服务之行。可以从"实践活动 1"评选出的优秀方案中，选定一个开展志愿服务，也可以根据实际情况重新策划方案开展。

187

过程记录

活动要点：

活动难点及解决方案：

心得体会：

结果评价

组长可参考表 8-2 对小组成员参与"奉献、友爱、互助、进步——志愿服务之行"活动的情况进行评价。

表 8-2 "奉献、友爱、互助、进步——志愿服务之行"评价表

评价标准	分值	分数小计	教师评价
参与活动全过程	30		
积极主动参与志愿服务	20		
达到预期服务效果	20		
能从中体会奉献的快乐	10		
在服务过程中，传递志愿者精神	10		
在服务过程中，表现优秀	10		

第九章 社会实践勤参与

社会实践是学校教育的组成部分，是对课堂教学的补充，更是大学生走出校门、接触社会、了解国情的重要机会和学以致用、锻炼毅力、增长才干的重要渠道。作为新时代的大学生，我们应积极参与社会实践，在实践中受教育、长才干、做贡献，树立正确的世界观、人生观和价值观，努力成长为中国特色社会主义事业的合格建设者和可靠接班人。

学习目标

知识目标

◇ 熟悉假期实习和假期兼职的相关常识和实用技能。
◇ 了解"三下乡"社会实践的内涵和意义，掌握"三下乡"社会实践方案策划的流程。
◇ 熟悉"三下乡"社会实践的安全须知。

素质目标

◇ 能做出符合自身情况的社会实践计划。
◇ 能以积极的姿态面对社会实践活动，在活动中不断历练自己，做到有所学、有所感、有所悟。

课堂导入

大学生化身"电商小能手" 助力贫困村农副产品"走出去"

贵州轻工职业技术学院经济管理系自 2018 年以来，连续两年组织学生团队到贵州省黔东南州剑河县柳川镇乃寿村开展暑期"三下乡"志愿活动，成功帮助那里的农副产品"走了出去"。

俗话说得好，"授人以鱼不如授人以渔"，作为团队负责人的张旭梁同学表示，来学校的目的就是学会"渔"，然后为村民们带去自己学到的"渔"。他们利用自己电子商务专业的优势，通过农村电商和远程在线教育等模式帮助乃寿村打赢了脱贫攻坚战——入户开展精准扶贫调研，摸清农民的规划意愿并进行实地踏勘，为"云上乃寿"电商平台的构建提供基础数据，帮他们开设并运营线上网店、宣传农产品，用实实在在的行为助力乃寿村科技脱贫！

子曰："工欲善其事，必先利其器。"他常说只学好文化知识是远远不够的，想要成为一个优秀的大学生，还必须具备丰富的社会实践经验。

【想一想】
（1）社会实践是什么？包括哪些形式？什么形式的社会实践对大学生更有用？
（2）你参加过什么样的社会实践？社会实践的经历对你有何帮助？

第一节 假期实习

假期实习，顾名思义，是利用假期时间参与实践，在实践中学习。假期实习是大学生积累社会经验的重要途径，它既能够提高大学生对专业、社会的认识，又能培养学生基本职业素养。大学生应充分把握在校期间的实习机会，积极实践，大胆尝试。

一、假期实习指南

实习是学习与就业之间的一个重要环节，好的实习经历能为在校的学习交出一份满意的答卷，同时也可为将来的就业热身，打好"预备战"。

（一）获取实习信息

我们可以从以下渠道获取实习信息：

（1）学校公告栏。学校附近的企业或者公司通常会把招聘信息以纸质文稿的形式张贴在学校公告栏，或者通过学校网络平台发布招聘信息。有假期实习意向的学生可关注学校公告栏和网络平台获取实习信息，筛选出合适的实习单位。

（2）各地方人社局。各地的人社局每年都会有相应的政策支持大学生假期实习。人社局提供的用人实习单位不仅类别丰富，而且十分正规，大学生可以关注各地方人社局网站，获取实习信息。

（3）各大企业官网。一般来说，临近寒暑假，各大企业会在其官网上发布大学生实习招聘公告。有意向的学生可以多留意各大企业的官网，寻找适合自己的假期实习。

> **注意**
>
> 为防止被骗，大学生在找实习机会时，应特别注意以下方面：
> （1）求职前了解相关劳动法规和政策。
> （2）确保职位信息获取渠道可靠。
> （3）充分了解企业信息。
> （4）认真确认面试时间、地点，约伴同行。
> （5）拒交任何名义的费用。
> （6）谨慎签订实习协议。实习协议中应当写明薪资、实习期限、终止协议的相关条款。如果用人单位违约，可以将协议作为证据提起劳动仲裁，以维护自身合法权益。

（二）结合自身专业或兴趣选择实习岗位

大学生在选择假期实习岗位时，应在充分认识自我的基础上，尽量选择与自己专业相匹配或感兴趣的岗位，这样不仅可以发挥自身优势，学以致用，还可以挖掘自身蕴藏的潜力，为将来就业积蓄能量。

在具体做选择时，我们要摆正心态，客观认识、分析自己的专业知识、沟通技能、思维能力及自身性格、兴趣等，判断实习岗位是否能够提高自身能力和素质，进而选择适合自己的实习岗位。

> **温馨提示**
>
> （1）在实习单位方面，一般成熟的企业会有完备的管理流程和鲜明的企业文化，可以提升实习者的职业素养。而发展中的中小型公司虽然在管理方面不够成熟，但是实习者可以在职业能力上得到较大的提升。
> （2）对于实习报酬，要结合自身实际情况，具体问题具体分析，在劳动报酬和自我提升之间做好权衡。如果实习岗位对自身发展有很大的促进作用，可以考虑以提升自我为主，不计报酬。

（三）在实习中探索个人职业定位

假期实习是我们探索个人职业定位的好机会。在假期实习过程中，我们在做好实习岗位本职工作之余，要主动总结对应岗位的核心能力要求，观察对应职位的上升空间，了解所处行业的发展前景，并以此为参照，分析自己是否适合该岗位或该行业，判断是否需要调整自己的职业定位。对于无清晰职业规划的同学，可以通过实习，探索职业兴趣所在，定位职业发展方向，合理规划职业生涯。

拓展阅读

大学生选择实习　有人看平台，有人注重机会

如今，很多大学生在选择实习时，不再只考虑薪资高低，兴趣、平台和经验等都是他们考虑的因素。

期待提高自我，坚持兴趣至上

在四川一所高校读硕士研究生二年级的潘微微本科专业是电子商务，硕士研究生所学专业是市场营销，她选择了一份与自己所学专业完全不对口的实习岗位——人力资源。"我对人力资源比较感兴趣，希望在工作中接触到不同的人和事，所以在选择实习的时候我就留意了有人力资源岗位的公司。"

从一开始的不熟悉到后来的熟能生巧，潘微微发现许多学科都是融会贯通的。在她看来，大学生可以根据自己的兴趣爱好选择实习岗位，积累不同领域的经验，确定自己与理想岗位的匹配度。在人力资源岗位实习之后，她总结出了自己的一些经验："虽然以后我也不能确定自己是否从事这份职业，但是在这里实习让我对未来应聘有了一些经验，知道用人单位看重应聘人的哪些素质，我觉得这一点很重要。"

看重实习平台，注重资源与机会

在成都一所高校读大三的余婧文，目前已有过3次实习经历。从大一开始，她就决定毕业直接找工作，她对实习的选择也有着明确的目标。"我主要是根据自己未来的就业方向来选择实习岗位，比较看重公司的平台和行业的前景。大公司的实习比较有含金量，写在简历里比较好看，而且在大公司会拓宽整个人的视野和格局，能够接触更多更好的资源，可以为以后的工作打下良好的根基。"

余婧文在选择实习时首选世界500强企业，并且会根据行业的发展和公司的近况对实习的平台和岗位进行评估，再结合自身的情况最终敲定实习意向。

在多次实习中找寻方向

在上海一所高校读大三的沈月有过3次实习经历。大二寒假，她找到了自己的第一份实习工作，实习单位是一家传统媒体；大二暑

艰难蜕变
努力收获更好的自己

假，她去了一家互联网初创企业，做亲子类社交平台的内容输出工作；大三期间，她换了一家有名的互联网公司做运营工作。从传统媒体到新媒体，选择的变化，得益于沈月自身在工作中的不断探索。

阶段不同，需求不同

浙江理工大学的辅导员侯霞表示，频繁换实习的同学比较多见。她将同学们在大学不同阶段对实习态度的转变，归于学生在知识掌握和未来道路选择上的变化。"我经常遇到一些大一的同学，找实习的唯一要求就是'兴趣'，只要是新奇的、有趣的工作，同学们都跃跃欲试，但他们对实习没有明确的认识。到了大二、大三，实习与学分挂钩，更多同学通过实习寻找适合自己的职业。大四的学生对实习的选择则与他们未来要从事的工作具有高度吻合性，他们会通过实习积累工作经验或在实习中寻找转正的机会。"侯霞说。

（四）在实习中提高自身综合能力

进入企业实习后，大学生要尽快地完成从学生到工作者的身份转变和思维转变，不断提高自己的综合能力。

首先，要清楚工作是结果导向的。客户需要的是成果，工作评估的也是成果，过程中无论做了多少事，只要没有达成目标都不算完成工作。如果没有产出成果，必须主动协调资源，推动问题解决。

其次，要分清事情的轻重缓急，合理安排时间。在工作中，应学会按轻重缓急划分工作，有重点、有层次、有条不紊地开展工作，不清楚手里的工作孰轻孰重时，要及时向上级领导反映或请示。

再次，切勿手高眼低，好高骛远。对于工作内容切勿眼高手低，要以积极主动的态度认真对待接到的每一个任务，在规定的时间内保质保量地完成工作。

最后，还要注意如何进行有效沟通、与同事和谐相处等问题。

探究与分享

你选择实习时，比较看重什么？为什么？

二、假期实习实务

（一）实习初期

1. 熟悉环境，不做局外人

实习开始后，尽快熟悉环境，除了自己部门的业务内容，还要大致了解其他部门的情况。学习使用打印机、扫描仪等办公设备。

193

2. 搞清业务关键词

对领导、同事提及的专业名词，做到心中不留疑，第一时间请教他人或查阅相关资料，明白其所指。

3. 多听、多想、多学

凡事多留心，多问为什么，同时还要学会自学，特别是通过看报告、旁听会议等各种渠道尽快了解工作内容及业务流程。

（二）实习中期

1. 以正式员工的标准要求自己

经过初期学习，增强岗位适应性、完成转变角色后，应建立对企业的忠诚度，把自己当成一个有工作责任感的职场人，以正式员工的标准严格要求自己，积极承担工作。

2. 做事靠谱、有章法

在实习期间，应尽力展现良好的自我素养，做到工作事事有安排、件件有回应。对复杂的工作任务，及时汇报工作进度，遇问题先想解决办法再寻求帮助，按时保质保量完成工作。

3. 多总结，多反思

在工作中，要学会回顾工作、总结经验、思考不足。对简单的工作，思考如何提高工作效率；对复杂的工作，反思如何确保高效与高质量并举；对重要的工作，认真思考重点环节是什么，如何避免出错，如何改进，如何更好地应对突发状况等。

⚙ Get小技能

如何成为优秀的实习生？

让领导做选择题，而非解答题

如果领导要求你策划一场宣传活动，你最好不要让领导做解答题，活动的具体细节等琐碎东西不要麻烦领导来确定。领导都喜欢做选择题，你应提前做好活动的多个预案，向领导汇报各个预案的优缺点，让领导来选择执行哪一个。

不要找各种借口

刚开始实习时，因为不熟悉业务难免会出问题。但要注意，出现问题时不能找各种借口推脱责任。如果说完成不了工作是能力问题，那么找各种借口来推脱责任就是态度问题了。这样会给人留下一个特别糟糕的印象。

多做事，少说话

我们要时刻提醒自己来实习的主要目的是提升自我，明白公司招聘你的目的是希望你为公司做出一定贡献，做到在工作期间把精力放在做事上。

> **提高工作的主动性**
>
> 对于实习生，公司一般不会安排太多事情。我们在完成自己的工作后，要主动观察或开口询问周围的人是否需要帮助，这样才能在实习中真正有所学、有所悟、有所提高。

（三）实习结束

1. 实习单位出具实习鉴定

大学生假期实习属于短期实践，在自身得到锻炼的同时，切记让用人单位出具《实习鉴定》。《实习鉴定》应写明实习岗位、岗位描述、实习过程中完成的工作或项目、工作评价等。

2. 总结实习，自我诊断

经过实习，大学生对工作岗位、行业发展、自身发展有了一定新的认识后，应及时进行自我诊断，总结实习中的问题和收获，反思自己在哪些方面仍需要提升，为更好地完善自我、提升自我做好铺垫。

3. 保持联络，获取有效信息

大学生通过实习，在积累经验的同时，可以建立个人资源库，为求职就业做准备。如果有意毕业后到实习单位求职，可根据自身情况申请适当延长实习时间。离开实习单位后，继续保持与单位同事的联络，及时了解业务发展，第一时间获得相关招聘信息。

第二节　假期兼职

假期兼职是指大学生在不脱离学业的情况下，利用业余时间从事其他工作职务，既可以锻炼自己、增加生活体验、丰富大学生活，又可以挣取一定的生活费，是一种较为常见的社会实践形式。

一、假期兼职陷阱

大学生获取兼职信息的一般方式为熟人介绍、网上查询、招聘公告、传单等，形式多样，鱼龙混杂，故在选择假期兼职时，大家应擦亮眼睛，谨防落入各种"陷阱"。

（一）传销陷阱

目前，不少传销组织打着"连锁销售""特许经营""直销"

兼职"网络消费陷阱"揭秘

195

"网络消费陷阱"等幌子，或以"国家搞试点""响应西部大开发号召"等名义诱骗大学生参与传销活动。在形式上，传销组织也由此前的发展"下线"改为"网上营销"方式，打着"电子商务""网络直销"等旗号利用互联网进行传销，其违法活动更加隐蔽，传播范围也更为广泛。

支招

注意核查兼职企业是否正规。大学生在找假期兼职时，要注意看对方是否有正规执业牌照。为保险起见，可以私下进一步核实。

了解企业的运营模式，注意企业的关注点。面试时，要对公司的营业运作模式进行判断，看是否存在虚假状况，如果企业或公司在面试过程中，表现出对你的交友、家庭情况等比对职业技能、实习经历更感兴趣，要有所警惕。

警惕需缴纳入门费或邀请成员获得报酬的情况。在寻找假期兼职过程中，一旦对方要求缴纳一笔入门费或者要求发展其他成员加入从而获得报酬的，要警惕其是否为传销组织。

警惕突然联系你的亲友、同学。很多传销都是通过亲朋好友或同学进行的。如果有长期没有联系的亲友、同学突然联系你，邀请你去异地找工作，或者有其他异常行为，要提高警惕。

面试发现异常时，沉着应对，切勿慌张。在面试时，若察觉有异常，不要慌张，可以利用上厕所、学校有事等借口先行离开，以保证自身安全。如暂时无法脱身，切勿慌张或与对方发生正面冲突，应保持冷静，在保护自我的前提下寻找机会离开或报警。

（二）培训陷阱

目前，一些骗子公司和一些培训机构联手，招聘时以"先培训，拿证后上岗"为由骗取求职者培训费、考试费、证书费等各种费用。实际情况往往是，经过一段时间的培训、参加完考试后，公司便不知去向，或被告知"很遗憾，考试未通过，不能上岗"。大学生为了增加兼职机会，往往考虑参加培训拿到证书，从而掉入陷阱。

支招

遇到需要培训上岗的公司时，要先了解培训机构是否正规，在网上查看之前参加培训的学员的评价，评估培训的质量，再决定是否参加培训。

（三）"押金"陷阱

一些用人单位声称为了方便管理，向应聘者收取一定数额的押金或保证金，并承诺工作结束后退还，然而工作结束时学生只能领到工资，保证金却不见了踪影。更有甚者，在学生交过钱后说职位暂时已满，或者说暂时没有工作可做，要学生回去等消息，接下来便再也没有消息了。

国家人事和劳动部门明文规定，用人单位不得以任何名义向应聘者收取报名费、考试费等，对于员工的培训费用，应当从企业成本中支出。很多学生求职时不了解相关规定，又求职心切，往往会落入陷阱。

支 招

（1）提前了解相关法律法规，在对方谈到押金时要提高警惕。

（2）应聘时，要注意看应聘单位的规模，再看负责招聘人员的素质。如果应聘单位只有一张写字台，两把老板椅，建议尽快找借口离开。此时可称自己没带多少钱，或者告诉对方"等我同学来后再商量"，让对方明白你不是孤身一人应聘。然后通过发微信、打电话等方式求助同学，以便在第一时间离开。

（四）"黑中介"陷阱

一些黑中介，抓住大学生缺少社会经验且找工作心切的心理，收取高额中介费后，却不履行承诺，不及时为大学生找到合适的工作。

黑中介的套路往往是不停地拖延，让学生耐心等待，最后不了了之。更有一些中介"打一枪换一个地方"，骗取一定中介费后，就消失得无影无踪。

支 招

大学生找假期兼职时，最好咨询学校的劳动就业服务中心，或者请学校负责联系用人单位。如果必须自己寻找，也要找正规的企事业单位，或找正规的中介机构帮忙联系。

二、兼职劳动关系

以前，对于劳动者的兼职行为，一些司法审判机关会以劳务关系对待，以至于一些劳动者在从事兼职活动时，无法享受社会保险、节假日、最低工资标准等应有的劳动保障待遇。

2008年《中华人民共和国劳动合同法》《中华人民共和国劳动争议调解仲裁法》施行以后，若兼职者与用人单位签订了合同，则认为该兼职属于劳动关系；若双方当事人未签订合同也未达成口头协议，则认为该兼职属于劳务关系。

因此，学生在从事兼职活动时，应仔细了解自己与兼职单位之间的各项权利义务，注重保护自己的合法权益。对于双方之间的法律关系及权利义务，最好能通过书面合同的形式予以确认，避免产生纠纷时自身合法权益受到侵害。

第三节 "三下乡"社会实践

"纸上得来终觉浅,绝知此事要躬行。"从书本上得来的知识终究是浅薄的,只有通过社会实践才能参透其中奥秘。"三下乡"暑期社会实践活动给生活在象牙塔的大学生提供了广泛接触社会、了解社会、增长才学的机会,为培养社会需要的综合性人才提供了渠道。了解"三下乡"、策划"三下乡"、参与"三下乡",有利于大学生树立正确思想观念,衡量人生价值取向,思考人生职业所向,培养社会服务意识。

一、"三下乡"社会实践概述

1996年12月,中央宣传部、国家科委、农业部(现为"农业农村部")、文化部(现为"文化和旅游部")等十部委联合下发《关于开展文化科技卫生"三下乡"活动的通知》。1997年,"三下乡"活动在全国正式开展。

(一)"三下乡"社会实践的内涵

大学生"三下乡"是各高校在暑期开展的一项意在提高大学生综合素质的社会实践活动。活动主要内容是大学生将城市的科技、文化和卫生知识带到发展相对落后的偏远地区,向当地人普及常识、传播知识,以促进农村文化、科技、卫生的发展。

文化下乡的内容包括图书、报刊下乡,开展群众性文化活动;科技下乡的内容包括科技人员下乡,科技信息下乡,开展科普活动;卫生下乡的内容包括医务人员下乡,扶持乡村卫生组织,培训农村卫生人员,参与和推动当地合作医疗事业发展。

如今,大学生"三下乡"社会实践逐渐演化出走访、慰问、调研等多种形式。

"萤火之光队"三下乡支教

探究与分享

你参加过大学生"三下乡"吗?是什么形式的?有何收获?

(二)"三下乡"社会实践的意义

"三下乡"社会实践不仅是传授文化、科技、卫生知识的过程,更是传递温暖、播种希望的契机,对于学生个人、社会、国家都具有重要意义。

1. 有利于学生综合素养的提高

"三下乡"社会实践活动的开展，有助于磨炼大学生的意志，让大学生在实践中明确目标，坚定信念；同时，有助于提高大学生组织协调、独立思考、分析问题解决问题的能力，培养其团队合作精神和规则意识。

2. 有利于学生服务社会的责任感和使命感的培养

缺乏社会实践经验的大学生，在认识社会、国情上难免存在不全面甚至偏激的情况。"三下乡"社会实践活动犹如是在校园与社会之间架起的一座桥梁，通过这座桥梁，大学生可以通过亲身实践、深入观察去知晓民情和国情，思考作为当代大学生应承担的使命，进而培养自身的社会责任感和使命感。

3. 有利于先进科学技术、文化知识的传播交流

大学生在开展"三下乡"社会实践活动时，作为一个集体走近农村、服务农村，利用所学的科学文化知识，帮助农民解决一些生产生活中的实际困难，提供技术指导，传授先进思想观念，普及科学知识，提高他们的科技文化素质，无形中促进了先进技术和文化的普及乃至文明的传播。

二、"三下乡"社会实践方案策划

（一）活动形式

大学生的"三下乡"社会实践活动涉及面广，内容丰富，形式多样。活动可以是单人形式，也可以是小组形式，一般来说，小组形式更有利于实践活动的展开，也更容易取得成功。各大高校的暑期"三下乡"社会实践活动基本以支教、调查和服务为主。

随着社会发展，"三下乡"的形式也应有所创新和发展。例如，充分利用互联网创新活动形式，结合社会热点设计活动等。

（二）活动流程

（1）确定主题。拟定实践主题对社会实践活动非常重要，它是整个实践活动的指导思想。好的实践主题必须联系实际，切忌空谈和夸张。

（2）拟定策划。确定实践主题后，必须根据主题思想拟订详细的活动策划方案，以书面或电子文档形式呈现。活动策划包括活动的具体内容、活动形式及各种注意事项，其优劣直接关系到整个活动的成败。

（3）提出申请。向所在学校或学院提出书面申请，同时上交活动策划并领取"三下乡"社会实践表格。

（4）活动进行过程。

（5）撰写总结。在实践结束后，成员需要就实践活动做出总结，撰写实践总结报告并上交。实践总结报告应包括实践者对整个实践活动的基本描述、心得体会及自我评价。

> **榜样故事**

大学生志愿者送科技下乡　助力脱贫攻坚

2020年5月3日,在五四青年节来临之际,伟人之乡邓小平故里广安市武胜县胜利镇吊井龙村这个贫困村,一大早迎来了一群"红马甲"——大学生志愿者。他们将新时代火热的爱国情怀投入伟大的脱贫攻坚事业中,为贫困户送去家禽饲养技术、蔬菜种子及其栽培技术,为疫情后贫困户复耕复产、脱贫增收增强信心。

在贫困户刘双桂家,来自西安理工大学电气学院的志愿者梁馨月第三次来到她家进行脱贫攻坚回头看、回头帮。在庭院养鸡场,志愿者把《庭院养鸡病害防治技术》送到刘双桂手中,并给她详细讲解如何防治禽流感等养鸡技术知识。志愿者们集思广益,为她家增添巩固脱贫帮扶措施,细算经济账,还专门把珍珠鸡养殖技术填写在她家《扶贫手册》上,以助其发展庭院规模经济,养经济效益好的高产肉鸡增收稳脱贫。

在贫困户舒正光家,毕业于西安理工大学水电学院的志愿者毛朝轩为其女儿舒东梅指导家禽防病养殖知识和养鹅技术。在同组脱贫致富带头人陈杰明的养鸭场,志愿者们还给他讲授稻田规模养鸭技术,并送去《高效养鸭新技术》等7本专业养鸭防病高产技术书籍。陈杰明高兴地说:"大学生志愿者送科技到田间地头,大大增强了我带头引领全村脱贫致富的信心和决心。"

在贫困户陈联才的蔬菜地里(见图9-1),志愿者们现场演示蔬菜种植技术、花椒高产防倒伏技术,并送上高产四季莴笋、香菜、茄子、冬瓜、西红柿等种子。

图9-1　在蔬菜地里帮忙的志愿者们

三、"三下乡"社会实践安全须知

(一)实践活动中可能出现的问题

(1)在活动过程中,个别同学因对当地气候和地区环境的不适应而导致晕厥,或者突发疾病,或者因被蛇、虫叮咬等原因导致的伤害。

（2）在活动期间不慎被盗、被抢，以及可能遭受人身伤害。

（3）实践成员遭遇交通事故。

（4）活动时，接近危险设施或到危险地段。

（5）实践成员与社会人员发生纠纷，身体受伤。

（6）因种种原因，无法与实践成员取得联系。

（7）参与大型社会活动时，人群发生拥挤、踩踏并可能由此产生伤害。

（8）活动中，发生火灾等突发事件。

（二）应对措施

（1）外出活动时，实践成员应掌握基本的生理卫生常识和相应的急救知识，随身携带常用应急药物；在遭遇此类非人为性的突发事件时，保持冷静并进行适当的处理，如果情况严重及时送往医院诊治。另外在实践期间，注意搞好个人卫生。

（2）增强实践成员的安全自卫意识，保持一定的警惕心理，保管好个人贵重财物；同时在实践中减少单独活动和夜间活动，尽量采取小组活动的形式，活动行程应及时向团队报告，不单独到陌生或者荒僻的地方。遭遇偷窃、抢劫以及其他意外伤害时，应保持冷静，灵活应对，以保证自身安全，并及时报案。

（3）加强实践成员的交通安全意识，交通事故发生后应尽快将伤者送往医院，并注意保护现场，及时向相关部门报告。

（4）在活动期间，应尽量远离危险设施或避开危险地段，如果需要接触时，必须有专业人士陪同，并做好安全防范措施。

（5）在公共场合，注意自身言行举止的得体，尽量避免与人争执，采取克制忍让的态度。如与社会人员发生争吵甚至斗殴，现场同学应及时制止，防止事态恶化；如不听劝阻，应迅速联系公安部门共同处理。

（6）与所在学院或校团委实践部保持信息沟通渠道的通畅。

（7）尽量避免到人群拥挤的地方，在公共场所或参加大型活动时，要保持秩序，注意自我保护，有成员在踩踏事故中受伤后应及时将其送往医院。

（8）掌握基本安全常识，不到有安全隐患的场所。如发生火灾等灾害，一切以保障人员安全为第一位，及时组织人员疏散逃生，同时通知相关部门。

探究与分享

在实践活动中，还可能出现哪些问题？我们应如何应对？

（三）团队责任

各实践团队必须严格遵照以下说明：

（1）出发前，应再次与实践地联系，确保所有安排（如食宿交通）都已妥当。

（2）出发前，应办理好在实践地活动所需的必要证件和证明。

（3）出发前，应充分考虑到可能出现的安全情况，组织学习基本安全问题的预防措施以及应对技巧，熟悉当地习俗和地理等情况，并根据自身的具体情况做出相应的应急准备。

（4）实践过程中，强调组织纪律性，成员要听从领队老师或者负责人的指挥，负责人应与每名队员随时保持联系。

（5）整个活动过程中，队员们应互相关心，互相帮助。遇到突发事件，应该沉着冷静，共同解决。

拓展阅读

因为热爱，所以努力

七月炎热，而热情不减，为了解新中国成立70周年来各行各业发生的巨大变化，2019年7月15日，我们"九人行程之时代变迁团队"在自己的家乡进行了"新中国成立70周年的变化"调研活动。

转眼间我们九天的调研活动已经结束，此次活动让我们本来不是很熟悉的九个人心连心地系在了一起，我们携手共进，分工明确，共同面对调研过程中出现的各种问题。"看着很容易的事，实际上做起来并不容易"，"如果想做一件事就要用心去做，只要付出了努力就一定会有收获"，这是我们在这次三下乡活动中所感悟到的。

此次三下乡活动让我们受益匪浅，我们接触了不同年龄及不同职业的人群，包括医护人员、退休的老教师、生活在农村的村民等。通过采访调研，我们懂得和不同人群沟通应该用不同的方法，虽然我们面对的是素未谋面的陌生人，但是他们积极配合，尽自己所能解答我们所提出的问题，对此我们感动至深。

认真的心

采访医护人员时，我们一到医生办公室就被那种紧张的氛围感动了，有的医生双手不停地敲打着键盘，注意力高度集中；有的医生在为病人耐心解答疑惑。面对病人，他们脸上总是挂着祥和的微笑，此情此景，我们实在不愿打破。没想到当我们说明来意后，有位正在写病历报告的医生立刻停下了手中的工作，帮助我们填写调查问卷，耐心为我们讲解医院的历史成就及她来到医院这些年所目睹的医院的种种变化。

我们了解到，现在有很多医疗器械都是过去可望而不可即的，而这些机器的出现不仅提高了患者的治愈率，也让医生们轻松了很多。

和蔼的笑

"那时候我们还小，生活住房简直没法和现在比……"这是我们在农村采访时一位大叔说的话，他高兴地向我们诉说新中国成立后，在农村发生的翻天覆地的变化。几十年前，许多家庭只有在过年的时候才能吃上白面馒头，每天吃得最多的东西就是红薯，甚至一日三餐都是红薯，我们不禁惊讶于祖国的变化之大、变化之快。短短几十年，祖国为我们创造了如此优越的成长环境，让我们可以不愁吃穿、无忧无虑地生活、学习。

之前没有网络、没有手机，在农村，人们几乎没有办法获取外面世界的信息。但现在，在农村，人们拿着手机，便尽知天下事。就拿我们这一代人来说，在我们还小的时候，人们用得最多的还是按键手机，但不知从什么时候起，满大街的人都用上了智能手机，变化之快让我们甚至都没有反应过来。

过去的日子很苦，但他们终究熬出来了，作为在新时代出生的我们虽然没有亲身体验过那种艰苦的日子，但是我们也亲身体会了从我们出生到现在这十几年身边发生的巨大变化：高铁投入运行，网络、智能手机的普及，等等。我们不仅感受到了祖国的强大，也为能出生在这样一个国家而感到幸福。

阳光下的我们

很感谢三下乡社会实践活动给了我们这样一个从各个方面接触社会的机会，我们也深刻领悟到能够出生在这样一个新时代是多么幸运，同时这次活动也让我们下定决心好好学习，努力充实自己，争取将来为祖国的发展奉献出自己的一分力量。

实践活动的九天很快过去了，在这次活动中，我们经历了诸多坎坷，同时也收获了很多。这次活动在很大程度上丰富了我们的内心经历，提高了我们的交流能力，充实了我们的暑假生活，增强了我们的实践能力。

实践活动 1

"小我融入大我，青春献给祖国；
决战脱贫攻坚，投身强国伟业" 暑期社会实践活动

对在校大学生而言，暑期"三下乡"社会实践活动是连接学校与社会之间的桥梁。大学生参与其中，能走出象牙塔，走进广阔天地，关注"三农"问题，感受农村变化，激发爱国热情，牢记历史使命。

请在暑假期间探索创新"互联网+社会实践"新模式，采取"云组队""云调研""云访谈"等网络形式开展以"小我融入大我，青春献给祖国；决战脱贫攻坚，投身强国伟业"为主题的"三下乡"社会实践活动。

过程记录

活动要点：

活动难点及解决方案：

心得体会：

结果评价

教师可参考表 9-1 对学生参与"七彩假期"暑期社会实践活动的情况进行评价。

表 9-1 "七彩假期"暑期社会实践活动评价表

评价标准	分值	分数小计	教师评价
提前做好活动方案的策划	20		
达到实践效果	20		
撰写完整的社会实践报告	20		
分工合理，各成员均积极参与	20		
活动形式有创新，且达到一定效果	10		
收获服务对象的"点赞"	10		

实践活动 2

"大学生兼职，体验还是浪费？"主题写作

有人认为，做兼职可以锻炼自己的能力，增加人生阅历，也可以解决一部分生活费，何乐而不为。也有人认为，学生的主要任务是学习，不能本末倒置，学生还是要以学业为主。如果单纯只是为了赚钱而去兼职，则是一种时间上的浪费。有这个时间，多看点书，拿到的奖学金及其他资源的回报远是兼职所不能比拟的。

第九章 社会实践勤参与

你是如何看待兼职的？请以"大学生兼职，体验还是浪费？"为主题，写一篇800～1 000字的作文。

过程记录

写作题目：

写作思路：

写作框架：

结果评价

教师或组长可参考表9-2对学生的作文进行评价。

表9-2 "大学生兼职，体验还是浪费？"主题写作评价表

评价标准	分值	分数小计	教师/组长评价
完成作文，且字数符合要求	30		
逻辑清晰，层次分明	20		
重点突出，详略得当	20		
语言流畅，不拖泥带水	10		
过渡自然，文字有吸引力	10		
体现自己的见识和理解	10		

第十章 勤工助学助成长

随着我国经济发展和教育改革的深入,高校勤工助学不再局限为一种经济资助的手段,更成为大学生实践的重要组成部分。近年来,除了贫困生外,许多家境较为富裕,甚至是优越的学生竞相加入高校勤工助学的行列。他们看中的不是勤工助学所带来的收入,而是勤工助学对他们自身成长的重要意义。

一 学习目标

知识目标

◇ 了解高校学生资助政策体系。
◇ 熟悉国家关于勤工助学的管理办法。

素质目标

◇ 明确勤工助学作为一种实践活动对于自身的意义。
◇ 能根据自身情况,在校园生活中,感恩参与勤工助学。
◇ 在勤工助学过程中,不断磨炼,体悟劳动成果来之不易,尊重劳动,并尝试创造性劳动。

第十章　勤工助学助成长

课堂导入

互联网+勤工助学　推动大学生创新创业

2019年，西安某高校一款校园食堂外卖App在网上走红。值得一提的是，这个App不仅给该校学生创造了一个勤工助学的平台，更像"火石"一样点燃了学生们创新创业的想象力和激情。

勤工助学学生，送餐月入千元

2019年2月20日，这款校园食堂外卖App正式上线。只要是学校食堂的饭菜，全部都可以在线下单，仅供校内师生使用。参与配送的学生，全部都是学校勤工助学的学生。每个配送员都有指定负责区域，抢单成功后，取餐配送。

胡琴是该大学大一的新生，她表示："学习之余还能做一点事，我觉得蛮好。"每周五下午她没有课，所以这段时间就是她的固定配送时间，平时有空闲了，还可以继续，"每送一小时，底薪是10元，每单送完再提成1元，如果每天干3小时，可以挣到40元到60元不等，每月下来有近千元的收入。"

推动大学生参与创业

该大学大二学生陈定龙曾参与了整个App的创建过程。他说，校园食堂外卖的雏形，最早是一个简单的微信群，很不专业。后来，他找到了西安另外一家高校的送餐App团队，对方向他提供了相关的技术指导和支持，从而搭建起了从一个系统构造到对接商家的服务平台，满足了用户、商户和配送员三个端口的无缝对接。

"创新创业已成为高校校园里的新时尚。"该校勤工助学平台负责人高仲铭认为，送餐App对勤工助学的学生来说，是很难得的社会实践，对有想法、有技术的学生创客们来说，则可以鼓励他们把好创意变成好产品，推动大学生参与到创业的浪潮中去。

【想一想】

你如何看待该校提供的"互联网+勤工助学"平台？该模式对你有何启发？

第一节　了解高校学生资助政策体系

国家在高等教育本专科阶段建立起国家奖学金、国家助学金、国家助学贷款等多种形式有机结合的高校学生资助政策体系（见图10-1），确保家庭经济困难学生入学前、入学时和入学后"三不愁"。

一、新生入学资助项目

中西部生源家庭经济困难的新生可申请入学资助项目，解决入校报到的交通费和入学后短期生活费。就读本省院校的新生每人 500 元，就读省外院校的新生每人 1 000 元。学生可向当地县级教育部门咨询办理。

中西部地区包括：河北省、山西省、内蒙古自治区、吉林省、黑龙江省、安徽省、江西省、河南省、湖北省、湖南省、广西壮族自治区、海南省、重庆市、四川省、贵州省、云南省、西藏自治区、陕西省、甘肃省、宁夏回族自治区、青海省、新疆维吾尔自治区、新疆生产建设兵团。

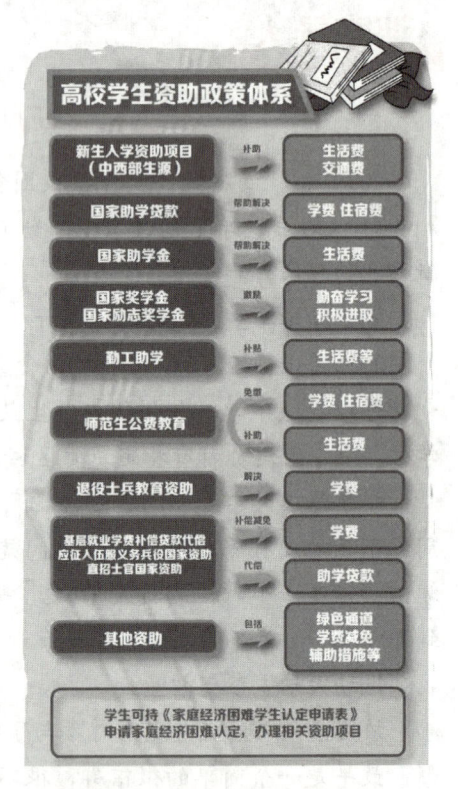

图 10-1　高校学生资助政策体系

二、国家助学贷款

家庭经济困难学生可申请办理国家助学贷款，解决学费与住宿费，每人每年最高不超过 8 000 元，在校期间利息由国家承担，还款期限原则上按学制加 13 年确定，最长不超过 20 年。国家助学贷款包括生源地信用助学贷款与校园地国家助学贷款，家庭经济困难学生可向户籍所在县（市、区）的学生资助管理机构咨询办理生源地信用助学贷款，或向高校学生资助部门咨询办理校园地国家助学贷款。

三、国家助学金

国家助学贷款助你圆梦

国家助学金是为了体现党和政府对普通本科高校、高等职业学校和高等专科学校家庭经济困难学生的关怀，由中央与地方政府共同出资设立的，用于资助家庭经济困难的全日制普通本专科（含高职、第二学士学位）在校学生的助学金。

家庭经济困难学生入学后可申请国家助学金，解决在校学习期间的生活费，平均每人每年 3 000 元。学生持《家庭经济困难学生认定申请表》于每年 9 月向高校提出申请，高校每学年评定一次。

拓展阅读

助学政策助我成长

我叫周翠翠，是兰州大学信息学院计算机科学与技术专业的一名大三学生，来自黑龙江省七台河市一个普通的矿工家庭。爸爸是一名普通的煤矿工人，每天辛苦工作十多个小时，每个月也只有几百元的收入，而这微薄的收入却是全家的唯一经济来源。

妈妈的身体不好，北方寒冷的气候让妈妈得了关节炎，总是腰疼、关节麻木，但是她总是挺着，从来都不舍得去看病。

我考上大学的时候，正好哥哥也在上大学，我和哥哥的学费对我们这个普通的矿工家庭来说真的是一笔巨大的开支，爸爸、妈妈为我们的学费犯了难，东拼西凑结果还是差了很多，后来我了解国家为保证我们这些家庭困难的学生也可以顺利读完大学，为我们提供了一些资助政策，我不想让爸妈为了我为难，同时也想给他们减轻一些生活压力，于是我申请了国家助学贷款。

从大一开始，我就是我们班的特困生，我利用这个机会申请了一个勤工助学岗位，虽然大三的学习很重，但是我还是一直坚持着，因为我想靠自己的努力为年迈的父母减轻一点负担。去年寒假在大家都回家与家人团聚的时候，我选择留在了学校，与几个老乡一起去兰州找家教工作，就是为了能节省一些费用作为我下一学期的生活费。而今年国家推出了新的助学政策，真的是帮我解决了很多生活中的难题。感谢国家对我们这些经济困难学生的关注，及时帮助我们解决了生活中遇到的困难。

拮据的生活并没有使我软弱，它反而锻炼了我坚韧的性格。国家对我们的关怀，让我体会到了身在这个祖国大家庭的温暖。为了感谢党和国家对我的帮助，我决定用我的实际行动，努力学习，作为对国家的感谢。在大学生活中，我从不与同学攀比吃穿，而是暗自下决心要在学习上跟他们争个高下。自从上大学以来，我一直都在努力地学习，在两次的班级综合评比中，我分别以第五名和第十名的成绩，连续两次获得了三等奖学金。

虽然我的求学之路因贫困而充满荆棘，但是我相信在国家、政府以及学校的帮助下我一定能克服这些困难，在求学的道路上走得更远。虽然贫困，但是我从来也没有忘记我作为一名大学生的责任，我会在今后的生活中尽自己所能帮助别人，用我的努力让更多的人体会到温暖，将关爱的火炬传承下去；同时我也会在今后的学习生活中更加努力，争取取得更好的成绩，回报社会。

四、国家奖学金

国家奖学金是指为了激励普通本科高校、高等职业学校和高等专科学校学生勤奋学习、努力进取，在德、智、体、美等方面全面发展，由中央政府出资设立的用来奖励特别优秀学生的奖学金，作为大学生能获得国家奖学金是一项莫大的荣誉。国家奖学金也是当前高等学校学生能够获得的荣誉等级最高的国家级奖学金，其评审最为规范，标准最为严格。每年，全国超过 2 000 所高校，近 2 700 万名在校学生角逐 5 万个国家奖学金名额，获奖比例仅为 0.2%。其奖励标准为每人每年 8 000 元。

特别优秀的学生，从二年级起可申请获得国家奖学金，每人每年 8 000 元。颁发国家统一印制的荣誉证书，并记入学生的学籍档案。

五、国家励志奖学金

国家励志奖学金是为了激励普通本科高校、高等职业学校和高等专科学校家庭经济困难的学生勤奋学习、努力进取，在德、智、体、美等方面全面发展，由中央和地方政府共同出资设立的，奖励资助品学兼优的家庭经济困难学生的奖学金。其奖励标准为每人每年 5 000 元。

品学兼优但家庭经济困难的学生，从二年级起可申请获得国家励志奖学金，每人每年 5 000 元。高校将获奖情况记入学生的学籍档案。

六、勤工助学

学生在学有余力的前提下，可以利用课余时间参加高校组织的勤工助学活动，通过劳动取得合法报酬，改善学习和生活条件等。

拓展阅读

我的勤工助学心得

依稀记得刚踏入大学的瞬间，一股狂热便慢慢地从心底升起，那时的我犹如一只刚出笼的小鸟，活蹦乱跳地活跃在校园的各个角落，对校园的一草一木、一桌一椅都充满了好奇，对学校的各种勤工助学岗位更是充满了向往。"苦心人，天不负。"通过在学校勤工助学中心报名、面试，我终于成了一位勤工助学者。

对部分同学来说，参加勤工助学并不是一件值得喜悦的事情。在他们眼里，那点微薄的劳动报酬并不算什么，一个月的辛勤付出还不够买一件名牌衣服，不够一次请客吃饭，更不够去一次 KTV 的花销，可对我而言，却意义重大。我来自农村，家里经济不算富裕，每月勤工助学所得的费用至少解决了我当月的生活费。

也有人认为，参加勤工助学不是一件光彩的事，因为那会让自己在同学们面前感到很尴尬。但我并不这样认为，我反而以此为荣。我们并不能改变自己的出身，但我们可以改变自己。通过勤工助学，我不仅能减轻家里的负担，更能锻炼自己。通过参加勤工助学，我不仅结识了很多朋友，更重要的是培养了自己吃苦耐劳、做事持之以恒的态度。

还有人认为，参加勤工助学会妨碍我们的学习。但我认为，作为大学生，我们应全面发展自己，努力提高自己各方面的能力。而且一路走来我发现，参加勤工助学不但没有影响我的学习，还促进了我的学习。因为参加勤工助学，我更加珍惜我的学习时间了，正因为如此，我的学习效率提高了很多。

"天行健，君子以自强不息；地势坤，君子以厚德载物。"通过打扫教室，让我知道了什么是坚持不懈，什么是持之以恒。更重要的是，我会将这种精神坚持下去，无论在勤工助学中，抑或是在学习中，还是在做其他事情。当然，我也知道了，什么叫一分耕耘一分收获。在未来的生活中，我一定会更加努力，用更好、更优质的态度为学校做力所能及的贡献。我相信，只要我们大家一起努力前行，一步一个脚印，就能携手创建更干净、更美好的校园。

七、师范生公费教育

北京师范大学、华东师范大学、东北师范大学、华中师范大学、陕西师范大学和西南大学六所教育部直属师范大学的公费师范生，在校期间不用缴纳学费、住宿费，还可获得生活费补助。有志从教并符合条件的非师范专业优秀学生，在入学两年内，可按规定转入师范专业，高校返还学费、住宿费，补发生活费补助。

其他高校师范类专业学生可向所在院校咨询相关政策。

八、退役士兵教育资助

退役一年以上的自主就业退役士兵，在考入全日制普通高校后，可向高校申请学费资助。每人每年不超过 8 000 元。

九、基层就业学费补偿贷款代偿

中央部属高校应届毕业生，自愿到中西部或艰苦边远地区基层单位就业，服务期达到 3 年及以上的，可获得学费补偿或国家助学贷款代偿，每人每年不超过 8 000 元，分三年补偿或代偿完毕。

地方高校应届毕业生可向所在院校咨询相关政策。

十、应征入伍服义务兵役国家资助

应征入伍服义务兵役的高校学生,可获得国家资助。国家补偿学生在校期间缴纳的学费,或代偿国家助学贷款;在读学生(含新生)服役期间,保留学籍(或入学资格),退役后如自愿复学(或入学),可获学费减免,每人每年不超过 8 000 元。

十一、直招士官国家资助

直接招收为士官的高校学生可获得国家资助。国家补偿学生在校期间缴纳的学费或代偿国家助学贷款,每人每年不超过 8 000 元。

十二、其他资助政策与措施

(一)绿色通道

家庭经济特别困难的新生如暂时筹集不齐学费和住宿费,可在开学报到期间,通过高校开设的"绿色通道"先办理入学手续。入学后,高校资助部门根据学生具体情况开展困难认定,采取不同措施给予资助。

(二)学费减免

公办高校中,家庭经济特别困难、无法缴纳学费的学生,特别是孤残学生、少数民族学生及烈士子女、优抚家庭子女等,可获得减免学费资助。具体办法由高校制订。

(三)辅助措施

各高校利用自有资金、社会组织和个人捐赠资金等,设立奖学金、助学金,对发生临时困难的学生发放特殊困难补助等。

温馨提示

随高校录取通知书附有一份家庭经济困难学生认定申请表,便于家庭经济困难学生申请资助。为了让大家少跑路,从 2019 年开始不需要在表上盖章了,改为个人承诺并签字。盖章可以省,诚信不能丢。填报虚假信息的,一经发现,会被取消受助资格,留下个人诚信不良记录。

建档立卡贫困家庭学生、最低生活保障家庭学生、特困供养学生、孤残学生、烈士子女、家庭经济困难残疾学生及残疾人子女等,可将相关证件材料复印件带到学校,方便入校后申请资助。

第二节 感恩参与勤工助学

在学校中，不仅仅专业课的学习是学习，只要是跟社会、跟他人的接触交流都能够有所学，都是一种成长。勤工助学正是学校给学生提供的一个参与实践、锻炼自身的好机会。

一、勤工助学概述

（一）活动管理

学生在学有余力的前提下，向学校提出勤工助学的申请，接受必要的勤工助学岗前培训和安全教育，再由学校统一安排到校内或校外的岗位上进行勤工助学活动。学校不得安排学生参加有毒、有害和危险的生产作业以及超过身体承受能力、有碍健康的劳动。任何单位和个人未经学校同意，不得聘用在校学生打工。

拓展阅读

我和勤工助学不得不说的故事

故事一：

某高校卢同学在学生事务中心做勤工助学工作，她分享道："有一次值班的时候，一个国际交流的留学生来事务中心咨询宿舍网络维修的事，他是用英文讲的。但我的英语不是很好，我没太理解他的意思，直到他连说带比画了几遍后我才大致了解。当时觉得很不好意思，同时也意识到学好一门外语的重要性。"

卢同学在勤工助学岗位上为他人排忧解难的同时，更深切地认识到自己在诸多方面的不足，从而激发了她学习新知识、提升新技能和开阔眼界的热情。

故事二：

程同学在心理健康教育中心担任学生助理，她的工作内容主要是安排预约，作为咨询者和咨询师之间沟通的桥梁，尽量让咨询者满意。"刚开始因为不太了解工作，不知道怎么处理好一些事情，做了半年之后很多都熟悉了，做到了熟能生巧，自己也慢慢地开始享受其中。"

另一位心理中心的助理也深有感触，她说："我觉得我收获最大的一点就是通过自己的讲解，可以让人们明白原本不清楚的东西，当他们发出'哦，明白了'的时候，我心里就觉得特美，特自豪。我也学会了跟人交谈的方法，不同的人要通过不同的方式，要有耐心。"

故事三：

杨同学大学期间都在成教办公室勤工助学。在适应了一段时间后，他表现得很出色，成教办公室的老师都很看好他，给了他很多有挑战的工作机会。杨同学表示，开始对这份工作带给我的成长没有多大感觉，大学毕业开始工作后才体会到："别人都说工作需要适应期，但我感觉就是换了个地方，十分得心应手，真的很感激勤工助学的那段日子。"

此外，这些同学都表示通过自己的努力工作得到报酬是一件十分令人开心满足的事。"自己挣钱是一种很奇妙的感觉，每天工作也很有积极性。一是觉得自己可以挣钱了，花自己的钱也很心安。二是体会到挣钱的不易，对父母辛苦挣钱供我们读书有很大的触动，因此在生活中会尽量克制自己，学会理性消费"，周同学不禁发出这样的感慨。

（二）时间安排

学生参加勤工助学不应当影响学业，原则上每周不超过 8 小时，每月不超过 40 小时。寒暑假勤工助学时间可根据学校的具体情况适当延长。

探究与分享

> 若想知道自己是否适合参与勤工助学，可以从自己的课余时间分配进行判断。
> 每周的空余总时间：＿＿＿＿＿＿＿＿＿＿
> 每周的课下学习时间：＿＿＿＿＿＿＿＿＿＿
> 每周的阅读时间：＿＿＿＿＿＿＿＿＿＿
> 其他必须安排的时间（结合自己的长期目标和短期目标计算）：
> ＿＿＿＿＿＿＿＿＿＿＿＿＿＿＿＿＿＿＿＿＿＿＿＿＿＿＿＿＿＿＿＿
> ＿＿＿＿＿＿＿＿＿＿＿＿＿＿＿＿＿＿＿＿＿＿＿＿＿＿＿＿＿＿＿＿
> ＿＿＿＿＿＿＿＿＿＿＿＿＿＿＿＿＿＿＿＿＿＿＿＿＿＿＿＿＿＿＿＿
> 每周的剩余时间：＿＿＿＿＿＿＿＿＿＿

（三）劳动报酬

学生参加校内固定岗位的勤工助学，其劳动报酬由学校按月计算。每月 40 个工时的酬金原则上不低于当地政府或有关部门制定的最低工资标准或居民最低生活保障标准，可以适当上下浮动。

学生参加校内临时岗位的勤工助学，其劳动报酬由学校按小时计算。每小时酬金原则上不低于 12 元人民币。

学生参加校外勤工助学的酬金标准不低于学校所在地政府或有关部门规定的最低工资标准，具体数额由用人单位、学校与学生协商确定，并写进聘用协议。

第十章 勤工助学助成长

> **探究与分享**
>
> **蒋同学：** 我在学校担任辅导员的学生助理，这是大学中最普通的一种勤工助学方式。一般来说，一次半天，3.5 小时左右，一小时 18 元，主要工作是处理分发一些校内文件。一开始我是想提升下能力，顺便赚点工资。虽然后来发现勤工助学的工资确实不多，但是能和老师、辅导员有更多的沟通机会，这也是勤工助学的另一种价值。
>
> **王同学：** 我选择利用课余时间做家教，一天上课两小时，每小时能赚 75 元。之所以当家教，主要还是因为自己平时开销比较大，希望能够多赚一些零花钱，同时也增加一些社会经验。校内勤工助学工资太低，并且时间太长，与在校外兼职比起来，勤工助学不是很划算。
>
> 我对勤工助学的期待：_____
> _____
> _____
> _____

（四）权益保护

学生在开始勤工助学活动前，应当与有关单位签订协议，保护自身的合法权益。学生在进行校内勤工助学前，应当与学校的学生勤工助学管理服务组织签订具有法律效力的协议书。学生在进行校外勤工助学前，应当与代表学校的学生勤工助学管理服务组织、用人单位签订具有法律效力的三方协议书。协议书应当明确学校、用人单位和学生三方的权利和义务，意外伤害事故的处理办法以及争议解决方法。

> **温馨提示**
>
> 申请勤工助学的学生须具备以下条件：
> （1）拥护中国共产党的领导，热爱社会主义祖国，积极践行社会主义核心价值观。
> （2）遵守学校各类规章制度，日常行为考核成绩在良以上（含良）。
> （3）学习态度端正，成绩合格。
> （4）身体健康，生活俭朴，无抽烟、酗酒等现象。
> （5）家庭经济困难的学生优先。

二、勤工助学岗位选择

勤工助学岗位一般分为固定岗位和临时岗位。

（1）固定岗位是指持续一个学期以上的长期性岗位和寒暑假期间的连续性岗位。

（2）临时岗位是指不具有长期性，通过一次或几次勤工助学活动即完成任务的工作岗位。

一见钟"勤" 不离不弃

岗位类型主要包括管理助理、教学助理、科研助理和辅导员助理等。学生可通过学校网站查询详细岗位信息，根据自身情况选择合适的岗位进行申请。

探究与分享

2020年2月，为进一步做好新冠肺炎疫情防控工作，充分发挥勤工助学的育人功能，落实"推迟开学不停学"的工作部署，某高校特设立防疫宣传联络岗等五类学生线上勤工助学岗位。以下为该校对岗位的设置及要求：

防疫宣传联络岗：协助院系做好疫情期间有关通知、联络、信息汇总等工作；宣传和普及新冠病毒防控知识；收集、挖掘和整理防疫期间本单位师生的生动事迹。

在线教学联络岗：及时了解和反馈本单位线上教学开展过程中的问题和困难，重点关注湖北等疫情严重地区同学的学习需求。

心理健康支持岗：协助心理中心老师开展线上咨询预约，QQ 群线上值班，收集、更新疫期心理支持信息，开展防疫心理健康知识宣传；协助院系老师做好心理健康知识、日常心理援助资源信息的宣传，发现和观察同学的心理健康状态，保持与院系老师、心理中心老师的沟通联系。

就业联络服务岗：① 空中招聘会在线招聘助理。与企业做好招聘需求对接和信息传递工作；向学生宣传和发布招聘信息。② 在线职业咨询支持。协助就业中心老师开展线上咨询预约、问卷收集与统计、职业咨询故事推送、咨询后台管理等工作；协助院系老师做好就业指导信息宣传工作。

假如你是该校的学生，你会申请哪个岗位？为什么？

_____
_____
_____
_____
_____
_____
_____

三、勤工助学面试准备

任何面试都是面试者对求职者筛选的一个过程。对方需要从你提供的信息中判断你是否适合当前的岗位。作为求职者，无论面试何种岗位，都要注重沟通效率，在短时间内充分展示自己的特长、个性、优势、能力等，给对方留下好的印象。

准备面试时，可以从以下问题入手，做好充分准备：

（1）请简单描述你的基本情况。
（2）你有什么工作经验？在工作中有何体验和收获？
（3）你认为此工作岗位应当具备哪些素质？
（4）你如何描述自己的个性？你觉得你性格上最大的优点和缺点分别是什么？
（5）你为什么认为自己适合这份工作？

实践活动

"勤者自助，达者自强"主题演讲

贫困并不能打倒我们，真正能打倒我们的是我们面对贫困的态度。正所谓"勤者自助，达者自强"，以开阔的心胸面对贫困，敢于吃苦，敢于流汗，敢于接受挑战，我们才能跳出命运的漩涡，成就更好的自我。

请以"勤者自助，达者自强"为主题组织一场演讲赛。

过程记录

讲稿思路：

写作要点：

演讲准备要点及完成情况：

心得体会：

结果评价

教师可参考表 10-1 对学生的演讲进行评价。

表 10-1 "勤者自助，达者自强"演讲评价表

评价标准	评价细则	分值	分数小计	教师评价
演讲内容	内容契合主题，见解独到	20		
	材料真实、典型、新颖	10		
	讲稿层次分明，构思巧妙	10		
语言表达	吐字清晰，声音洪亮	10		
	语速适当，表达有节奏感	15		
形象风度	举止自然得体，精神饱满	10		
	适当运用手势、表情等辅助表达	10		
综合表现	演讲效果好，富有较强的感染力	15		

第十一章 红色基因永相传

红色基因是一种革命精神的传承，是中国共产党人的精神内核，是中华民族的精神纽带。它孕育了永放光芒的抗洪抢险精神、抗震救灾精神、北京奥运精神、载人航天精神，鼓舞着一代又一代中华儿女为了中华民族的伟大复兴而坚强自立、坚持梦想、勇往直前。

学习目标

知识目标

◇ 了解革命精神的内涵及其时代价值。
◇ 熟悉接棒传承红色基因的方式。
◇ 掌握培养艰苦奋斗精神的方法。

素质目标

◇ 在课堂上，自觉接受红色教育、领会红色精神；在生活中，主动讲述红色故事、传递红色基因。
◇ 明确艰苦奋斗精神的意义，立足现实，在生活中、学习中、工作中自觉培养艰苦奋斗精神，投身社会主义建设。

课堂导入

大学生用脚步丈量红色景点，用行动传承红色基因

2019年9月，浙江工商大学杭州商学院（以下简称"浙商大杭商院"）学生自行组织开展"手绘红色地图，铭记初心使命"特色主题党日活动。"我们前期进行了调研，针对住在桐庐的居民对红色景点的了解情况进行了问卷调查，发现知道红色景点的人并不多，于是我们依托桐庐县丰富的红色历史文化资源，萌发了探寻红色足迹，手绘红色地图的想法。"此次活动的负责人杨凤滢说道。

绘制前期，他们查阅文献资料、实地走访调研、现场拍照取景，由擅长绘图的学生根据各个桐庐红色景点的模型图片手绘到这张地图上，如图 11-1 所示。大家齐心协力，耗时一周，共同完成了红色地图。新鲜出炉的红色地图色彩鲜艳，生动形象，其中包含桐庐富源谷红色教育基地、新合乡金萧支队纪念馆、丽景府山庄红色文物收藏馆、深奥古村等在内的六个红色景点。

图 11-1 桐庐红色地图

大学生用脚步丈量桐庐红色景点，用行动传承红色基因。接下来，他们还将继续进行红色寻根之旅和完善红色地图，未来还将向富阳、淳安等周边地区拓展，挖掘更多的红色景点供大家参观学习，使红色文化的传承变得常态化、多样化，此外还将结合红色地图推出红色景点的免费讲解志愿服务活动，让大家在旅游的同时感受红色文化的精髓。

"通过手绘'红色地图'，让大学生感受中国共产党的艰苦奋斗历程，进一步教育引导了大学生坚定理想信念，传承红色基因，不断提高守初心、担使命的思想意识，增强行动自觉，以实际行动纪念建党98周年和'一·二九'运动84周年。"浙商大杭商院管理分院党总支书记陈燕说。

【想一想】

（1）红色基因是什么？请结合上述材料谈谈你对红色基因的理解。

（2）作为新时代的大学生，应如何更好地接棒传承红色基因？

第一节 体悟革命精神

中国共产党在 90 多年的光辉历程中，带领中国人民取得了举世瞩目的伟大成就，同时也铸造了具有丰富时代内涵的革命精神。这些革命精神是中华民族弥足珍贵的精神财富，是中国共产党和中国人民创造辉煌业绩的精神支柱。

一、革命精神的内涵

从 1921 年到 1949 年的 28 年革命斗争岁月中，我们党在血与火的战斗中，形成了许多各具特色的革命精神，包括走在时代前列、开天辟地的首创精神；坚定理想信念的革命精神；不怕艰难险阻、勇于牺牲一切的精神；实事求是、一切从实际出发的精神；依靠群众，同人民群众生死相依、患难与共的精神；顾全大局、严守纪律、紧密团结的精神；艰苦朴素、勤俭节约的精神。

这些精神又称为红船精神、南昌起义精神、井冈山精神、长征精神、遵义会议精神、延安精神、抗战精神、西柏坡精神等。这些革命精神正是红色文化的源头活水，是中国共产党领导中国人民在革命斗争中形成的文化结晶。

知识链接

红船精神

1921 年 7 月 23 日，中国共产党第一次全国代表大会在上海石库门开幕，8 月 3 日在嘉兴南湖的一艘游船上胜利闭幕，庄严宣告了中国共产党的诞生。这艘游船因而获得了一个永载中国革命史册的名字——红船，中国共产党的建党精神也因此被称为"红船精神"。

红船是走在时代前列的象征，"红船精神"充分体现了走在时代前列的精神。开天辟地、敢为人先的首创精神，坚定理想、百折不挠的奋斗精神，立党为公、忠诚为民的奉献精神，是中国革命精神之源，也是"红船精神"的深刻内涵。图 11-2 为何红舟以红船精神为表现对象创作的油画《启航》。

图 11-2 油画《启航》（何红舟作品）

井冈山精神

1928 年 4 月，毛主席和朱德领导的工农革命军会师井冈山，建立了井冈山革命根据地。根据地军民团结一心，经过连续艰苦的战斗，多次粉碎了国民党"围剿"，形成了井冈山精神。井冈山精神的基本内涵是坚定信念、艰苦奋斗，实事求是、敢闯新路，依靠群众、勇于胜利。

苏区精神

中央革命根据地，又称中央苏维埃区域（简称"中央苏区"），主要位于江西省南部和福建省西部。苏区精神是土地革命战争时期以毛泽东同志为主要代表的中国共产党人把马克思主义普遍原理与中国革命具体实际相结合、在艰辛探索中国革命正确道路的伟大实践中培育形成的伟大革命精神。苏区精神的主要内涵是坚定信念、求真务实、一心为民、清正廉洁、艰苦奋斗、争创一流、无私奉献。

这一精神既蕴含了中国共产党人革命精神的共性，又显示了苏区时期的特色和个性，是中国共产党人政治本色和精神特质的集中体现，是中华民族精神新的升华，也是我们今天正在建设的社会主义核心价值体系的重要来源。

照金精神

中国共产党在领导人民创建西北革命根据地的过程中，形成了伟大的西北根据地革命精神——照金精神，它是西北革命根据地得以存在和发展的精神动力。

照金精神的核心理念是坚定创业创新，其内涵是不怕牺牲、顽强拼搏的英雄气概，独立自主、开拓进取的创新勇气，从实际出发、密切联系群众的工作作风。

今天，照金精神是社会主义文化建设的精神资源，是加强西部大开发和建设西部经济强省的强大精神动力。

探究与分享

你如何理解革命精神？在现在这样一个以和平与发展为主题的年代，你觉得还需要革命精神吗？为什么？作为一个大学生，我们应该如何传承革命精神？

二、革命精神的时代价值

（一）革命精神是增强文化自信的重要源泉

平凡英雄不平凡

中国共产党团结带领全国各族人民艰苦奋斗、不懈奋斗，中华民族迎来了从站起来、富起来到强起来的历史性飞跃，与这一历史进程相伴随的是中华民族文化自信的觉醒、培育并不断增强。

我们的高铁世界领先，形成了世界最长的高铁网络；我们的航天技术突飞猛进，神舟上天、嫦娥奔月，不久的将来我们将建设太空空间站；我们的蛟龙入海，可以探测到 8 000 米以下的深海海底；我们的港珠澳大桥堪称世界之最；我们修路、架桥、造楼的能力世界第一，世界上 70%的摩天大楼都是中国建造，超过一半的摩天大楼都在中国；我们的军队战斗力大大增强，我们有了自己的航母战斗群，有了自己的舰载机；我们的海军有了自己强大的舰队；我们的空军有了世界领先的新一代战机。

革命精神正是在谱写我国从站起来到富起来再到强起来这三个篇章的波澜壮阔历史画卷中孕育、发展和传承的，它既不断为经济社会发展提供精神动力，也为增强文化自信提供了十足的底气和充足的养分。

（二）革命精神是实现中国梦的强大精神动力和思想武器

新中国成立后，红色文化以一种新的形式存在并发展下来，为一代代中国共产党人传承并发扬光大，成为推动社会现代化建设和推进改革开放伟大事业的强大精神动力。在建设时期，我们形成了爱国、创业、求实、奉献的"大庆精神"，爱国奉献、自力更生、艰苦奋斗、勇于登攀的"两弹一星"精神，信念坚定、大爱胸怀、忘我精神、进取锐气的"雷锋精神"等。

改革开放后，在战胜各种重大风险挑战中，我们形成了"万众一心、众志成城、不怕困难、顽强拼搏"的抗洪抢险精神，"团结互助、和衷共济、迎难而上"的抗击非典精神，"勇于攻坚、开拓进取、无私奉献"的载人航天精神，等等。这些精神是红色文化在新的历史时期的时代呈现，是革命精神的传承与发展。

在新时代大力发扬革命精神，对于我们进行伟大斗争、建设伟大工程、推进伟大事业、实现伟大梦想，具有重大的现实意义。

探究与分享

疫情就是考验，精神就是力量。"我们是革命者，不要丧失了革命精神。"今天，广大党员和干部履行誓言、投身前线，责任扛在肩、考验不畏难，关键时顶得上去、危难处豁得出来，发扬革命精神和红色精神，让党旗在疫情防控斗争第一线高高飘扬。

青年一代是国家前途之所寄、民族希望之所托、红色传人之所在。在抗"疫"斗争中，以"90后"为代表的广大青年不畏艰险、担当奉献，充分展现了新时代青年的精神风貌、新生力量、绚丽青春和红色基因。

结合网络上或你身边的抗疫故事，谈谈你对革命精神的理解。

第二节　接受红色教育

红色资源、红色传统、红色基因，是中国共产党宝贵的精神财富。对新时代大学生进行红色教育，是落实高校立德树人根本任务的时代要求。大学生是青春和活力的代表，是祖国未来的希望，应积极接受红色教育，传承好红色基因，把人生理想融入国家和民族的事业中，为实现中华民族伟大复兴的中国梦贡献力量。

一、回顾伟大历史，重拾红色记忆

历史因铭记而永恒，精神因传承而发扬。"中国革命历史是最好的营养剂。多重温这些伟大历史，心中就会增加很多正能量"。大学生可以通过以下方式回顾党的伟大历史：

（1）阅读红色书籍，如《习近平谈治国理政》《之江新语》等。

（2）观看红色影片，如《我和我的祖国》《决胜时刻》《战狼》《建国大业》《红海行动》《厉害了我的国》等。

探究与分享

你看过《我和我的祖国》《决胜时刻》《建国大业》《红海行动》或《厉害了我的国》吗？里面最打动你的人物或故事情节有哪些？这些人物或故事对你有何启发？

拓展阅读

利比亚大撤侨亲历者：感受到祖国的强大

"我在生死时刻都没有流的眼泪，回到祖国的一刹那，流了下来。"利比亚撤侨事件亲历者、中建八局天津公司员工李玉亭回到母校天津大学，向学弟、学妹们讲述 2011 年"利比亚撤侨"时的惊险经历，他感慨道："经历那次事件，我才真切地感受到作为一名中国人的骄傲与荣光，也深切地感到祖国的强大。"

2017 年，由"利比亚撤侨行动"改编而成的《战狼 2》火遍全球。看过电影的人，都会为自己身为一个中国人而感动。基于此，天津大学把影片中利比亚撤侨事件的亲历者、该校 1999 届毕业生李玉亭请回母校，与大学生们分享他非比寻常的经历。

"虽然事情已经过去几年了，但每当我看到吴京在《战狼 2》中举着国旗过交战区的剧照，心里都一阵激动。"李玉亭谈起这段经历，眼睛里闪着光："现实比电影还要燃！"

2011 年 2 月，利比亚狼烟四起，战火与骚乱像狂风一样席卷了这个国家。李玉亭当时担任中建八局天津公司班加西项目总经理，他感觉"一夜之间全乱了"。每天都有雇佣兵从工地门前走过，每天早上工地门前的地上都是厚厚的子弹壳，当地陷入一片混乱，打砸抢偷等暴行非常猖獗，还有不良分子进入工地拿着大砍刀抢东西。

"当时，工人们的情绪有些崩溃，不知道死亡和明天哪个会先到，有些工人吓得瘫坐在办公室，什么都不能干。"李玉亭回忆，为了自保，工人们用 3 毫米厚的钢板焊成盾牌，他则去距离工地 8 公里的小镇，向相熟的当地人借来两挺机枪，放在工地门

第十一章 红色基因永相传

口。为了防止贵重物品被偷抢,大家把手表、现金、笔记本电脑等埋了起来。

幸运的是,很快,李玉亭就接到了大使馆的撤离通知。"我们就一个信念:一个都不能少!"李玉亭说,天津公司的员工是工地上最后一批撤离的,撤离时按秩序排队报数,要确保每个人都安全撤出。

在中国驻希腊大使馆、中国外交部的紧急斡旋下,大家终于一起告别利比亚,远离战火,驶往希腊克里特岛。从克里特岛,李玉亭他们也登上回到祖国的飞机。

"坐在飞机上,机长对我们说,欢迎回家,你们安全了。那一刻,很多人都哭了。"回忆起当时的场景,李玉亭仍历历在目。"我后来得知,是祖国连夜斡旋,我们乘坐的飞机在 20 多个国家'通航',一刻也没耽误,原来从希腊到北京要 12 个小时以上的航程,而这次仅用 9 个小时,就顺利到达。"

中国派专机海外撤侨:把自己的人民带回家

很多中国工人一到北京机场,就趴下来亲吻中国的大地。"那一刻,我深深地感到祖国的强大,作为一名中国人,我自豪!"李玉亭说。

二、参观红色基地,接受精神洗礼

革命和战争时期建树的丰功伟绩数不胜数,全国各地都存留了红色基地,如遵义、井冈山、延安等。以红色基地为载体,开展校外参观实践活动,能够直观地了解党的发展史和奋斗史,切身体会革命先烈的英勇事迹,接受精神洗礼。

拓展阅读

重庆红岩革命纪念馆——"红色教育基地也能这么潮"

在重庆红岩纪念馆数字体验厅,来自石家庄的观众李先生深受感染,仿佛重回激情燃烧的岁月,"没想到,红色教育基地也能这么潮,挺生动。"

李先生的感受不是个例,很多参观过红岩革命遗址的人都有同感。在这背后,是重庆改造革命遗址,传承红色基因的不懈努力。红岩革命遗址借助科技创新,注重与观众互动,展品内容也更加丰富,教育效果不断提升。

"红岩记忆数字体验厅"带给观众全新的视听感受和文化体验。步入数字体验厅,映入眼帘的是 8 米长、2.2 米高的巨幅油画《巴渝往事》,描绘了"重庆大轰炸"前夕的渝中半岛。据了解,画中的每栋建筑都是在尊重历史的基础上创作而成的,用"巴渝往事"App 扫描,还可让画中的建筑以立体形式跃然于屏幕。

在油画对面,是数字体验厅最大的亮点——双曲三维穹幕。该穹幕利用互动投影、AR、VR 等技术,呈现 3D 影片《愈炸愈强》等内容,吸引观众驻足。

225

陈列馆内还有很多互动体验区。"周恩来和他的朋友们"是一幅油画，其中有上百位历史人物，博物馆将其绘制为环幕电子画，让观众有身临其境之感；任意点击人物头像，屏幕就会跳出人物介绍。

在新增的油墨印刷互动区，观众还能亲身体验简易油墨印刷带来的乐趣。市民刘先生带着孩子体验了一次，"孩子对这些互动区很有兴趣，不仅好玩，还能感受红岩精神，寓教于乐。"

"千秋红岩——中共中央南方局历史陈列"升级后，展厅面积达2 400平方米，展线长700米，分为"共赴国难——抗日民族统一战线形成""雾都明灯——中共中央南方局驻足红岩"等10个部分。

重庆红岩革命纪念馆游记

展览全面展示了南方局光辉而丰富的历史，及其所孕育的伟大红岩精神。展览吸引了全国各地的游客来渝感受红岩精神。

探究与分享

你们学校或家乡所在地都有哪些红色基地？你参观过哪些红色基地？参观时，有哪些感受？

三、开展红色活动，领会红色精神

红色活动是指依托红色主题在五四青年节、"七一"建党节、国庆节等节日组织的文化活动，其形式多样，包括朗诵、红歌大合唱、红色话剧、舞蹈等。

在相应的时间节点，选取合适的红色主题，通过思考亲身组织活动及编排节目，营造更加直观的画面，能够让我们从内心深处去领会红色精神的内涵，在潜移默化中受到熏陶和教育。

榜样故事

大学生开启红色剧"路演" 传承革命精神

2017年5月4日，武汉高校近百名大学生露天演绎革命故事，将红色文化从室内"搬"到街头，纪念五四运动98周年，向革命先辈致敬。

来自武汉大学、中国地质大学艺术与传媒学院、汉口学院管理学院、湖北大学知行学院的学生通过歌曲、话剧、朗诵等形式，表演了《殊途》《映山红》《手挽手的青春》等节目，弘扬红色文化，传承革命精神。

武汉大学一名大二学生说："奋斗是每一代青年的共同底色。革命时期，爱国青年在这里演绎抗日救亡歌曲，激发民众斗志，为革命理想抛头颅、洒热血。和平年代，我们的青春是扛起民族复兴的重任,让青春梦想与家国情怀共振。在今天这个特殊的日子,我们踏寻先辈足迹,学习革命历史,传承红色基因,用汗水和才艺向革命先辈致敬。"

四、传承红色基因,汇聚复兴伟力

红色基因是历史的积淀,是历史真正厚重之所在。以大学生为代表的青年群体是"祖国的未来,民族的希望",补足"精神之钙"尤为重要。大学生应在行走中感悟中国革命的波澜壮阔,在学习中印证党的峥嵘岁月,在实践中弘扬红色精神,接棒传承红色基因,担当时代赋予的历史责任。

(1)革命先烈、英模人物的榜样力量,是优良传统的人格化身,是红色基因的鲜活体现。从他们身上,我们能够感受到一种感天动地的精神、一种催人奋进的力量。传承红色基因,当以革命先烈、英模人物为榜样,自觉向他们看齐,接续奋斗。

(2)在新时代更好地传承红色基因,要充分吸收"时代楷模""道德模范""共和国勋章"等先进精神养分,充分吸收新时代精益求精的"工匠精神"和劳动光荣的"劳模精神",大力弘扬在抗击新冠肺炎疫情中展现出的伟大精神力量,不断丰富、构筑、阐发红色基因的时代内涵。

(3)只有把红色基因融在日常、植入心里,才能更好地感知它、领会它,才能更好地弘扬它、传承它。传承红色基因,当结合自身的生活实践。

榜样故事

疫情下的担当,"00后"已经长大

"非典"那一年,他们当中,最小的还未出生,最大的也不过只有三岁,那一段经历,他们都是模糊的。他们,就是"00后"。

当所有人都还当他们是孩子的时候,不知不觉中,这些孩子都已长大。"我去吧""我报名志愿者""我可以去一线参加疫情防控工作"……

面对疫情这场虽没有硝烟、但危险无处不在的战争,"00后"们用自己的方式勇敢地站了出来,用行动诠释了他们的青春。

毫无疑问,危难面前,被家人娇惯呵护的"00后"们没有选择做旁观者,他们勇于上前、乐于奉献,用实际行动书写了自己的时代担当。

万子珺:穿上防护服,我就长大了

疫情发生以后,武汉市各家医院医护人员非常紧缺。当得知武汉各大医院面向社会招募志愿者的消息后,湖北中医药高等专科学校中医系的大一学生万子珺第一时间报了名。"在学校的时候,我就是青年志愿服务队的成员,参加了很多校内外的志愿者活动。我觉得做公益是很有意义的,既不荒废青春,又可以实现自己的价值。"万子珺说,"之所以报名,是因为我本身就是学医的,这就是学以致用吧。"

根据指挥部统筹安排,万子珺被分配到她黄陂老家附近的武汉百川医院。2020年2月11日,她正式上岗,平生第一次穿上了防护服(见图11-3),"穿起来和看着的感觉不一样,特别闷,整个人都被束缚住了,行动也不方便。"在导诊台工作的她每天为前来咨询的患者指引分诊,这项工作非常烦琐,万子珺一站就是一天,人流量大时,她甚至连水都喝不上一口。

图 11-3 穿上防护服的万子珺

一周之后,万子珺接到了新的任务——在中药房负责抓药。由于药的剂量会影响到治疗效果,所以万子珺每一次抓药都慎之又慎,每一单都保证准确无误。万子珺说:"在药房,我认识了很多药,对一些药的药性也有了基本的了解,而且我发现有些看起来很小的事情,做起来却十分不容易,需要更仔细些。"

抓完药后,万子珺还要把煎好的中药送到隔离病区里30多名病患的床前,给不同病患们送上熬好的汤药。因为这些人都是疑似病人,起初万子珺特别紧张,一直告诉自己没关系,病毒并不可怕,后来慢慢地她就习惯了,感觉就是很平常的事情。然而,这一趟下来就是两个钟头,每次从隔离病房出来的她,全身都是湿透的。

从在医院做志愿者的那一天开始,万子珺就一直住在酒店里。两个多月没有回过家,每天只能通过视频和父母说上一会儿话。她说:"我的父母都很支持我的决定,他们给了我最大的力量!"

出生于2001年的万子珺说:"通过这场疫情,我觉得自己长大了,变得更有自信、更有担当了!"

肖十龙:将最新鲜的蔬菜送给你

2000年出生的肖十龙是荆州职业技术学院医药学院2019级03班的团支部书记,在学校的时候,他就是本禹志愿服务队的队员,他说做公益是社会责任心的体现。

随着疫情扩大，恩施中医院招募志愿者，肖十龙在第一时间报名参加。

肖十龙在做好自身安全防护的情况下，积极参与到疫情防控志愿服务中来。他帮忙搬东西、推轮椅、拖地，主动做各种力所能及的事，为病人加油鼓劲。作为志愿者，就是接力传递爱与希望，传递战胜疫情的正能量。肖十龙说："疫情面前，没有人可以置身事外。抗击疫情、战胜疫情，人人有责。岂曰无衣，与子同裳。"

对于肖十龙来说，还是有些遗憾的，因为在医院仅仅服务了四天，外地救援队驻扎进入后，他的医院志愿者工作也就此结束。而后他开始在村里做起了志愿者，因为是医药学院的学生，他就专门在出入口为大家测量体温。此外，他还负责贴标语和发传单，让各家各户不要出门⋯⋯

一个偶然的机会，肖十龙得知荆州的防疫形势严峻，荆州职业技术学院的男生宿舍也被征用为荆州区集中隔离医学观察点。"当时心情非常焦急，作为在荆州就读的学生，自己有责任、有义务为荆州抗疫做点事，希望能够尽到一点绵薄之力。"肖十龙回忆。

在和父母商量之后，肖十龙决定给荆州捐献新鲜蔬菜。于是，他在恩施当地采购，和菜农们一起在菜地里挖菜，白菜、包菜、白萝卜，一斤、10斤、100斤、2 000斤。最终，肖十龙采购了2 000斤蔬菜，并决定亲自押车前去支援荆州。

2月11日晚上7点，肖十龙出发了。两天1夜、374.7公里、2 000斤蔬菜，一辆满载新鲜蔬菜的皮卡车通过重重关卡来到荆州。肖十龙说："途经高速路口和出口，大家听说我是给荆州捐献蔬菜的，都很感动，办理手续的时候也很热心，加上荆州区农业农村局的协调安排，一切还算顺利。"

2月13日上午，在荆州区农业农村局的协调安排下，肖十龙送来的所有蔬菜全部捐赠给东城街道解放社区居民。肖十龙说："我的爸爸是有着40年党龄的老党员，他很支持我的想法，而这次疫情，让我深深体会到了什么是众志成城，感受到了'一方有难，八方支援'的震撼，一线的医护人员舍身忘我，后方的保障人员也在尽全力奉献自己。作为'00后'的我们也在疫情中迅速成长，更懂得担当和责任的意义，同时，我们深深体会到，祖国永远都是我们最温暖、最强大的依靠。"

第三节　立足现实，艰苦奋斗

从大的层面看，我们要为了国家、民族和人民的共同利益和共同理想，为了发展社会主义事业，在艰苦的环境中开拓、奋斗。对个人来说，要实现个人理想，也要艰苦奋斗。

一、培养艰苦奋斗精神

艰苦奋斗精神是中华民族精神的重要内容。几千年来，正是依靠这种精神，我们才历经沧桑而不衰，巍然屹立于世界民族之林。艰苦奋斗精神在革命战争年代得到了充分的体现，在社会主义现代化建设的新时期，在各行各业的劳动者身上，应该继续发扬光大。

艰苦奋斗是一种迎难而上、坚忍不拔、克勤克俭、顽强拼搏、不畏艰险、不达目的誓不罢休的精神风貌和道德品质。要培养这种宝贵的精神，要在以下方面下功夫。

（一）在日常生活中培养艰苦奋斗精神

艰苦奋斗的精神体现在日常生活中，就是艰苦朴素、勤俭节约。有人认为，艰苦朴素、勤俭节约只有在经济困难的情况下才有必要提倡，这是一种错误的观点。

今天再提艰苦奋斗，不是要我们过"新三年旧三年，缝缝补补又三年"的节衣缩食的生活，也不是要我们回到窑洞草屋过封闭的小农生活，而是以艰苦奋斗作为一种强大的精神力量，保持勤俭节约的高尚品德和锐意进取的精神气质，明白幸福生活得来不易，珍惜劳动成果，重视劳动，尊重劳动，尊重劳动者，懂得劳动的伟大意义。

拓展阅读

华为坚持的艰苦奋斗，为什么是思想上的

不管是在华为早年"野蛮生长"时期，还是在 IT 危机时期，或是到了后来的黄金十年，任正非对艰苦奋斗的要求始终是一贯的、持久的，甚至在 2010 年的时候，艰苦奋斗成为华为核心价值观的内容之一。

可能有些人、特别是"90 后"新生代会很难理解为什么华为发展到现在的规模还需要艰苦奋斗，不清楚艰苦奋斗到底意味着什么？

为什么要始终强调艰苦奋斗的精神

2006 年，任正非发表《天道酬勤》这篇文章，系统性地回顾了华为前 18 年走过的历程，这 18 年的历程完全是一部在产品上不断进行改进、在管理上不断进行反省的思想上的艰苦奋斗史。

华为走入的电子信息行业是当时管理难度最大、竞争最激烈、科技含量最高的行业，其发展规律有别于传统产业。普遍被认可的摩尔定律说明了该行业技术更替快、产业变化迅速。另外，电子工业没有太多可以制约它的自然因素，如汽车产业的发展，受钢铁、石油资源及道路建设的制约。而电子工业的生产原料是取之不尽的河沙、软件代码、数学逻辑等，因此完全就是人与人之间的竞争，这就要比拼人的智

慧，比拼各种智慧下的成果，如产品特性、管理能力等。电子信息产业的竞争要远远比传统产业更加激烈，要想生存下去，唯有更多的付出、更多的奋斗，特别是思想上的艰苦奋斗，才能不断找到优势、不断创新发展。

某客户对友商所说的话真实反映了华为成功的原因之一，客户说："华为的市场人员一年内跑了500个县，而这段时间你们在做什么呢？"这的确是华为员工的真实写照之一。类似的场景还有很多，所谓的床垫文化、华为的灯是写字楼所有公司中几乎最晚熄灭的，等等，不一而足。

所有这些都是艰苦奋斗的简单外显表象，内在的不断自我批判、改进提升才是更加艰难的思想上的艰苦奋斗，而其表现形式则是更加多种多样，其中不断的变革就是一种典型表现形式。

仔细分析华为的发展史，可以说就是30年的变革史，世界上恐怕找不到几家这么能"折腾"自己的大公司。为什么这么折腾，其本质也是要保持思想上的艰苦奋斗，不断自我更新。正如任正非所说，世界上最难的管理就是革自己的命，管理变革就是不断让自己走出舒适区，克服人性中趋向于惰怠的天性，特别是思想上的惰怠，唯有保持思想上的艰苦奋斗才能有决心不断进行管理变革。

奋斗的付出同样给员工带来了回报。多年来通过不断的人力资源体系变革，华为的确是秉承不让雷锋吃亏的理念，建立了一套相对合理的评价机制，并基于评价给予激励回报。没有绝对的公平，但华为的报酬体系总体是公正的，也是能突出向奋斗者倾斜的这一理念的。这样的回报是对勤劳美德的认可，让人们通过奋斗精神在创造了价值后，一方面感受到创造后的幸福感，一方面感受到奋斗自身价值被认可的满足感。真可谓幸福不会从天而降，一分耕耘，一分收获。

思想上的艰苦奋斗指的是什么

到底什么是思想上的艰苦奋斗？其内涵是什么？

在1996年，华为十大杰出员工表彰会上，任正非有了第一次比较明确的阐述，这次讲话的题目就是《反骄破满在思想上艰苦奋斗》，其要点是不做思想上的懒汉，凡是在各行各业有所成就的人都有一些显著的共性，那就是"不断地总结经验，不断地向他人学习，无论何时何地都有自我修正与自我批评，每日三省吾身，从中找到适合他前进的思想、方法……从而有所发明、有所创造、有所前进。"

（二）在学习中培养艰苦奋斗精神

艰苦奋斗的精神体现在学习中，就是刻苦钻研、不畏艰苦，孜孜不倦地学习科学文化知识，勇于探索和创造，不断提高政治理论和科学文化水平，不断完善自己的人格。

作为学生，要时刻牢记：在学习上没有捷径可走，正确的学习方法可以提高学习效率，但科学的方法不等于捷径，有好的方法，如果不付出艰苦的学习劳动，任何人都无法取得成功。

（三）在工作中培养艰苦奋斗精神

致每一位在城市奋斗的普通人

艰苦奋斗的精神体现在工作中，就是要自力更生、奋发图强、不怕困难、不畏艰险地去完成各项任务。

我们要清楚地明白，艰苦奋斗精神与事业的成功息息相关。居里夫人不在困难的条件下坚持实验，就不可能提炼出镭；李时珍不走千里访农民，就写不出《本草纲目》；李四光不踏遍万水千山，亚洲的东方就难以射出地质之光。没有成千上万的工人、农民、科技人员几十年如一日坚持奋斗在祖国干旱荒僻的大西北，就难以填补我国工业的空白……

无数事例证明，倘若在工作中缺少艰苦奋斗的精神，不去努力，不去奋斗，那么再壮观、再美妙的事业也只能是空中楼阁。

二、投身社会主义建设

艰苦奋斗是文明，是道德，是一种精神，也是中国力量。艰苦奋斗的精神在任何时期都不会过时。革命年代，它是取得胜利的支撑力，建设时期，它是成就伟业的原动力。"两个一百年"奋斗目标的实现，需要坚持和发扬艰苦奋斗的精神。同时，目标实现之后，艰苦奋斗的精神会依然有其传承价值和时代意义。

作为新时代的大学生，我们既要体悟艰苦奋斗的意义，也要在生活中始终艰苦奋斗，将个人的人生理想融入国家和民族的事业中，立足现实，艰苦奋斗，乐于奉献，不畏艰难，投身社会主义建设，以实际行动、用心血和汗水为祖国的发展贡献自己的力量。

榜样故事

大学生返乡创业："只有艰苦奋斗，才有美好生活"

"只有经过艰苦的奋斗，才有美好的生活。"漳州市劳动模范林镇峰放假也没歇着，3日一大早，就来到果园，查看果树的长势。

林镇峰是平和县安厚镇一位返乡创业的大学生，毕业于福建农林大学，2004年返乡，从安厚镇龙头村农户那流转来23亩田地，开办鑫华源家庭农场，经10多年艰苦创业，现在已拥有140多亩种植园，管理模式也由最初的粗放式管理，发展到现在有120亩温室肥水一体化的现代化农业种植园。

"刚开始父母反对，乡村的孩子考上大学不容易，毕业后再回到乡下，不少人不理解。"他坚持了下来，家人也渐渐转为支持，全家人及农场里所有的农户同心同德，艰苦奋斗。

"用自己所学为家乡做贡献，发展现代高优农业。"这是他回乡办农场的初心所在。有了这份初心，他在大学园艺学老师的帮助下，从中国台湾引进脆蜜枣种植，这也是平和县最先引进的脆蜜枣品种。在开办农场的同时，他还将种植技术传授给乡亲们。现在，全镇的脆蜜枣种植面积已达四五百亩。

林镇峰不仅优先聘用贫困户，还为其提供种植技术与优质肥料，帮助他们脱贫。

农场终获成功，2017年5月，荣获市级家庭农场示范场称号，林镇峰也被评为漳州市劳动模范。

"一家人怀着激动的心情，摇着国旗，认真观看了国庆庆祝活动，听完总书记的讲话后，激动不已。"他说，"70年来，全国各族人民同心同德、艰苦奋斗，取得令世界刮目相看的伟大成就。所有成绩都不是凭空掉下来的，都要经过艰苦努力和奋斗。"

如今，林镇峰的家庭农场火了，他成功了，他所挂钩帮扶的贫困户也都脱贫了。

而对做企业，他也形成了自己的看法："做企业要有社会责任感，必须注重绿色、科技、环保、节能、社会责任的统一。"

无奋斗 不青春

实践活动

"讲好红色故事，传承红色基因"大赛

讲好红色故事，就像打开一扇窗户，让人们了解一段段红色历史，做到知史爱党、知史爱国；也像种下一粒种子，让人们在内心激发情感认同，传承红色基因、继承优良传统。

请围绕"讲述红色故事，传承红色基因"的主题，组织一场比赛，让厚重的历史活起来，让英雄的故事活起来，从红色故事中感受红色力量，接棒传承红色基因。

过程记录

选取故事：

讲述思路：

准备要点及完成情况：

心得体会：

结果评价

教师可参考表 11-1 对学生的讲述进行评价。

表 11-1 "讲好红色故事，传承红色基因"评价表

评价标准	评价细则	分值	分数小计	教师评价
讲述内容	故事真实、典型	20		
	体现自身的感悟	10		
	把红色"老"故事讲出时代新内涵	10		
语言表达	语速适当，表达有节奏感	10		
	吐字清晰，声音洪亮	15		
形象风度	举止自然得体，精神饱满	10		
	适当运用手势、表情等辅助表达	10		
综合表现	讲述效果好，富有较强的感染力	15		

附录

《中华人民共和国劳动法》
《中华人民共和国劳动合同法》
劳动就业学堂
劳动法知识课堂

参 考 文 献

[1] 何卫华，林峰. 大学生劳动教育理论与实践教程［M］. 厦门：厦门大学出版社，2019.

[2] 刘向兵. 新时代高校劳动教育论纲［M］. 北京：社会科学文献出版社，2019.

[3] 赵章彬. 高等职业院校劳动文化建设与创新研究［M］. 北京：中国农业大学出版社，2019.

[4] 郑银凤. "95后"大学生劳动观教育研究［M］. 北京：中国社会科学出版社，2020.

[5] 中国劳动关系学院劳动教育中心. 劳动教育评论［M］. 北京：社会科学文献出版社，2020.

[6] 李彬. 本色红亮 十九大代表全国劳动模范周红亮纪实［M］. 西安：西北大学出版社，2018.